西南财经大学财政税务学院2022年度财政学科重点攻关
西南财经大学"双一流"建设项目：一流财政学科建设

数字中国

财税政策优化与制度构建

宋洋 方圆 李蒙 ◎ 著

中国财经出版传媒集团

经济科学出版社
Economic Science Press

·北 京·

图书在版编目（CIP）数据

数字中国：财税政策优化与制度构建／宋洋，方圆，李蒙著 . -- 北京：经济科学出版社，2024.9. --（现代财税治理报告）. -- ISBN 978-7-5218-6181-5

Ⅰ. F812

中国国家版本馆 CIP 数据核字第 2024W8Q086 号

责任编辑：王　娟　李艳红
责任校对：刘　昕
责任印制：张佳裕

数字中国：财税政策优化与制度构建
SHUZI ZHONGGUO：CAISHUI ZHENGCE YOUHUA YU ZHIDU GOUJIAN
宋　洋　方　圆　李　蒙　著
经济科学出版社出版、发行　新华书店经销
社址：北京市海淀区阜成路甲 28 号　邮编：100142
总编部电话：010 - 88191217　发行部电话：010 - 88191522
网址：www. esp. com. cn
电子邮箱：esp@ esp. com. cn
天猫网店：经济科学出版社旗舰店
网址：http：//jjkxcbs. tmall. com
北京季蜂印刷有限公司印装
710 × 1000　16 开　20. 25 印张　310000 字
2024 年 9 月第 1 版　2024 年 9 月第 1 次印刷
ISBN 978 - 7 - 5218 - 6181 - 5　定价：82. 00 元
（图书出现印装问题，本社负责调换。电话：010 - 88191545）
（版权所有　侵权必究　打击盗版　举报热线：010 - 88191661
QQ：2242791300　营销中心电话：010 - 88191537
电子邮箱：dbts@ esp. com. cn）

目　　录

第一章

绪　论

第一节　数　字　经　济

以习近平同志为核心的党中央高度重视数字经济发展，明确提出"数字中国"战略。2022年1月发布的《国务院关于印发"十四五"数字经济发展规划的通知》[①] 指出，数字经济是继农业经济、工业经济之后的主要经济形态，是以数据资源为关键要素，以现代信息网络为主要载体，以信息通信技术融合应用、全要素数字化转型为重要推动力，促进公平与效率更加统一的新经济形态。数字经济发展速度之快、辐射范围之广、影响程度之深前所未有，正推动生产方式、生活方式和治理方式深刻变革。

随着"十四五"时期我国数字经济逐步转向深化应用、规范发展、普惠共享，如何实现"加快数字化发展，建设数字中国"这一目标[②]对应对新形势新挑战，把握数字化发展新机遇，拓展经济发展新空间，推动我国数字经济健康发展提出了新考验。习近平总书记指出，加快数字中国建设，就是要适应我国发展新的历史方位，全面贯彻新发展理念，以信息化培育新动能，

---

① 国务院关于印发"十四五"数字经济发展规划的通知 ［R/OL］. (2022 – 01 – 12). http：// www. gov. cn/zhengce/zhengceku/2022 – 01/12/content_5667817. htm.

② 《中华人民共和国国民经济和社会发展第十四个五年规划和2035年远景目标纲要》第五篇"加快数字化发展　建设数字中国"指出，要迎接数字时代，激活数据要素潜能，推进网络强国建设，加快建设数字经济、数字社会、数字政府，以数字化转型整体驱动生产方式、生活方式和治理方式变革。

用新动能推动新发展，以新发展创造新辉煌。① 2022 年 3 月，十三届全国人大五次会议通过的《政府工作报告》② 也强调了"促进数字经济发展"对"加强数字中国建设整体布局"的重要性。

与传统的经济运行模式相比，数字经济在基础设施、生产要素、生产和服务方式等方面呈现出新特征和新趋势，其发展水平可以通过数字基础设施、数字经济产业、数字化治理及数据价值化等维度加以度量。从本质上看，数字经济的内涵是连接、共享与开放，表现为通过不同类型的数字技术手段将人与终端进行连接，形成共建、共治、共享的数字生态，在催生高度开放的新产品、新模式、新业态的同时，实现线上线下全流程、全链条、全方位打通。

2011 ~ 2022 年，我国数字经济规模总量增长 6.72 倍，年复合增长率达到 19%。③ 2020 年，数字经济核心产业增加值占国内生产总值（GDP）比重达到 7.8%。④ 2022 年，数字经济规模达到 50.2 万亿元，总量稳居世界第二，同比名义增长 10.3% 占 GDP 比重达到 41.5%。⑤ 展望 2025 年，数字经济迈向全面扩展期，数字经济核心产业增加值占 GDP 比重将达到 10%，数据要素市场体系初步建立，产业数字化转型迈上新台阶，数字产业化水平显著提升，数字化公共服务更加普惠均等，以及数字经济治理体系更加完善。⑥ 展望 2035 年，数字经济迈向繁荣成熟期，力争形成统一公平、竞争有序、成熟完备的数字经济现代市场体系，数字经济发展基础、产业体系发展水平位居世界前列。⑦

值得注意的是，我国数字经济发展也面临一些问题和挑战：关键领域创新能力不足，产业链供应链受制于人的局面尚未根本改变；不同行业、不同

---

① 习近平. 致首届数字中国建设峰会的贺信［N/OL］. (2018 - 04 - 22). http：//politics. peo-ple. com. cn/n1/2023/0428/c1001 - 32676129. html.

② 政府工作报告：2022 年 3 月 5 日在第十三届全国人民代表大会第五次会议上［R/OL］. (2022 - 03 - 12). https：//www. ccps. gov. cn/zl/2022qglh/202203/t20220312_153250. shtml.

③ 李扬，李平，娄峰. 2020 年中国经济前景分析［M］. 北京：社会科学文献出版社，2020.

④⑥ 国务院关于印发"十四五"数字经济发展规划的通知［EB/OL］. (2021 - 12 - 12). https：//www. gov. cn/gongbao/content/2022/content_5671108. htm.

⑤ 国家互联网信息办公室发布《数字中国发展报告（2022 年）》［EB/OL］. (2023 - 05 - 23). https：//www. cac. gov. cn/2023 - 05/22/c_1686402318492248. htm.

⑦ 国务院关于数字经济发展情况的报告［EB/OL］. (2022 - 11 - 28). https：//www. gov. cn/xin-wen/2022 - 11/28/content_5729249. htm? eqid = b34cc16b000456ec00000006645f7ff7.

区域、不同群体间数字鸿沟未有效弥合，甚至有进一步扩大趋势；数据资源规模庞大，但价值潜力还没有充分释放；数字经济治理体系需进一步完善。有鉴于此，建设数字中国，需围绕如何打造数字经济新优势（侧重于加强关键数字技术创新应用，加快推动数字产业化、推进产业数字化转型）、加快数字社会建设步伐（侧重于提供智慧便捷的公共服务，建设智慧城市和数字乡村、构筑美好数字生活新图景）、提高数字政府建设水平（侧重于加强公共数据开放共享、推动政务信息化共建共用、提高数字化政务服务效能）、营造良好数字生态（侧重于建立健全数据要素市场规则、营造规范有序的政策环境、加强网络安全保护、推动构建网络空间命运共同体）等方向展开。

当前，我国数字经济发展面临的形势正在发生深刻变化。首先，数字经济是数字时代国家综合实力的重要体现，是构建现代化经济体系的重要引擎。其次，数据对提高生产效率的乘数作用不断凸显，成为最具时代特征的生产要素。协同推进技术、模式、业态和制度创新，切实用好数据要素，将为经济社会数字化发展带来强劲动力。再次，数字化方式正有效打破时空阻隔，提高有限资源的普惠化水平，让广大群众享受到看得见、摸得着的实惠。最后，我国数字经济发展不平衡、不充分、不规范的问题较为突出，迫切需要转变传统发展方式，加快补齐短板弱项，提高我国数字经济治理水平，走出一条高质量发展道路。

第二节　数字政府的财税视角

习近平总书记在中央全面深化改革委员会第二十五次会议上强调，要全面贯彻网络强国战略，把数字技术广泛应用于政府管理服务，推动政府数字化、智能化运行，为推进国家治理体系和治理能力现代化提供有力支撑。①

---

① 习近平主持召开中央全面深化改革委员会第二十五次会议强调　加强数字政府建设　推进省以下财政体制改革［EB/OL］.（2022 - 04 - 19）. http：//cpc. people. com. cn/n1/2022/0419/c64094 - 32403184. html.

2022 年 6 月发布的《国务院关于加强数字政府建设的指导意见》（以下简称《指导意见》）是首次从国家顶层设计高度，以"数字政府"命名的指导性文件。以与国家治理体系和治理能力现代化相适应的数字政府体系框架更加成熟完备为长期目标，加强数字政府建设对加快转变政府职能，建设法治政府、廉洁政府和服务型政府意义重大。其中，数字政府体系框架由政府数字化履职能力、安全保障、制度规则、数据资源、平台支撑构成。

目前，数字政府建设仍存在一些突出问题，主要是顶层设计不足，体制机制不够健全，创新应用能力不强，数据壁垒依然存在，网络安全保障体系还有不少突出短板，干部队伍数字意识和数字素养有待提升，政府治理数字化水平与国家治理现代化要求还存在较大差距。为了实现到 2035 年基本建成整体协同、敏捷高效、智能精准、开放透明、公平普惠的数字政府，《指导意见》明确了数字政府建设的七个方面重点任务：（1）在构建协同高效的政府数字化履职能力体系方面，要强化经济运行大数据监测分析，大力推行智慧监管，积极推动数字化治理模式创新，持续优化利企便民数字化服务，强化动态感知和立体防控，加快推进数字机关建设，推进公开平台智能集约发展。（2）在构建数字政府全方位安全保障体系方面，要强化安全管理责任，落实安全制度要求，提升安全保障能力，提高自主可控水平。（3）在构建科学规范的数字政府建设制度规则体系方面，要以数字化改革助力政府职能转变，创新数字政府建设管理机制，完善法律法规制度，健全标准规范，开展试点示范。（4）在构建开放共享的数据资源体系方面，要创新数据管理机制，深化数据高效共享，促进数据有序开发利用。（5）在构建智能集约的平台支撑体系方面，要强化政务云平台支撑能力，提升网络平台支撑能力，加强重点共性应用支撑能力。（6）在以数字政府建设全面引领驱动数字化发展方面，要助推数字经济发展，引领数字社会建设，营造良好数字生态。（7）在加强党对数字政府建设工作的领导方面，要加强组织领导，健全推进机制，提升数字素养，强化考核评估。

从数字政府的财税视角出发，一方面要建立现代财税体制，更好发挥财政在国家治理中的基础和重要支柱作用，健全符合高质量发展要求的税收制度。另一方面要提升数字政府经济治理能力，加快转变数字政府职能，建设职责明确、依法行政的数字政府治理体系，创新和完善宏观调控，提高数字政府治理效能。

第一，加快建立现代财政制度。深化预算管理制度改革，强化对预算编制的宏观指导和审查监督。加强财政资源统筹，推进财政支出标准化，强化预算约束和绩效管理。完善跨年度预算平衡机制，加强中期财政规划管理，增强国家重大战略任务财力保障。建立权责清晰、财力协调、区域均衡的中央和地方财政关系，适当加强中央在知识产权保护、养老保险、跨区域生态环境保护等方面事权，减少并规范中央和地方共同事权。健全省以下财政体制，增强基层公共服务保障能力。完善财政转移支付制度，优化转移支付结构，规范转移支付项目。完善权责发生制政府综合财务报告制度。建立健全规范的政府举债融资机制。

第二，完善现代税收制度。优化税制结构，健全直接税体系，适当提高直接税比重。完善个人所得税制度，推进扩大综合征收范围，优化税率结构。聚焦支持稳定制造业、巩固产业链供应链，优化增值税制度。调整优化消费税征收范围和税率，推进征收环节后移并稳步下划地方。规范完善税收优惠。推进房地产税立法，健全地方税体系，逐步扩大地方税政管理权。深化税收征管制度改革，建设智慧税务①，推动税收征管现代化。

第三，完善宏观经济治理。健全以国家发展规划为战略导向，以财政政策和货币政策为主要手段，就业、产业、投资、消费、环保、区域等政策紧密配合，目标优化、分工合理、高效协同的宏观经济治理体系。增强国家发展规划对公共预算、国土开发、资源配置等政策的宏观引导、统筹协调功能，健全宏观政策制定和执行机制，重视预期管理和引导，合理把握经济增长、就业、价格、国际收支等调控目标，在区间调控基础上加强定向调控、相机调控和精准调控。完善宏观调控政策体系，搞好跨周期政策设计，提高逆周期调节能力，促进经济总量平衡、结构优化、内外均衡。加强宏观经济治理数据库等建设，提升大数据等现代技术手段辅助治理能力，推进统计现代化改革。健全宏观经济政策评估评价制度和重大风险识别预警机制，畅通政策

---

① 王元卓：智慧税务建设进入新阶段 ［EB/OL］. (2021 - 05 - 20). https：//baijiahao. baidu. com/s? id = 1700281966976909482&wfr = spider&for = pc.

制定参与渠道，提高决策科学化、民主化、法治化水平。

第四，构建一流营商环境。深化简政放权、放管结合、优化服务改革，全面实行政府权责清单制度，持续优化市场化法治化国际化营商环境。实施全国统一的市场准入负面清单制度，破除清单之外隐性准入壁垒，以服务业为重点进一步放宽准入限制。精简行政许可事项，减少归并资质资格许可，取消不必要的备案登记和年检认定，规范涉企检查。全面推行"证照分离""照后减证"改革，全面开展工程建设项目审批制度改革。改革生产许可制度，简化工业产品审批程序，实施涉企经营许可事项清单管理。建立便利、高效、有序的市场主体退出制度，简化普通注销程序，建立健全企业破产和自然人破产制度。创新政务服务方式，推进审批服务便民化。深化国际贸易"单一窗口"建设。完善营商环境评价体系。

第五，推进监管能力现代化。健全以"双随机、一公开"监管和"互联网＋监管"为基本手段、以重点监管为补充、以信用监管为基础的新型监管机制，推进线上线下一体化监管。严格市场监管、质量监管、安全监管，加强对食品药品、特种设备和网络交易、旅游、广告、中介、物业等的监管，强化要素市场交易监管，对新产业新业态实施包容审慎监管。深化市场监管综合行政执法改革，完善跨领域跨部门联动执法、协同监管机制。深化行业协会、商会和中介机构改革。加强社会公众、新闻媒体监督。

第三节　小　　结

根据《国务院关于印发"十四五"数字经济发展规划的通知》，继农业经济、工业经济之后出现的数字经济是以数据资源为关键要素，以现代信息网络为主要载体，以信息通信技术融合应用、全要素数字化转型为重要推动力，促进公平与效率更加统一的新经济形态。这一主要经济形态不仅推动了生产方式、生活方式和治理方式的深刻变革，也成为了重组全球要素资源、重塑全球经济结构、改变全球竞争格局的关键力量。在我国数字经济转向"深化应用、规范发展、普惠共享"新阶段的过程中，本书重点围绕数字中国建设背景下如何优化财税政策与构建制度这两方面展开。一方面，强调财税政策优化应如何顺应数字化发展新趋势，进而把握数字化发展新机遇。另一方面，强调财税制度构建应如何拓展经济发展新空间，进而主动适应、把握、引领驱动数字中国新发展。

截至 2022 年底，数字中国建设取得显著成效。数字产业规模稳步增长，电子信息制造业实现营业收入 15.4 万亿元，同比增长 5.5%；软件业务收入达 10.81 万亿元，同比增长 11.2%；工业互联网核心产业规模超 1.2 万亿元，同比增长 15.5%。数字技术和实体经济融合深入推进。在数字基础设施规模上，我国累计建成开通 5G 基站 231.2 万个，5G 用户达 5.61 亿户，全球占比均超过 60%。全国 110 个城市达到千兆城市建设标准，千兆光网具备覆盖超过 5 亿户家庭能力。移动物联网终端用户数达到 18.45 亿户，成为全球主要经济体中首个实现"物超人"的国家。① 在产业数字化转型领域中，农业数字化全面推进，工业数字化转型加速，服务业数字化水平显著提高。在新业态新模式领域中，数字技术与各行业加速融合，在线学习、远程会议、网络购物、视频直播等生产生活新方式加速推广。在数字政府建设领域中，一体化政务服务和监管效能大幅度提升，数字营商环境持续优化，在线政务服务水平进入全球领先行列。在数字经济国际合作领域中，信息基础设施互联互通取得明显成效，数字经济领域平台企业加速出海。

与此同时，我国数字经济发展也面临一些问题和挑战：关键领域创新能力不足，产业链供应链受制于人的局面尚未根本改变；不同行业、不同区域、不同群体间数字鸿沟未有效弥合，甚至有进一步扩大趋势；数据资源规模庞大，但价值潜力还没有充分释放；数字经济治理体系需进一步完善。

财政作为国家治理的基础和重要支柱，既要发挥对数字经济发展的促进作用，也要推进数字经济的包容性和公平性。数字财政是和数字经济相适应的新型财政治理模式。建设数字财政既有利于提升财政治理能力与现代化水平，也有助于我国数字经济的高质量发展。目前，我国与数字经济相关的财税制度并不完善，财税政策也没有充分体现促进数字经济发展的内在需求，

---

① 国家互联网信息办公室发布《数字中国发展报告（2022 年）》［EB/OL］.（2023 - 05 - 23）. https：//www. cac. gov. cn/2023 - 05/22/c_1686402318492248. htm.

现行税制和税收征管体系与数字经济间的适应性也有待加强。为了加快构筑我国数字经济发展的优势，就要通过进一步完善财税政策来打造核心竞争力，使政策与数字经济的产品形态和价值链条流转更匹配，更有效地分配数字经济的财税收入，以及助力数字经济形成提质增效的新机制。

财税政策优化与制度构建应重点促进"形成政府主导、多元参与、法治保障的数字经济治理格局"。具体包括：协调统一的数字经济治理框架和规则体系基本建立，跨部门、跨地区的协同监管机制基本健全。政府数字化监管能力显著增强，行业和市场监管水平大幅提升。政府主导、多元参与、法治保障的数字经济治理格局基本形成，治理水平明显提升。与数字经济发展相适应的法律法规制度体系更加完善，数字经济安全体系持续增强。同时，财税政策优化与制度构建还应统筹促进初步建立的数据要素市场体系、不断深化的产业数字化转型、显著提升的数字产业化水平、更加普惠均等的数字化公共服务。力争在2035年形成统一公平、竞争有序、成熟完备的数字经济现代市场体系。

第二章

优化升级数字基础设施

第一节　数字基础设施

传统基础设施指为社会生产和居民生活提供公共服务的物质工程设施，而数字基础设施则以数据创新为驱动、通信网络为基础、数据算力设施为核心，包括信息基础设施和对传统基础设施进行数字化转型两部分。目前，除了建设高速泛在、天地一体、云网融合、智能敏捷、绿色低碳、安全可控的智能化综合性数字信息基础设施外，我国也在积极稳妥推进空间信息基础设施演进升级。通过挖掘数字这一新型生产要素的巨大潜力，在对传统基础设施进行改造升级的基础上，进一步为经济发展的数字化转型赋能。此外，加快建设信息网络基础设施还表现为提高物联网在工业制造、农业生产、公共服务、应急管理等领域的覆盖水平，增强固移融合、宽窄结合的物联接入能力。

优化升级我国数字基础设施体现在加快构建算力、算法、数据、应用资源协同的全国一体化大数据中心体系。例如，在京津冀、长三角、粤港澳大湾区、成渝地区双城经济圈、贵州、内蒙古、甘肃、宁夏等地区布局全国一体化算力网络国家枢纽节点，建设数据中心集群，结合应用、产业等发展需求优化数据中心建设布局。同时，加快实施"东数西算"工程，推进云网协同发展，提升数据中心跨网络、跨地域数据交互能力，加强面向特定场景的边缘计算能力，强化算力统筹和智能调度，并在此基础上进一步打造智能算力、通用算法和开发平台一体化的新型智能基础设施。此外，按照绿色、低碳、集约、高效的原则，推动智能计算中心有序发展也是推进云网协同和算网融合发展的重要组成部分。

优化升级我国数字基础设施的另一层含义体现在稳步构建智能高效的融合基础设施，提升基础设施网络化、智能化、服务化、协同化水平。一方面高效布局人工智能基础设施，提升支撑"智能+"发展的行业赋能，另一方面建设可靠、灵活、安全的工业互联网基础设施，支撑制造资源的泛在连接、弹性供给和高效配置。在基础设施智能升级过程中，打造满足不同群体特殊需求的智慧共享、和睦共治的新型数字生活。

2018年12月召开的中央经济工作会议首次正式定义"新型基础设施"概念。2020年4月，国家发展和改革委员会指出，新型基础设施是以新发展理念为引领，以技术创新为驱动，以信息网络为基础，面向高质量发展需要，提供数字转型、智能升级、融合创新等服务的基础设施体系，包括信息、融合和创新基础设施三方面内容。作为新型基础设施的核心要素，信息基础设施指基于新一代信息技术演化生成的基础设施，例如以5G、物联网、工业互联网、卫星互联网为代表的通信网络基础设施，以人工智能、云计算、区块链等为代表的新技术基础设施，以及以数据中心、智能计算中心为代表的算力基础设施等。作为新型基础设施的功能体现，融合基础设施指深度应用互联网、大数据、人工智能等技术，支撑传统基础设施转型升级，进而形成的融合基础设施，包括智能交通、智慧能源基础设施等。作为支撑科学研究、技术开发、产品研制的具有公益属性的基础设施，创新基础设施包括重大科技、科教、产业技术创新基础设施等。

数据要素是数字经济发展的基础。通过新型基础设施使数据要素市场化，并进一步从数字资源转变为数字资产，从而为数据要素构筑安全、快捷的流通渠道。通过新型基础设施，政府管理部门可以及时、全面获取经济社会民生领域的数据，既有助于促进社会治理决策精准化、科学化，也有助于提高预测、预警、预防各类风险的能力。此外，通过在公共（例如，政务、交通等）领域应用物联网、人工智能、大数据等技术手段，还有助于提升公共服务的智能化、智慧化水平。最后，新型基础设施建设一方面能够扩大短期投资需求，对稳增长、稳投资和稳就业具有积极意义；另一方面能够扩大长期有效供给，对加快供给侧数字化改造，推动实现产业链升级，形成强大国内市场发挥带动作用。

从财税视角出发，新型基础设施建设需要处理好两个关系：一是处理好政府统筹与社会参与的关系，二是处理好已有布局与适度超前的关系。就第一个关系而言，政府要充分运用规划平台和财政资金，统筹推进新型基础设施建设，尤其要防止"一哄而上"和重复建设。此外，还要引导社会力量有序参与并保障其在投资、建设和运营中的主体地位和应有权益。就第二个关系而言，政府既要考虑产业、人口、数据等要素的集聚效应与规模效应，也要考虑在自然条件优越、地理位置重要的地区适度超前布局，同时兼顾发展不平衡不充分地区的基建改造、公共服务升级、公共服务均等化。

目前，新型基础设施建设主要面临两大挑战：一是科技基础设施和科研平台的关键设备和零部件严重依赖进口，存在"卡脖子"风险。例如，在重大科技基础设施的可行性研判中缺乏针对安全性的审核内容，在建和运行项目中的核心技术和关键设备的对外依存度高、替代性方案少等问题尚未引起足够重视，一旦断供，对科研活动的影响巨大。此外，科学数据中心建设尚处于起步阶段，关键检测技术和平台缺失，科研仪器设备的配套产业发展滞后，甚至趋于萎缩，严重制约新型基础设施的持续运行能力。二是基础学科人才和工程人才紧缺，且过度依靠外部引才。与基础学科人才（尤其是高端人才）供给不足相比，工程设计、运营和维护等方面的人才紧缺问题更为突出。无论是基础学科人才还是工程人才，其培养都具有长周期、多通道和分阶段等特征，这与新型基础设施建设过程中对高、精、尖、跨学科的人才需求存在供需冲突。面临愈演愈烈的全球人才争夺战，过度依靠外部引才不仅有可能导致外部人才引进体系越发脆弱，还可能对内部人才培养体系造成负面影响。事关相关学科前沿及发展趋势以及产业人才队伍长期建设，亟须在新型基础设施建设人才的培养和考核评价等方面进行前瞻性部署，并从国家发展战略的角度积极拓宽人才引进渠道和优化人才培养机制。

解决上述问题的举措主要包括：首先，加强系统研究和顶层规划。由国家多部委牵头，联合制定新型基础设施建设的总体方案和指导意见，统一认定标准及分类处置办法，并予以方向性指引，从而为新型基础设施建设的顶层设计奠定基础。其次，打造可持续正向循环系统。完善在建和运行项目中的核心技术和关键设备的安全评估机制，发挥新型举国体制优势助推安全保障计划，优先保障和发展关键检测技术和平台产业化，在基本实现科研仪器设备自给自足的基础上，建立多层次安全防护体系，并进一步提升网络和数据安全防护能力。再次，探索多部门联动机制。围绕特定的新型基础设施目标，构建形成"多方参与、联建共建、资源共享、优势互补"的互通共融格局，提高项目规划、投资、建设、运营的协同效率，支持有条件的地区加快推进新型基础设施发展。最后，完善专项政策的保障体系。坚持普惠性的政策和扶持性的政策相结合的原则，为新型基础设施项目提供包括财税金融普惠政策和产业人才专项政策在内的全方位政策支撑。

第二节　新型基础设施建设投融资

"十四五"时期，我国新基建投资规模或将超过15万亿元。伴随投资规模持续扩大和投资增速平稳增长等趋势，预计2025年带动累计投资规模或将超过20万亿元。[①] 与传统基础设施建设的投融资不同，新型基础设施建设投融资规模差异更大，表现为形式更多样、范围更广泛、规模更分散、技术更高端；投融资主体更多元化，主要由通信运营商、互联网平台企业以及其他社会投资机构，各级地方政府等组成；投融资运营更市场化，主要围绕拓宽应用场景、突破技术瓶颈、验证商业模式等特点展开。

在有效调动社会资本的基础上，加速构建"政府引导、企业主导、市场运作"这一新型基础设施投融资模式。以上海为例，2020年5月发布的《上海市推进新型基础设施建设行动方案（2020—2022年）》指出，在2700亿元总投资里只有600亿元来自各级地方政府投资，剩余均为社会投资。工信部

---

① "十四五"新型基础设施建设解读稿之九：新型基础设施建设呼唤新型投融资体系［EB/OL］. (2021 - 11 - 29). https：//www. ndrc. gov. cn/fzggw/jgsj/gjss/sjdt/202111/t20211129_1305575_ext. html.

赛迪智库 2020 年 4 月发布的《"新基建"发展白皮书》也指出，具有新兴产业和高技术产业特点的新型基础设施建设应以社会资本投资为主，而非政府大规模投资。政府要做的，是加强引导和支持，为投资建设提供更多便利。例如，根据《上海市推进新型基础设施建设行动方案（2020—2022 年）》，支持政策性银行、开发性金融机构以及商业银行建立总规模 1000 亿元以上的"新基建"优惠利率信贷专项，按照有关规定进行贴息，鼓励和引导社会资本加大"新基建"投入力度。

支持新型基础设施投融资的政策调控工具不断丰富，正逐步形成政策合力。以海尔数字科技（上海）有限公司享受的税收优惠政策为例，单降低增值税税率这一条政策便减少 420 万元销项税额；购入大批计算机服务器，从而有条件享受固定资产加速折旧；单独成立研发中心，从而有条件享受税收减免。此外，国家税务总局杭州市税务局还从供给侧和需求端两头发力，精准落实税费优惠政策，优化税收营商环境。例如，以打造"全国数字经济第一城"为目标的杭州市政府不断推动以 5G 为代表的新型基础设施建设。负责主要基站工程建设的中国移动通信集团浙江有限公司表示，近年来，我国持续推进减税降费，2019 年实施了规模空前的减税降费措施，进一步降低企业税费负担，提振经济发展。2020 年新冠肺炎疫情以来，从中央到地方，各级政府迅速出台一系列为企业纾困的阶段性减税降费政策（包括深化增值税改革、小微企业普惠性税收减免、社会保险费率调整、不动产登记费减免、社保费返还等），助力企业复工复产。2019 年，海尔数字科技（上海）有限公司实现减税降费 1.1 亿元。2020 年，该公司享受到生产、生活性服务业纳税人进项税额加计抵减政策，仅第一季度便获得了加计抵减 2.4 亿元的优惠。2020 年第一季度，作为国内首家拥有自主核心技术的可量产半导体大硅片生产工厂，杭州中欣晶圆半导体股份有限公司便已办理先进制造业增量留抵退税 3200 余万元，有效缓解了突如其来的新冠肺炎疫情带来的负面影响。以 5G 网络切片技术为基础的多智能设备联动为标志，浙江正泰电器股份有限公司不断加大产品创新投入。为帮助类似企业加速实现技术创新突破，杭州市滨江区税务局专门建设"大企业快速联系通道"。截至 2022 年，大企业快速通道已服务 1255 家高新技术企业、上市企业，自行编写的线上政策提醒手册阅读量达到 138 万人次。① 此外，受益于自 2019 年开始的基于 5G 网络进行的智能化工厂改造，浙江春风动力股份有限公司在大排量摩托车的研发、生产、检测、销售和服务等环节均实现了数字智能化。2020 年第一季度，该企业收到出口退税 4490 万元，还可享受研发费用加计扣除政策，预计可抵减企业所得税 400 万元。国家不断深化税收制度改革、精准落实减税降费政策、持续优化税收营商环境，这些举措正日益成为新型基础设施企业改革创新、转型升级的助推力。例如，2022 年 5 月，国务院发布的《扎实稳住经济的一揽子政策措施》指出，加快地方政府专项债券发行使用并扩大支持范围。在前期确定的交通基础设施、能源、保障性安居工程等 9 大领域基础上，适当扩大专项债券支持领域，优先考虑将新型基础设施、新能源项目等纳入支持范围。

需要指出的是，新型基础设施建设可能加剧地方政府财政负担。部分地方政府的债务负担重、偿债压力大，债务规模远超其偿债能力，增加了财政支出负担。在当前经济面临较大下行压力的情况下，地方政府财政收支紧平衡问题较为突出，制约了对新型基础设施建设的支持力度，各级地方财政仅覆盖项目启动阶段投入，而对项目建设阶段支持则明显不足。尽管政府和社会资本合作模式（PPP）已广泛运用于融合基础设施，但在实践中以 5G 通信网络、工业互联网、大数据中心、人工智能和智慧交通等为代表的信息基础设施对社会资本的资金实力、融资能力、技术能力和综合管理能力要求较高，较难满足 PPP 项目的融资需求，使地方政府面临较大的被动融资压力。这不仅可能导致低技术门槛下的重复建设和低端产能严重过剩，也可能因财政资金统筹不到位导致资金短缺与闲置并存。

新型基础设施建设还可能在项目研发方面面临较高的试错成本。根据产业生命周期理论，新型基础设施建设处于产业导入期，不仅需要克服较高的产业技术壁垒，还需要应对较高的前期开发成本。综合考虑投资收益率、投资风险和尚未形成闭环的商业模式等因素，社会资本与金融机构参与投资的积极性普遍不高。由于新型基础设施建设项目普遍具有技术更新速度快、迭

---

① 杭州市滨江区局：税收护航"新基建"开拓发展新格局［EB/OL］.（2020 - 08 - 24）. https：//zhejiang. chinatax. gov. cn/art/2020/8/24/art_24591_481827. html.

代周期短、缺乏可供抵押的有形资产等特点，导致投融资不确定性不断攀升，从而减少了科技型企业可获得的信贷资源。此外，新型基础设施建设盈利模式的不确定性也限制了有效市场规模，表现为金融产品体系无法充分满足新型基础设施建设投融资的需求。近年来，随着国家不断加大对政府隐性债务和非标融资的监管力度，各级政府对新型基础设施建设的增量投资受限。考虑到技术安全与信息安全准入门槛，实际外商直接投资也将面临较大考验。

解决上述问题，应从以下四个方面着手：一是发挥重大项目牵引和政府投资撬动作用。在同等对待各类投资主体的前提下，支持民间投资参与"十四五"规划明确的102项重大工程、国家重大战略等重点建设任务，选择具备一定收益水平、条件相对成熟的项目，多种方式吸引民间资本参与。将专项债支持范围扩大到新型基础设施，着力完善专项债券管理制度体系，不断强化项目全生命周期管理。第一，严格专项债券项目前期工作要求，融资规模要保持与项目收益相平衡，考虑对融合基础设施项目进行重点支持。第二，加强专项债券资金使用监测管理，通过完善信息化手段建立全生命周期绩效评价工作机制，在确保投资风险和成本可控的前提下，择优支持新型基础设施项目。第三，强化专项债券常态化监管，定期对专项债券资金使用情况进行核查，确保专项债券高效合规使用，加快建立专项债券阶段性退出机制和专项债券偿债基金制度。

一方面用好政府出资产业引导基金，积极利用投资补助、贷款贴息等方式；另一方面鼓励金融机构充分运用投贷联合、资管计划、资产证券化以及股权融资、融资租赁等多种方式，支持符合条件的民间投资项目建设，推动PPP规范发展。同时，政企双方应建立风险合理、权责清晰、盈利模式可持续的合作共赢关系，压实地方政府防范化解债务风险的主体责任，加强地方风险防控和资金使用管理。此外，鼓励民间资本积极参与国家产业创新中心、国家技术创新中心、国家能源研发创新平台、国家工程研究中心、国家企业技术中心等创新平台建设，支持民营企业承担国家重大科技战略任务，引导民营企业参与重大项目供应链建设，鼓励平台企业加快人工智能、云计算、区块链、操作系统、处理器等领域重点项目建设，可设立区域市场化母基金机构，引导金融资源和社会资本向新型基础设施建设重点产业集聚，支持新型基础设施建设重大项目落地，加快产业高质量发展。

二是推动、引导民间投资项目加快实施与高质量发展。加快民间投资项目前期工作，将在推动经济社会发展、促进产业转型、加快技术进步等方面有较强带动作用、投资规模较大的民间投资项目，积极纳入各地区重点投资项目库。深化"放管服"改革，支持各地区聚焦制造业、科技创新和服务业等民间投资重点领域，与符合政策鼓励方向的民间投资项目建立常态化沟通机制，营造有利于民间投资发展的政策环境。健全完善政府守信践诺机制，在鼓励和吸引民间投资项目落地的过程中，要切实加强政务诚信建设。引导民间资本以市场为导向，持续加大研发投入，鼓励民间资本参与5G应用、数据中心、工业互联网、工业软件等新型基础设施及相关领域投资建设和运营，发展以数据资源为关键要素的数字经济，积极培育新业态、新模式。鼓励民间资本积极加大先进制造业投资，应用先进适用技术，加快设备更新升级，推动传统产业高端化、智能化、绿色化转型升级，积极开发新技术、推出新产品，构建新的增长引擎。

三是加强民间投资融资支持。鼓励金融机构提高对新型基础设施企业发明专利、商标权等无形资产的评估能力，拓展对知识产权的新型抵质押方式，试点知识产权质押融资担保模式。围绕新型基础设施企业专业化和个性化的投融资服务需求，打造综合化投融资平台，为企业量身定制金融服务，提高企业融资便利性。一方面，充分利用证券融资方式，提高新型基础设施直接融资比重；另一方面，充分利用私募股权基金和风险投资资金，重点发挥信托、保险等长期资金的作用，建立新型基础设施投资长效机制。支持社会资本参与新型基础设施领域不动产投资信托基金（REITs）试点，并加快推出民间投资优质项目参与试点。探索开发设施使用权订单质押融资、政府购买服务权益质押融资等依据未来收益权的金融产品，鼓励社会资本通过REITs、PPP等方式盘活存量资产，将未来现金流变现投资新型基础设施建设项目。创新财政资金、政府债券与市场化投资的结合方式，引导社会资本将盘活存量资产回收资金用于新的助力国家重大战略、符合政策鼓励方向的新型基础设施建设项目，形成可持续的投融资良性循环体系。此外，在加大对民间投资项目融资的政策支持和引导金融机构积极支持民间投资项目的基础上，发挥国有企业在传统基础设施建设投融资领域积累的经验（例如，城际铁路和城际交通），鼓励国有企业通过投资入股、联合投资、并购重组等方式，与社会资本进行股权融合、战略合作、资源整合，投资新的重点领域项目。支持社会资本发展创业投资，加大对创新型企业的支持力度。例如，借鉴传统基础设施建设投融资模式，支持政策性银行、开发性金融机构以及商业银行建立规模1000亿元以上的"新基建"优惠利率信贷专项，推进实施新型基础设施建设项目贴息政策，并适度延长政策执行期限，引导社会资本加大"新基建"投入力度。支持符合条件的高新技术和"专精特新"企业开展外债便利化额度试点。此外，针对新型基础设施建设项目投入大、产业链长、专业性强、风险高等特点，除了提供中长期贷款外，充分发挥"投贷债租证"综合金融服务优势，坚持贷款与投资相结合、重大项目与民生项目相结合，支持商业性金融机构开展股权基金投资、投贷联动产品、"软贷款＋期权"等新模式。

四是加强财税政策支持。结合我国现行税制结构的特征以及未来改革方向，进一步落实各税种的减税降费改革，完善流转税税制，提高纳税征管建设水平，让税收优惠政策直达市场主体。特别是在项目前期，应积极发挥财政资金的杠杆作用，通过先行投入启动资金或以财政贴息等办法，建立普惠性支持机制激励社会资本投入新型基础设施建设。推动设立政府投资基金，采取母子基金运作模式，由财政资金投资母基金联合相关领域有实力、专业化的企业及金融机构等各类社会资本，发起设立新型基础设施建设各类子基金，逐步构建形成基金群，实施普惠金融奖补政策，鼓励金融产品和工具创新，不断扩大金融服务的覆盖面和渗透率，推进政府与社会资本合作。

在项目建设期，加大对新技术、新产业、新业态、新商业模式的支持力度，实行更大力度的减税降费以及更优惠的补助奖励政策。第一，强化财政投入保障，坚持把科技作为财政支出的重点领域予以优先保障。第二，优化科技支出结构，全力保障打好关键核心技术攻坚战，健全适合关键核心技术攻关新型举国体制的财政资金管理机制。第三，完善税收优惠政策，分步骤、成体系地出台鼓励科技创新的税收优惠政策。聚焦高精特新，对高新技术企业减按15％税率征收企业所得税，促进市场主体创新发展。聚焦关键环节，将研发费用税前加计扣除比例由 50% 提高到最高 100%，同时，对企业出资科研机构等基础研究支出，允许税前全额扣除并加计扣除，鼓励企业加大研发投入特别是基础研究投入。聚焦科技成果转化，对符合条件的技术转让所得予以减免税优惠。聚焦引才用才，在粤港澳大湾区和海南自贸港实施高端和紧缺人才个人所得税优惠等。第四，强化企业创新主体地位，突出应用导向、需求牵引，围绕产业链部署创新链，围绕创新链完善资金链，聚焦重点行业、重点产业链，支持攻关突破一批短板弱项技术，推动产业链供应链稳定和优化升级。例如，推行首台（套）重大技术装备、新材料首批次应用保险补偿政策，实施专精特新"小巨人"企业高质量发展财政奖补政策，以及整合设立产业基础再造和制造业高质量发展专项资金。第五，深化财政科技管理改革，构建布局合理、定位清晰、具有中国特色的科技计划体系，推动科技资源配置提质增效。例如，根据事项公共性层次、成果受益范围等属性，明晰中央财政与地方财政支持的方向和重点。

第三节　促进新型基础设施建设的财税政策

加强数字基础设施和数据要素"软硬兼顾"，牵引驱动数字经济发展。数字经济发展强不强，要看基础牢不牢。推动数字经济健康发展，要持续推进数字基础设施建设的优化升级，不断挖掘我国海量数据资源的巨大潜力。简言之，数字基础设施是数字经济发展的基础"硬件"支撑，主要涉及信息基础设施、融合基础设施等，加强数字基础设施建设是顺应科技革命新趋势的战略选择，有利于牵引带动数字经济发展。数据要素是数字经济发展的核心"软件"支撑，具有基础性战略资源和关键性生产要素双重属性，海量数据价值的挖掘和释放，将对其他要素效率产生倍增作用，催生新业态、新模式。

新型基础设施既具有基础设施的战略性、基础性、先导性和公共性等普遍特征，也具有差异化、多元化和市场化等个体特征。例如，新型基础设施建设项目形式更多样、范围更广泛、规模更分散、技术更高端，不能简单套用传统基础设施建设的投融资模式。相较于政府、地方平台公司或大型国有企业作为传统基础设施建设的主要投资主体，新型基础设施建设的投资主体主要由通信运营商、互联网平台企业、其他社会投资机构以及各级地方政府组成。与运营模式相对固定的传统基础设施建设不同，新型基础设施建设能有效激发新的产业和市场需求，不断拓宽应用场景、突破技术瓶颈、验证商业模式。

虽然新型基础设施建设规模高达万亿级，但仍然面临项目投资主体不明确、投资模式不确定、投资渠道不稳定等问题。第一，新型基础设施建设具有较大技术迭代风险。其所依赖的5G、人工智能、区块链等新一代信息技术更新速度快、迭代周期短，而基站设施、数据中心等新型基础设施前期投入大、资金回收慢，投资不确定性、风险较大。这势必会影响社会资本进入新型基础设施建设的积极性。第二，包括各级政府、银行等在内的传统投资主体投资新型基础设施面临限制。随着国家不断加大对政府隐性债务和非标融资的监管力度，各级政府对轻资产、缺乏抵押品的新型基础设施建设项目的增量投资普遍受限，且较难适应银行贷款对抵押品的要求。第三，新型基础设施建设的盈利模式存在不确定性。一方面，不少面临数据共享、商业合作等壁垒的行业、企业信息化程度和设备联网率较低；另一方面，有些创新和融合基础设施具有较强的公共性和强外部性，导致社会化资本对新型基础设施应用的参与度低、主动性弱，从而限制了新型基础设施建设的有效市场规模。

促进新型基础设施建设，既要发挥政府引导的带动作用，也要发挥企业主导的市场作用，充分利用市场手段来有效调动社会资本参与投融资。第一，各级政府要加快新型基础设施建设的规划、支持力度与项目储备；在用好中央预算内投资、中央专项建设资金和地方政府专项债券资金的同时，通过产业引导基金、担保基金、信托基金、社会资本合作（PPP）等方式吸引市场资本参与项目建设。除了将部分新型基础设施产品和服务（例如，云计算、大数据、人工智能等）列入政府采购目录外，还应通过税收优惠、财政补贴等方式支持项目建设（例如，天津市政府通过发行专项债来筹措项目建设资本金，成功撬动了社会资本金的参与）。

第二，针对新型基础设施建设投入大、专业性强、风险高等特点，各级政府要引导金融机构开展金融产品创新。针对相关科技项目前期投入大、研发周期长等特点，建立优惠利率信贷专项，加大中长期贷款投放力度（例如，浙江省金融机构创新差异化金融服务）。此外，针对新型基础设施建设产业链长的特点，鼓励龙头企业对产业链上下游发挥辐射带动作用，以及延伸项目建设的金融服务链条（例如，河北、上海、山西等地通过建立政银企对接长效机制来提高融资服务效率）。

第三，进一步放宽参与投融资的市场准入条件，为社会资本拓宽投资渠道、放开投资限制创造有利条件，以及给予各类市场主体公平参与项目建设的机会。在此基础上，拓展新型基础设施的应用场景，打造可持续的商业模式，并推动其与配套产业协同发展，从而实现新型基础设施建设的"乘数效应"和"裂变功能"。

财税政策对新型基础设施建设的影响主要体现在两方面：一是成本利润核算（降本），二是业务发展预期（增效）。第一，普惠式税收优惠政策（例如，税收豁免、纳税扣除、税收抵免、优惠税率、延期纳税等）有利于企业降低经营成本，进而鼓励企业扩张投资规模。第二，对以科技含量高、云网融合、更具成长性和创新性、知识和资本密集为主要特征的新型基础设施建设而言，科研创新人才税收优惠、高新技术类企业和制造业等行业税收优惠、软件企业税收优惠、集成电路企业税收优惠等税收优惠政策都对推动新旧动能转换和经济结构升级、扩大就业和改善民生、营造公平营商环境和创新社会氛围发挥了重要作用。第三，通过税收优惠政策释放积极信号，提振发展信心，积极扩大有效投资。例如，2013～2021年，高技术产业投资年均增长率达到15%；"两新一重"建设加快推进，5G、数据中心等新型基础设施建设加快布局。第四，进一步发挥税收优惠政策的示范指导作用，全面加强基础设施建设，加快新型基础设施建设，适度超前布局有利于引领产业发展和城镇化建设的基础设施；扩大制造业和高技术产业投资，加大传统产业改造提升，加强自主创新能力建设。

目前，我国针对新型基础设施建设企业整个生命周期陆续推出多项税费优惠政策。第一，企业初创期的税收优惠政策格外关注新型基础设施建设重点行业的小微企业购置固定资产、特殊群体创业和吸纳特殊群体就业，助力企业纾困解难，加快培育壮大市场主体；通过对扶持企业成长的科技企业孵化器、大学科技园等创新创业平台、创投企业、金融机构、企业和个人等给予税收优惠，帮助企业扩大融资规模降低融资成本。第二，企业成长期的税收优惠致力于营造良好的科技创新税收环境（例如，对企业设备升级改造给予税收优惠）和帮助企业不断增强转型升级的动力（例如，以降低增值税税率和留抵退税为减税降费主抓手）。对研发费用实施所得税加计扣除政策；对企业固定资产实行加速折旧；科研院所、技术开发机构、学校等购买用于科学研究、科技开发和教学的设备享受进口环节增值税、消费税免税等税收优惠；帮助企业和科研机构留住创新人才，鼓励创新人才为企业提供充分的智力保障和支持。第三，企业成熟期的税收优惠政策主要聚焦于有成长性的企业。对抢占科技制高点的创新型企业给予的税收优惠政策，覆盖科技创新活动的各个环节领域。落实研发费用加计扣除税收优惠政策，促进企业加大研发投入力度、加快创新发展。例如，对高新技术企业减按15%的税率征收企业所得税，并不断扩大高新技术企业认定范围。将服务外包示范城市和国家服务贸易创新发展试点城市地区的技术先进型服务企业减按15%的税率征收企业所得税政策推广至全国实施。软件和集成电路企业可以享受企业所得税定期减免优惠，尤其是国家规划布局内的重点企业，可减按10%的税率征收企业所得税。对自行开发生产的计算机软件产品、集成电路重大项目企业还给予增值税期末留抵税额退税的优惠。

　　财税政策促进新型基础设施建设过程中面临的主要问题有新型基础设施企业与税收优惠政策的适配度、企业的实际税收负担，以及税收激励政策的精准性。从新型基础设施企业与税收优惠政策的适配度来看，对新型基础设施建设急需的科研创新人才的需求回应不足。例如，新型基础设施建设企业的职工培训费用只能按当年工资薪金不超过8%的比例进行税前扣除，政策支持力度不足可能会削弱企业加强人才储备的有效激励。此外，个人所得税优惠政策仅限定在科技成果转化为股权奖励和中小高新企业股东以未分配利润转增股本等领域，政策覆盖面窄可能无法对新型基础设施建设急需的高层次紧缺人才集聚提供有效支撑。从企业的实际税收负担（例如，成本税前扣除）来看，新型基础设施建设企业多为初创企业，较难达到现行税收优惠政策设立的认定标准，尤其是基于数据存储计算和挖掘利用的企业，在企业性质、研发支出和销售收入等方面很难达到享受税收优惠政策的标准，导致现有税收优惠政策对部分新型基础设施建设企业的扶持力度较弱，覆盖面也较窄。例如，现有广告宣传费用在不超过其销售（营业）收入30%范围内进行所得税税前扣除的税收优惠政策并未覆盖新型基础设施建设领域。对许多尚处于初创期的新型基础设施建设企业而言，现行15%的扣除比例实际上远低于实际广告宣传费用占比，从而在一定程度上提高了实际税收负担。从税收激励政策的精准性来看，受新冠肺炎疫情和全球经济发展不确定性上升等因素影响，新型基础设施建设企业受财税政策激励加快智能化改造和数字化转型的步伐有所放慢。例如，现行固定资产加速折旧优惠政策中的税务处理和会计核算十分复杂，且由于税法和会计规则对同一事项在确认和计算方面的规定不一致造成的税会差异也增加了财务核算的工作量。此外，对许多尚处于初创期的新型基础设施建设企业而言，财务核算不规范不准确还可能埋下一定的涉税风险，既降低了申报的积极性，也削弱了自行申报制度的执行力。

有鉴于此，今后制定实施促进新型基础设施建设的财税政策应重点围绕增加新型基础设施企业与税收优惠政策的适配度、降低企业的实际税收负担、提高税收激励政策的精准性三方面展开。第一，针对新型基础设施建设技术、市场不确定性等特点，推出对高层次紧缺人才集聚更有效的财税政策。例如，参照集成电路产业职工培训费用全额扣除政策，鼓励企业加大对员工技能提升的投入；拓展个人所得税优惠政策覆盖面，将部分科技成果转化为股权奖励，将中小高新企业股东以未分配利润转增股本方面的个人所得税优惠政策适用范围扩大到新型基础设施企业核心技术人员将科技成果转化为股权奖励，以未分配利润转增股本所得。这些做法不仅有助于稳步提升关键软件技术创新和供给能力、突破共性关键技术，也有助于持续优化新型基础设施产业组织结构。此外，制定针对性的研发费用加计扣除政策。作为鼓励企业加大研发投入、激活创新动能的主要税收优惠方式，研发费用加计扣除政策主要适用于对场地设备要求较高的行业（例如，生物与新医药技术行业等），而在新型基础设施研发过程中较常见的人力资本密集型运营模式受主营业务收入占比和所属行业范围等方面限制，较难享受部分税收优惠政策。结合新型基础设施企业研发需求、成本结构和利润水平，可适当推出更具行业针对性的研发费用加计扣除政策标准，从而扩大政策适用性。第二，拓宽新型基础设施资金来源渠道。例如，扩大公开募集基础设施证券投资基金（基础设施公募 REITs）试行范围、设立环节股权、允许资产转让交易的所得递延纳税等。此外，将新型基础设施纳入符合现有税收优惠条件的《公共基础设施项目企业所得税优惠目录》。对从事国家重点扶持的新型基础设施项目企业实行企业所得税"三免三减半"政策，即符合条件的投资经营所得自项目取得第一笔生产经营收入所属纳税年度起，第一年至第三年免征企业所得税，第四年至第六年减半征收企业所得税。第三，提升包括税收征管服务理念、业务制度、岗责体系和信息系统在内的全方位税务管理智能化水平。例如，升级现有固定资产加速折旧管理系统，从而降低企业申报享受该项税收优惠政策的难度；加快推进智能化、信息化、数字化改造，赋能三次产业发展，提高新型基础设施利用率。

目前，税务信息化已发展到数据化阶段，具体表现为：以大数据技术的应用为主要特征，通过对大数据进行研判分析，实现部分业务功能的（半）自动化来辅助决策，提高服务水平和用户体验。全方位提升税务管理智能化水平意味着，税务系统能够通过优化模型与算法，对新型基础设施建设的行业特征、业务需求、政策规定、风险处置等进行自动化构建，实现全部业务功能的自动化、智能化。具体来说，一是促进涉税涉费业务协作和数据共享，二是推动与国家及有关部门的信息系统互联互通。2025 年建成税务部门与相关部门常态化、制度化数据共享协调机制，依法保障涉税涉费必要信息获取；健全涉税涉费信息对外提供机制，打造规模大、类型多、价值高、颗粒度细的税收大数据，高效发挥数据要素驱动作用。完善税收大数据安全治理体系和管理制度，加强安全态势感知平台建设，常态化开展数据安全风险评估和检查，健全监测预警和应急处置机制，确保数据全生命周期安全。加强智能化税收大数据分析，不断强化税收大数据在经济运行研判和社会管理等领域的深层次应用。

为了更好地发挥税务信息化对新型基础设施建设的重要作用，有必要在基础设施、数据标准、知识体系、业务模型等领域开启全面建设。加强全国一体化大数据中心顶层设计；从"技术驱动"转向"应用驱动"；以纳税人缴费人为中心，兼顾新型基础设施企业时代发展的核心需求，持续优化用户体验；在优化税务模型与算法过程中，开启基于平台的模块化发展战略；加强公共数据的开发、开放和利用，在强化规范管理、建立数据安全审查机制、数据分类分级开放、采取包括数据沙箱等多种技术来确保数据安全、开放全程监督等方面提高风险预见预判能力，从而实现在线监测、实时预警、溯源治理。

第三章

充分发挥数据要素作用

2017 年 12 月 8 日，习近平总书记在中央政治局集体学习时指出："数据是新的生产要素，是基础性资源和战略性资源，也是重要生产力，因此要构建以数据为关键要素的数字经济。"① 这些表态充分说明党中央将数据视为新时代经济增长的重要因素之一，高度重视数据要素在经济和社会发展中可能发挥的动力源泉作用。按照我国国家工业信息安全中心的统计，2020 年我国数据要素市场规模达到 545 亿元，"十三五"期间市场规模复合增速超过 30%。据预测，"十四五"期间，这一数值将突破 1749 亿元，数据要素市场总体上步入高速发展阶段。充分发挥数据要素作用离不开财税政策的配套支持。事实表明，财政投入和税收支持推动了我国近年来数字经济的快速转型和高速发展以及数据市场的建立和扩展，而未来数据市场进一步的健康发展同样需要财税政策的大力支持。

本章将分别阐述数据成为我国新型经济业态重要生产要素的理论依据，数据要素的主要特征，我国数据要素市场的发展历程、现状和问题以及财政税收政策在建设和发展数据要素市场进程中发挥的巨大作用和改进建议等，也将穿插展示党和国家对于培育数据要素市场、充分发挥数据要素作用的态度和举措。

---

① 王敬东. 习近平带政治局集体学习，领导干部要学懂用好大数据 [EB/OL]. (2017 - 12 - 10). http://news. cctv. com/2017/12/10/ARTI3HNR1LMiMiNZKmr1NMD1171210. shtml.

第一节 数据要素的基本理论

《经济大辞海》将生产要素定义为：为了进行产品生产而投入的各种经济资源。为什么数据能够成为生产要素？数据要素具有什么主要特征？除了回答上述问题，本节还将指出数据不仅是新时代经济生产活动的重要要素之一，还具有一些能够促进经济持续、健康、快速发展的独特性质，值得加以重视和推动发展。

一、生产要素的演进过程

唯物辩证法告诫我们，万事万物永不停息地运动、变化和发展是世界永恒不变的真理之一。古往今来，经济活动中的生产要素并不是一成不变的，其变化过程同样反映了这一规律。马克思主义政治经济学家认为，生产要素并不等于产品与服务生产中所利用的经济资源，所以生产要素的发展不可以停留于直观描述经济现象，而要逐渐进入以生产财富与分配财富为导向的、分析物与物关系的阶段。马克思首先把生产要素归纳并抽象出人类劳动实践过程中的简单三要素，之后又逐步具象化为生产力要素，在从具体到抽象、从抽象上升到具体的过程中完成了批判与扬弃，令生产要素学说真正发展成为了一门学问，并成为寻找社会生产或财富发展力量来源的有力工具。我们从马克思的生产要素理论中还可以看出生产要素发展的两个基本特征：一是新的生产要素从原来的生产要素中衍生出来，其重要性也应该增强；二是新的生产要素同时也应是生产力要素，这种要素会显著提高社会生产力。虽然生产要素本身不一定直接参与劳动成果的形成过程，却能够反映劳动资料的发展水平。因此，出现的每一种生产要素都具有其时代特征。不同的生产要素不是由所处时代创造出的产物，而是不同的生产要素代表了不同的发展水平，像一把标尺清晰地划分出了各个时代。

劳动在任何时代都是最重要的生产要素之一，因为正是劳动将生产资料转化为生产成果，真正营造出生产活动的全过程。而劳动在古猿进化为人类的过程中所发挥的巨大作用更毋庸赘言。在农业社会，土地无疑是另一种重要的生产要素：农业生产者在土地上种植作物或放牧、饲养牲畜家禽，创造社会价值。在工业社会，资本代替了土地的地位，成为了最重要的生产要素之一。资本家斥资购置机器、设备、厂房，生产工业制品，并按照资本要素创造的价值参与分配。在信息时代，信息作为生产要素被纳入信息社会，其地位也变得愈发重要。除了这些生产要素之外，技术（知识）和企业家才能也是两种被广泛认可的生产要素。事实上，我国的学术理论和政策文件往往把劳动、资本、土地和技术认定为最主要的生产要素；而部分西方经济学教科书则把生产要素归为四类——劳动、资本、土地与企业家才能。

二、数据成为新生产要素的依据

（一）生产要素发展的基本特征

在进入 21 世纪之后，数据逐渐成为一种新的生产要素。《现代汉语词典》将数据解释为：进行各种统计、计算、科学研究或技术设计等所依据的数值。数据的本质是数字化的信息和知识。这表明数据不是普通的生产要素，而更应被称为信息时代的新型生产要素。如果论证数据是生产要素，我们显然要从生产要素发展的两个基本特征着手。

第一，我们要判断数据是否从其他生产要素派生出来，其重要性是否不断增加。首先，所有具体形式的信息均属于自然资源：自然信息产生于人类自在自然，而社会信息则来自人化社会自然，因此信息在实质上归属于自然要素。其次，知识是人脑在生产和生活实践中进一步加工信息而产生的事物。人类社会最基本的实践活动是生产实践，"脑力劳动特别是自然科学的发展"成了知识的重要源泉，即人的劳动创造了知识。以上论述都说明，自然和劳动派生出了知识。而某些信息和知识借助于一定的数字化手段和技术转变为数据，作为信息和知识的一个特定存在形态，因此数据从根本上派生于自然和劳动要素，而且近年来其重要程度不断提升，以至于范里安（Varian，

2019）断言："数据是新的石油。"① 总之，数据从其他的生产要素中直接衍生出来，并且重要性也有所提高，契合马克思主义政治经济学中生产要素概念的首要基本特征。

第二，我们还必须确定数据可以显著提高劳动生产力。一方面，技术（知识）已经被列入生产要素的范畴——"科学技术是第一生产力""知识就是力量"等论述均反映了这一发展。另一方面，信息也日益在生产过程中显露出重要的作用。我国许多马克思主义政治经济学的研究者认真分析了信息的影响力，并将信息列为重要的生产要素之一。他们指出，"生产力诸因素的有机结合是靠信息实现的。信息是联络各因素的纽带，信息是生产力统一体中的神经系统。""随着生产力的发展，特别是科学技术的发展，信息将从生产力诸因素中分离出来，作为生产力中的一个独立因素而发挥作用。"信息的重要性不仅局限于生产过程产生的信息，还包括与分配、交换和消费过程有关的信息，它们都可以反作用于生产，使社会再生产过程得以顺利开展。因此，作为知识和信息的具体表现形式，数据具备了马克思主义政治经济学中生产要素概念的第二个基本特征。

（二）生产要素发展的一般逻辑

1. 历史逻辑

某一经济资源作为特定时期的生产要素，必然存在其历史必然性。社会生产力是驱动经济和社会前进发展的根本动力，而经济体的生产要素变化发展程度也由社会生产力的发展水平确定。生产要素从低层次向高层次发展的过程，也是生产力动态发展的过程。在人类历史上的各个阶段都会产生新的生产要素，而且在不同时代的社会生产中，新出现的生产要素也都起到了主导作用。中国特色社会主义进入新时代，数据逐渐成为促进社会大生产运行、变革、进步的主要力量。

更先进的劳动资料一方面作为"人类劳动力发展的测量器"，反映出人

---

① Varian, V. Artificial Intelligence, Economics, and Industrial Organization [M]. In Agrawal A., Gans, J. & Goldfarb, A. (eds.), The Economics of Artificial Intelligence: An Agenda. Chicago: University of Chicago Press, 2019: 399 –419.

类劳动生产效率的不断进步；另一方面作为"劳动借以进行的社会关系的指示器"，要求生产的社会化程度及时适应生产力的发展要求，从而激化了"生产过程的社会结合"与劳动之间的矛盾，因此能够大幅度提高劳动生产率的技术也成为了生产要素。最后，"生产的社会化程度"与"生产资料规模和效能"的进一步提高，使得劳动与劳动、劳动与劳动资料、劳动资料与劳动资料、劳动资料与劳动对象之间以及供需之间等矛盾全面深化，而解决这些矛盾的关键则依赖于信息。尽管涉及信息的经济学研究在国外已经超过一百年，但西方经济学对信息是否成为独立生产要素的问题依旧存在一定的争议。究其原因，信息的非物质和非能量性质、难以量化计算的特点、间接作用与产出的关系以及归于信息不对称问题的研究传统都或多或少地起到了作用。因此，把信息作为主要生产要素之一尚且存在着一系列的理论与技术难题。

21世纪伊始，伴随着电子计算机、国际互联网、移动通信科技的进步与发展，大数据分析、虚拟现实、区块链等大量的新应用领域、高新技术相继出现，并在此基础上出现了平台经济、共享经济等多种新经济形态。信息经济也在这一过程中加速演进，形成具有更高层次特征的数字经济。从知识和信息中派生出的数据也得到愈加广泛的重视和应用。数据虽然从信息中演化而来，但由于其自身的特点，解决了部分信息纳入生产要素的难题。由信息形成数据，务必物化和量化信息：首先，我们所使用的数据必然从现实域映射至符号域，可以认为是广义的语言和文字，并会被编码成为二进制的字符串；其次，这些字符串可以用"字节"等单位加以测度。信息还有除数据以外其他的表现形式与媒介，但数据在当前的经济社会发展条件下却最为高效。迅速发展的信息通信科技使得数据成为继语言、文字后的第三大信息载体，而且数据还可以充分体现信息的应用价值。数据为生产者和其他决策者提供信息，并将信息的价值转移到产品当中，以此间接参与生产。由于数据可以计数和量化，研究者能够分离和计算数据对于产出的价值贡献。数据作为生产投入可以直接带来信息产出，而数据投入与信息产出之间不仅具有简单的正相关关系，甚至在一定限度内增加数据投入量还可以加速产出增长。在国际国内数字经济蓬勃发展的大趋势下，数据资源也实现了指数增长，信息经济中常见的信息不对称不再是数据参与经济活动存在的主要问题。综上所述，在当前的社会生产力条件下，诞生至今不过数十年的数据就已经晋升为新型生产要素，并在经济发展中扮演着主要角色。数据要素的产生和发展具有划时代的意义，将人类社会带入了数字经济时代。

2. 哲学逻辑

马克思主义哲学重点阐述了内因和外因之间的辩证关系，人们必须以内外因有机结合的思想审视事物的演化，既要看到内部矛盾的决定性意义，也要注意外界因素在事态演化中的影响。所以，数据演化为生产要素的依据需要从内部矛盾和外部条件两个方面加以综合考虑。

（1）内部矛盾。国民经济结构的每一个重要变化都将诞生新型生产要素，而这一发展过程由客观经济发展条件下有限的生产力与人们日益增长的需求之间的内部矛盾主导。在人类社会的进程中，生产力必须不断进步，才能应对持续增长并且阶段性升级的需求变动。从生产要素的性质分析，关键生产要素的演进呈现出逐步减弱、通用性日益提高的态势。相关研究表明，随着革命性科学技术的问世，历次技术变革都会出现1~2种最为关键的生产要素，而成为关键生产要素的主要决定因素在于大规模可得性和低廉的要素价格。

数字经济时代下产生和传输数据的速度之快史无前例，而整个国民经济体系的复杂性也前所未见，在这一背景下其他生产要素已经难以完成持续推动生产力发展变革的任务。例如，仅凭企业家本人的才能已经难以应付复杂的内部组织管理工作和充满不确定性的外部环境，必须借助搜集、分析数据得到真实准确的信息和先进的科学技术，从而帮助决策者判断形势，知己知彼，做出最优选择。不同主体之间可以在全世界范围内同步使用数据，而不会产生任何损失，从而极大提升了所携带信息与所反映知识的产出效益，直接提高了生产力水平。同时，数据的流通可以简便而快捷地传递真实信息，主体间互相联通信息降低了信息不对称的发生频次，从而解决了市场失灵的顽疾，又间接地影响了生产力。厂商研究外部环境变化和客户需求变动的数据，可以有效防止劳动、资本、技术等其他要素在盲目配置资源时产生的弊端，形成快速、灵活、易纠错的面对新时代经济生活的生产方式，大大提升了社会生产力。此外，在数据成为新型生产要素后，市场主体将更有动力在数字技术的发展领域倾注社会资源，并且以资本投入为基础、数字技术与资本相结合形成数字化资本。由此可见，数据已经将劳动、资本等传统生产要素紧密联系在一起，能够有效促进各种要素之间协同合作，构建出由各类生产要素共同组成的一体化系统，并进一步释放数据生产力。因此，数据演化为生产要素符合马克思主义政治经济学对生产力内涵及其与人类需求之间内部矛盾的阐述。更为重要的是，数据的大规模可得性早已成为现实，而且搜集、使用数据的成本急剧下降，从这两点来看，数据具备了成为关键生产要素的要点。

（2）外部条件。外部条件则建立在科学技术进步和需求升级的基础上。首先，计算机科学、通信技术和互联网技术等科技的发展使得数据的生产要素属性成为可能。信息自人类出现伊始便存在于世界，但直到计算机科学和技术的创立和完善才成为二进制的字符串，在成本低廉的条件下被编制为代码。曾几何时，数据的进一步处理和加工需要投入大量人力、物力、财力，由数据创造价值的方式会产生很大的机会成本，致使过去的企业不希望大量利用数据。在云计算技术、边缘分析等数字科技实现商业化运作之后，数据的存储、计算、分析等一系列流程不再需要耗费高昂的成本；不断迭代更新的算法更大大增强了数据转化为有效信息的能力。即使数据样本足够庞大，真正利用数据的经济价值也不能单纯依靠数据的规模，必须与算力、算法相结合才能构造完整的价值创造链条。如果我们基于现实发展来预测未来情况，那么算力必将不断增强，算法必将持续进步。一方面，高带宽基站等基础设施覆盖面越来越广，便于经济主体挖掘、记录、管理和运用海量信息。与此同时，由摩尔定律可知，数字技术成本将持续下降，生产者会更积极地利用大数据技术进行资源配置。另一方面，算法的更新换代也将增强人们从数据中提取有用信息的能力，而信息的累积则有助于人们加深对世界运行规律的认识，从而增强人们决策的能力。以上论述充分证明，数据成为生产要素的首要外部条件在于科技的飞速发展。

其次，由于人们价值观的变化及其导致的总需求变动，数据已经成为关键生产要素。生产要素的演进取决于最终产品的变化，最终产品则受消费者的需求引导，而需求又根植于人们价值观的内容和表现形式。工业经济时代，人们更多地追求种类丰富、数目繁多的商品，"越多越好""越大越好"等观念甚至影响了西方经济学的消费者理论。在发达国家和一些发展中国家，随着物质生活的极大丰富，大众化的物质需求可以较为容易地满足。数字经济时代到来后，个性化、定制化的消费观念开始涌现，类似劳动、资本等传统生产要素无法适应用户体验从大众化向个体化的转变，而数据却能够有效映射用户喜好与个体价值观。

三、数据生产要素的主要特征

综上所述，数据已经成为数字经济时代的生产要素之一，甚至跻身于最重要的生产要素之列。本部分将进一步叙述数据所具备的主要特征，按照所有数据的共性特征和分类别数据的个性特征分别介绍。本部分还将简要归纳这些特征在经济活动中的作用。

（一）共性特征

无论数据属于哪种类别，其必然存在某些普遍适用于所有数据的特征。这些共性特征包括：虚拟性、实体依赖性、智能性、非竞争性、规模报酬递增、正外部性、非稀缺性、非均质性、替代性、互补性和迭代积累性等。

1. 虚拟性

数据是一种虚拟的经济资源，以虚拟化途径参与生产。究其原因，数据从信息和知识派生而来。首先，虽然信息源自物质世界，但其属于哲学意义上的意识；传输信息依赖于能量，但信息本身不是能量的一种具体形式。其次，知识是人类在实践中认识客观世界的成果，同样属于主观意识的产物。因此，作为两者衍生物的数据自然脱离了具象化的实体形态，而存在于数据库与互联网空间中。虚拟性是数据与知识、技术等其他新型生产要素相一致的特征，也是区别于劳动、资本和土地等传统生产要素的最重要特征。

2. 实体依赖性

辩证唯物主义世界观指出，物质第一性，意识第二性；意识不可能脱离物质而单独存在。数据也不例外，其自身没有物理存在，但不能离开实体。事实上，数据寓于其他生产要素之中，通过载体才能发挥作用。在当前的技术条件下，数据几乎存在于信息通信技术产品中，两者的高效融合是目前世界经济发展的重要动能之一。而生产信息通信技术产品势必需要劳动、资本、土地等有形的生产要素，更需要机器、设备、原材料等实体的生产资料。此外，数据成为新型生产要素基于信息科学技术的快速发展，而科学技术的研发创新活动同样依赖于高强度的脑力劳动和大量的资本投入。实体依赖性决定了数据不可能成为在经济活动中唯一存在的生产要素，也不可能在传统经济时代中出现。只有在物质条件达到一定水平后，数据才可能成为生产要素，并极大地推动其他生产要素的作用效率。

3. 智能性

数字经济时代，数据的智能性是数据生产要素的典型特征，更是新经济业态的主要特征之一。21世纪以来，人工智能技术实现了长足进步，普遍采用电子计算机模拟人类的某些思维过程和高级行为。采用"数据+算力+算法"的人工智能技术通过建立可计算模型分析、处理数据，便可自行实现迭代优化。数据的智能性与传统行业融合，共同打造"智慧"的社会。

4. 非竞争性

如果两个经济人在一个经济体内生活，而且现在只有一个苹果，那么在其中一个人吃掉这个苹果后，另一个人显然就丧失了消费的机会。这个例子清晰地描述了竞争性的定义，即在给定产品和服务供给的情况下，增加一个使用者会减少其他使用者对该产品和服务的使用数量和质量，增加使用者带来的边际成本是一个正值。竞争性广泛存在于产品中，也普遍反映在传统生产要素的参与过程中。例如，劳动和土地用于农业生产时，同时间不会参与工业或商业活动；可变资本消耗在某种产品的生产制造过程中，不能再用于其他的经济活动；甚至不变资本也会以折旧等方式逐渐减少价值，无法在其他活动中继续充当资本。

但数据却拥有截然不同的性质：多个经济活动的主体能同时使用现有数据，而且数据的数量和质量没有任何下降。某家企业可以利用电子商务平台上的消费数据，用以调整产品品种和质量，精确控制库存数量，从而改进自已的产品和配套服务，提高所获利润。但这家企业利用数据的行为没有影响其他企业类似的经济活动——另一家企业同样可以使用这些消费数据，提升其经济效率。本书在撰写之际，笔者曾查阅多个文献数据库，下载、阅读、分析、引用了大量学术研究成果，这些行为也没有阻碍其他学者同时使用数据库和文献数据。因此，数据具有非竞争性，即增加一位数据的使用者不会减少任何使用者应用同样数据的数量和质量——增加生产要素使用者的边际成本为零。因为数据要素具有非竞争性，所有个人、企业或机器学习算法都可以在同一时间使用完全相同的数据，而并没有减少其他个人所使用的数据量，整个社会可以大幅度降低社会化大生产的资源消耗和各项成本，这就决定了数据极高的利用效益与巨大的潜在价值。

5. 规模报酬递增

规模报酬递增是指在其他条件不变的情况下，企业内部各种生产要素按相同比例增加一倍，产出将增加一倍以上。数据生产要素在生产中呈现规模报酬递增的特质，而这一性质根植于数据的非竞争性。就某一家厂商而言，其整体使用的数据总量等同于任何一名员工可利用的数据量，因为一名员工使用数据毫不妨碍另一名员工使用，更不会降低可供另一名员工使用的数据量。假设这家厂商原有 n 名员工、数据样本为 d，只使用劳动和数据两种生产要素，提供数字服务，其产出为 y。如果员工数量和数据规模均扩大一倍，那么原有员工和新进员工都有两倍于原有数据的数据样本，即 $2d$。在一般情况下，每名员工所使用的数据越多，其提供的服务数量也越多。规模扩大后，每名员工使用两倍的原有数据，其产出大于原有规模下每名员工的产出；现在员工数量由 n 变为 $2n$，整个厂商的总产出必然大于原有产出的两倍，即大于 $2y$。

我们以琼斯和托内蒂（Jones & Tonetti，2020）建立的包括数据生产要素的生产函数为例[①]，以数学模型的方式为读者直观展示以上的思想。为简便起见，厂商 i 只使用劳动（L^i）和数据（D^i）生产消费品。在 t 时期，厂商的产出（Y^i）为：

---

① Jones, C. & Tonetti, C. Nonrivalry and the Economics of Data [J]. American Economic Review, 2020, 110 (9): 2819 – 2858.

$$Y_t^i = (D_t^i)^\eta L_t^i \tag{3.1}$$

其中，η 衡量数据在整个生产活动中价值贡献的份额大小，且 $0 < \eta < 1$。在这一模型中，我们令 $t+1$ 时期的劳动和数据都增长到原来数量的两倍，则：

$$Y_{t+1}^i = (D_{t+1}^i)^\eta L_{t+1}^i = (2D_t^i)^\eta 2L_t^i = 2^\eta \times 2(D_t^i)^\eta L_t^i = 2^\eta \times 2Y_t^i > 2Y_t^i \tag{3.2}$$

因为 $\eta > 0$，$2^\eta > 1$，从而得出了最后的不等关系。不难发现，$t+1$ 时期的产出超过了 t 时期产出的两倍。这一推导结果清晰地反映出数据生产要素的规模报酬递增属性。从另一个角度看，如果我们将数据仅仅作为一个固定的参数，只有劳动是该生产函数的变量，那么改变劳动力数量仅能获得规模报酬不变的结果。这一检验证明了，劳动作为竞争性的生产要素，不能产生规模报酬递增的效应；非竞争性才能生成规模报酬递增的结果。如果数据受众可以拓宽至全行业乃至整个经济体的所有参与者，扩大数据规模将产生更加明显的正向经济效应。知识和信息将在更广阔的平台流动，为更多的市场主体所应用，从而创造更高的生产效率。海量数据带来的产出增加将进一步超过投入的增加，从而形成经济体层面上规模报酬递增的大生产活动。

6. 正外部性

正外部性是指生产者或消费者在自己的活动中产生了有利影响，但生产者或消费者却不能获得其有利影响带来的全部收益。其实质在于当事人的经济活动提高了市场交易之外其他当事人的福利。而数据的正外部性指的是人们搜集、分析、应对数据的行为会为他人带来正向的影响，提高数据使用的便利程度和可得性。

数据的正外部性体现在多个方面。首先，人们越来越多地使用数据会提升搜索和收集的效率。沙弗和萨皮（Schaefer & Sapi，2020）发现，当雅虎搜索引擎吸引了更多的用户时，通过该引擎查询数据大大提高了信息检索速度，并促进搜索引擎为其他用户提供更好的服务。[①] 一方面，在众多用户查找同一或类似的关键词时，搜索引擎能够从这一系列的关键词中收集到更多的数

①　Schaefer M. & Sapi G. Learning from Data and Network Effects：The Example of Internet Search［G］. DIW Berlin Discussion Paper，No. 1894，2020.

据样本。而这些用户也可能在得到了搜索结果之后展开更多的后续活动，这些行为将有助于搜索引擎了解用户最希望得到的搜索结果，进而提升搜索引擎效率，形成直接的网络效应。另一方面，随着用户访问搜索引擎的时间不断增长，导致搜索引擎加速学习，这就使得增加用户数量引起的正外部性愈发突出。这个例子展现了数据从用户使用量的广度和使用时间的长度着手，分别从这两个维度创造正外部性。

其次，使用数据的企业组织效率更高，用户体验也更好。克施特里（Kshetri，2014）记述了宝马汽车公司运用数据提供更好客户服务的事实：宝马汽车公司整合样车试驾反馈、生产制造情况报告以及其他来源的数据，分析数据所代表的信息，快速准确地发现样车存在的问题和漏洞，并在推出新车型之前及时消除这些隐患。① 而基于现代通信技术和互联网科技的高科技公司通过改善运营手段、促进科技创新和优化资源配置的方法，更为高效地使用数据生产要素。以谷歌、思科、甲骨文等为代表的数字科技公司拥有很强的数据分析能力，完全能够在短短几天内实现"分析数据——发现漏洞——解决问题"的全过程，以便有针对性地改进产品售后服务，从而提升客户满意度。这些事例均说明数据生产要素在提升企业竞争力的基础上实现正外部性。

7. 非稀缺性

我们知道，资源是有限的，但人类的欲望是无穷的。经济学的基本研究问题就是以权衡取舍为途径平衡资源供给和欲望需求。如果仅限于厂商理论，经济学家尝试着找到以给定投入获得最大产出或者根据给定产出控制尽可能小的成本。其根源同样离不开资源的天然稀缺性——不可再生资源必然逐渐减少，可再生资源在特定的时间和空间同样有限；劳动人口也具有增长的极限；而且大多数的资源在生产过程中还会排放污染和产生废弃物，进一步消耗可供利用的资源。

数据则具有非稀缺性。数据的非稀缺性并不是指数据量已经达到了无限的程度，或者数据资源远远超过了人们实际可以利用的数量。所谓"非稀缺

---

① Kshetri, N. Big Data's Impact on Privacy, Security and Consumer Welfare [J]. Telecommunications Policy, 2014, 38 (11)：1134–1145.

性"具有两方面的含义：一方面，虽然数据必然依托于实体的基础设施，而基础设施又受制于资源总量，但是数据量在目前看来近乎可以无限开发；另一方面，即使在参与了多次生产之后，数据也依然存在，还可以继续循环使用，只要不被清除就没有丝毫损耗，而且大规模使用数据还可能进一步扩大数据样本，也没有与传统生产要素相似的污染和废弃物等问题。

8. 异质性

同质性普遍存在于资本、劳动、土地等传统生产要素中，即同种要素之间的性质相同或大致相同。资本具有最强的同质性：资本往往以货币计价，每一分钱之间没有本质区别。土地也具有很强的同质性：虽然不同地域的土地有自身特点，或肥沃或贫瘠，或平整或崎岖，适合在特定土地上从事的产业也可能会有所差别，但各类土地之间有显著的替代性。尽管不同种类的劳动之间有明显的差别，不过这些具体劳动都可以归纳为无差别的人类劳动，差别可以控制在一定范围内。不同技术之间存在的差异程度似乎更大，但是专利审查制度为不同技术建立了统一的标准，减小了技术间原有的差异度，因此通常以专利数据来衡量科学技术实力。

数据作为新型生产要素，与上述要素完全不同。虽然我们可以认为一个单位的数据跟另外一个单位的数据数量相同，但是不同数据包含的信息实质和内容存在巨大的差别，而且通常在生产活动中产生截然不同的价值。两个含有同样字节数的文档，一个含有极其重要的信息，另一个则可能不具有任何实用价值。用某家公司的数据量来评价该公司的市场价值显然不可置信，也不能按照数据量横向比较各自企业所蕴含的价值。综上所述，我们将数据的这一性质归纳为异质性。

9. 替代性

数据的替代性主要指数据生产要素能够代替土地、劳动和管理等其他生产要素在生产过程中的部分作用。[①] 第一，数据自身的虚拟性决定了数据要素可以替代土地要素的作用。"数字孪生"的技术原理是在虚幻空间反映具体物理空间，虚拟生产数字商品和服务，使得经济发展超越物理地域，扩展

---

① 王谦，付晓东. 数据要素赋能经济增长机制探究 [J]. 上海经济研究，2021，(4)：55 – 66.

至数字地域。数据参与生产活动能够大幅度地节省实物用地空间，突破有限土地资源的制约，克服土地供给缺乏弹性的困难，从而增加现实土地可提供产出的空间。这一优势在"人多地少"的我国更加具有应用价值，能够推动我国经济结构转型升级。

第二，数据要素能够替代劳动要素。随着人工智能技术的飞速进步，很多曾经看似只能由人类完成的任务都可以通过人工智能实现，比如作曲、写诗和下围棋等。生产产品和服务的全过程围绕数据展开，自动产生新的任务和事项，并自动完成一系列处理数据的工作。这一生产流程的自动化，将部分甚至完全取代企业对工人的需求。事实上，越来越多的"无人工厂"已经昭示了生产活动的现实变革和未来场景。

第三，数据要素也可以替代管理要素，对生产过程产生作用。数字经济时代，经济体中的每个单位都会产生大量的数据，还往往把生成的数据传输至数字空间的"云端"；人工智能技术模拟人脑思维，利用基于海量信息的机器学习和深度学习，弥补人脑因生理局限或情绪因素产生的缺陷，取代人类从事控制和管理操作。

10. 互补性

数据不仅具有替代性，还具有互补性。数据的互补性是指数据要素之间能够相互融合，或者与其他生产要素融合，共同完成某项生产任务，并且结合后的要素组合可以提升生产效率。其主要包括两个方面：一方面，不同种类数据的结合。数字平台通过多维度的整合，将企业各自的零散数据、行业或领域的分类别数据形成模块式数据，再进一步组合、集聚这些数据，以供企业按照其需求选择和使用。另一方面，不同生产要素的相互融合。一是数据要素可以与劳动要素融合，产生数据劳动，从而调整企业用工结构，节约企业用工成本，提高劳动产出率。二是数据要素能够与资本要素融合，使得数据参与投资决策，优化资本投资流向，驱动资本流向回报率高的领域，实现资本投入效益最优化。三是数据要素还可以与技术要素融合，全面而有效地利用科学技术的优势，实现生产技术革新与流程调整，提高企业产品质量与效益，并助力企业数字化转型，提升社会生产力。由此可见，数据要素与劳动、资本、技术等生产要素的融合，可以实现要素间的资源优势互补。同

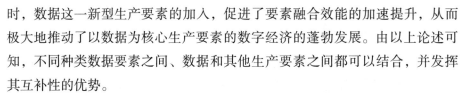

时，数据这一新型生产要素的加入，促进了要素融合效能的加速提升，从而极大地推动了以数据为核心生产要素的数字经济的蓬勃发展。由以上论述可知，不同种类数据要素之间、数据和其他生产要素之间都可以结合，并发挥其互补性的优势。

11. 迭代积累性

土地几乎是一个供给量固定的要素。在当前的世界，土地要素供给极难增加，甚至还可能因为生态环境的恶化而减少。在人口一定的情况下，劳动可以在一段时间后恢复更新，但不会增加。因此劳动要素的增加取决于劳动人口的增长，而这一条件在现阶段的我国以及欧美大部分国家和地区都变得愈发难以满足。资本可以积累扩张，但折旧老化同样令资本的价值贬损。

与传统生产要素大相径庭的是，数据可以积累，还不会减损。数据生产要素会随着交易次数与使用频次的提高而不断迭代积累。这种迭代积累主要表现在两个方面：一方面，数据规模随着大量数字信息的自我复制而扩大，如网页上某文本文档或音像资料被众多用户下载，存在于不同的设备中，这样就产生了更大的规模；另一方面，积累速度会因使用者数量激增而进一步提升，如平台影响力往往与平台企业用户呈正相关关系：用户越多，影响力越大，反过来还会吸引更多的用户，加速累积平台数据。两个方面叠加使得数据的迭代积累加速增大，从而为经济活动提供更多的数据资源。

（二）个性特征：排他性或非排他性

接下来，本章以数据所有者为区别标准，将数据划分为公共数据、企业数据和个人数据三类，并且分别说明三类数据在排他性方面的不同特征。尽管具体特征不尽相同，但是都符合同一个规律，即数据所有者在不限制数据获取的条件下，不能排除其他主体对数据的使用。

1. 公共数据

公共数据是指各级政府单位以及承担公共管理和服务职能的企事业机构拥有的自生数据和非自生数据。由于公共数据往往涉及国家和人民的核心利益，新时代的国家安全也必然包含公共数据的安全。因此，包含敏感信息的公共数据必须具有排他性，以防范敌对势力窃取我国政治、经济、军事、社会等领域的重要信息，从而维护数据主权。实际上，获取公共数据一般都需要事先获得足够的权限，存在很强的排他性。例如，国家税务总局从2019年起推广使用"个人所得税"App软件，自然人可以在手机下载该应用程序，填写、申报年度所得情况。这些信息涉及我国居民的个人收入，样本量以亿为单位，关系到我国社会的福利状况，是非常敏感而重要的经济信息。能够阅读、处理这些信息的数据使用者人数微乎其微——本身都是国家税务总局的工作人员，在签署保密协议等必要程序后才可能接触到具体内容。普通人甚至无法在自己的设备上接触到亲属的相应信息。研究居民收入分配或个人所得税的学者也很难触及个人所得的具体数据；即便可以，也一定会在登记身份后接受审核，保证信息不被泄露。

相对而言，不含有敏感信息的公共数据则要具体问题具体分析。一些涉及民众日常生活迫切需要的信息一定要及时公开，其数据的获取不能设置较高门槛的权限，甚至不能设置任何权限。这些公共数据通常被视为公共资源的一种具体类型，公众享有知情权、访问权和使用权。比如，天气情况对于人们的生产生活会产生巨大的影响，大众也习惯性地查看天气信息。出于社会福利的考虑，天气数据应该即时发布，而且让社会中的所有人都能够获得。实际上，人们通过广播电视、专门网站以及应用程序等渠道，可以方便、快捷、免费地查阅晴雨、温度、气压、湿度等气象数据，甚至可以获得穿着、运动建议等进一步的数字服务，这充分体现了非排他性。而统计年鉴等公共数据有着不同情况。我们知道，这些数据的专业性比较强，社会效益相对较低，而且往往通过全国范围的调查，耗费大量的人力、物力、财力。因此，调查数据一般在一定时期内需要付费后才能查阅。价格是最普遍的排他性措施，因此此类公共数据具有一定程度的排他性。

2. 企业数据

企业数据是指企业在进行生产经营活动过程中产生与自身业务相关的数据，或者以正当方式取得并经过处理后不具备其他数据主体属性的数据。这反映出企业数据的两种获得形式：自行产生和从他处获得。由于企业数据可能包括该企业的专利、商业秘密和市场竞争中的正当权益等，因此数据访问者通常需要获得访问权限，才能使用相关的数据。在现实生活中，大多数企业或私营机构都会选择单独使用自己提供、获取和掌握的各种信息，即使公开这些信息可以带来重要的经济利益。一些企业的数据本就用于他人使用，但企业通常不会免费与人分享，而是在用户购买服务后才提供与之对应的权限。例如，为埃森哲为代表的一些商业咨询公司积累了大量行业经营、销售、利润等方面的数据，并且初步处理了原始数据，然后向第三方出售数据使用权，收取特许权使用费，利用加密数据的排他性赢得利润。这些事实都是企业数据排他性的例证。

企业数据的排他性还体现在，一些虚拟的生产要素（如知识和技术）可以因为企业人员离任或交流合作而公开或扩散，但数据需要信息编码、必要的设备以及其他物质基础，从而无法被涵盖在企业人力资本之中。以区块链技术为例，区块链技术依托的基础知识是公开的，一些程序开发者也会选择开放其研发的源代码供其他研究者免费获取，但是一般要对数据加密后才输入到区块链应用程序。虽然有一些例外，但是大部分公司都视自身的数据为一项核心竞争力而很少披露。当数据内容的价值超过一定程度时，企业数据一般表现出高度的排他性，掌握数据的公司和组织会选择隐藏数据而不是分享。琼斯和托内蒂（Jones & Tonetti，2020）认为，因为企业拥有数据以及设置排他性的价格门槛，公开的数据规模低于最优公开规模。[①]

3. 个人数据

个人数据是指自然人在从事社会生产活动过程中产生的能够直接或间接识别个人的数据。数字经济时代，除了常见的人像、姓名、签名等信息之外，更多类型的个人信息可以获得经济收益。从另一个角度来看，失去这些关键的个人信息会带来较为严重的损失，不仅仅因为丧失了潜在的经济收益，而且更可能泄露个人隐私。目前，在互联网上故意公开大量个人信息的行为并不罕见，而一系列网络暴力引发的不良后果促使人们深入反思维护个人数据信息安全的重要性。法律应该给予自然人拥有个人数据的权利，并且重点保护其决定是否公开个人数据、是否有偿转让数据的自主权益，以避免因个人数据被非法收集和利用而侵害个人人格权和财产权的情况。我们相信，个人

---

① Jones, C. & Tonetti, C. Nonrivalry and the Economics of Data [J]. American Economic Review, 2020, 110 (9): 2819–2858.

数据应该具有相当程度的排他性，但现在的相应措施还不完备，且实现这一目标难度巨大。

排他性能够保护自然人因个人数据而具有的财产权，还可以维护个人隐私，保障自然人的身心健康。个人应该获得某种排他性措施，有效阻止他人轻易收集、分析、应用自身的重要信息。然而，当网站或应用程序获取自然人信息时，展示的权益保护协议等文件往往只保护使用数据的企业等私营机构的利益，刻意削弱了对于拥有数据的自然人的保障。由于多数自然人对于知识产权和商业合同等法律法规不够熟悉，对于正式文本的理解不够透彻，在看到此类协议时不能发现其中的玄机，甚至几乎不阅读。

在未来，实现个人数据的排他性同样很难。首先，定价是市场经济中最简便、最普遍、最高效的排他性措施，但个人数据零散、低价值、碎片化的特征导致自然人几乎不能为自己的个人数据制定价格：一方面很少有数据需求方愿意购买价值不高的个体信息；另一方面自然人也缺少相应的技能和软件程序，不能主动发起交易，无法出售个人数据。一些有实力的企业完全有能力研发这种程序，但企业出于自身的利益考量，不愿意赋予自然人维护数据安全的能力。个人数据的排他性安排依然任重道远。

第二节　数据要素市场

上一节论证了数据成为生产要素的理论依据以及数据要素的主要特征，并且展现了数据要素对于当今经济社会的重要作用和巨大潜力。随着信息化的深入发展，各种各样的数据大量涌现。数据成为信息资源中最活跃、最重要的组成部分，围绕大数据开发与利用的探索也正在不断深入。其中，人们尤其关注如何有效激发数据在生产中的作用。在党的十八大之后，党和国家充分认识到了数字经济时代背景下数据要素的地位，并且作出了培育数据要素市场的指示。2020 年 3 月 30 日，中共中央、国务院发布《关于构建更加完善的要素市场化配置体制机制的意见》，将数据正式纳入主要生产要素范畴，与传统的土地、技术、劳动力、资本等并列，并明确提出了数据要素市场制度建设的方向和重点改革任务，明确提出要加快培育数据要素市场，为进一步发挥数据生产要素的作用指明了方向。建立与完善数据要素市场是发挥数据生产要素作用最重要的方法。

一、我国培育数据要素市场的政策方针

2015 年 8 月，国务院印发的《促进大数据发展行动纲要》首次提出要"引导培育大数据交易市场，开展面向应用的数据交易市场试点，探索开展大数据衍生产品交易，鼓励产业链各环节市场主体进行数据交换和交易，促进数据资源流通，建立健全数据资源交易机制和定价机制，规范交易行为"，并且"加快建立大数据市场交易标准体系"。2016 年 12 月，《"十三五"国家信息化规划》进一步提出要完善数据资产登记、定价、交易和知识产权保护等制度，探索培育数据交易市场。2020 年 3 月，中共中央、国务院发布的《关于构建更加完善的要素市场化配置体制机制的意见》就加快培育数据要素市场提出具体的方案和实施路径，包括"推进政府数据开放共享""提升社会数据资源价值""加强数据资源整合和安全保护"等举措。2021 年 11 月，工业和信息化部发布的《"十四五"大数据产业发展规划》进一步明确了培育数据要素市场的方向，重点涉及建立数据要素价值体系、健全数据要素市场规则、提升数据要素配置作用等基础制度和标准规范等方面，着力擘画了数据要素市场的发展蓝图。

二、我国数据要素市场的现状及问题

在党和国家加速发展数据要素市场的方针指引下，我国各地区出台了一系列的具体政策措施，建立了多个数据交易中心，初步形成了数据要素市场。但在建设过程中，一些问题随之显现。这一部分将集中展示我国数据要素市场当前的进展情况和存在的问题。

（一）我国数据要素市场的发展概况

1. 各地积极探索建设数据交易机构

"十三五"时期，各地方出台了 300 余项与促进大数据产业发展相关的政策，其中不少都涉及数据交易机构的建设。2015 年 4 月，贵州省人民政府批准成立了全国第一家大数据交易所——贵阳大数据交易所。在此之后，武汉、哈尔滨、江苏、西安、广州、青岛、上海、浙江、沈阳、安徽、成都等地也分别建立起大数据交易中心或交易所，以提供数据交易服务。据不完全统计，2015～2022 年，由国家信息中心或各省市政府牵头指导，在各省市先后建立的数据交易机构超过 20 个。作为首先从事大数据交易的机构，这些数据交易所不仅在实践中"摸着石头过河"，在交易规则还未明晰时就积极探索数据交易，而且尝试着制定数据交易的相关制度，并进一步指导实践。从一系列的探索中，数据交易机构取得了初步成效，也积累了宝贵的经验，还总结了值得注意的教训。

2. 数据交易模式不断创新

各地数据交易机构的实践逐渐催生了两种最主要的交易模式，也是发展数据交易机构的两种主流路径。一是数据撮合交易模式，很多数据交易机构在发展初期都以这种交易模式为首要发展方向。这种模式类似传统的商品贸易市场，因而又被称为"数据集市"。在这种模式下，数据交易主要涉及仅经过初步加工的原始数据。数据卖方不事先处理数据，也不会深层次地挖掘和分析信息内容，一般仅经过收集和整合数据资源后便直接出售。然而，数据撮合交易模式存在两个比较严重的问题。第一，实现这类撮合式交易的前提是获得大量的数据资源，数据的卖方为了一己私利，往往不择手段地获取信息，因而难以实现有效的个人信息保护。相关领域的学者研究了个人隐私数据泄露现状，并发现在大数据条件下，数据交易市场存在大量灰黑交易，严重制约了数据交易向纵深化方向发展。由于在黑市中隐私信息能够以高价买卖，而且现行法律法规对于个人隐私数据保护不够完善，有关信息的不法搜集、盗取、使用和贩卖的活动更加猖狂。甚至部分企业也介入了一些有关个人隐私数据的非法交易活动，导致很多数据集市逐渐沦为数据黑市（张铭苗，2018）。[①] 第二，数据要素本身具有异质性的特征，大部分数据需求方需要的具体数据与数据撮合交易中的供给不匹配。对于客户来说，海量的"粗加工"数据为行政管理或商业决策带来的收益过小。无论是政府部门还是企业需求，精准有效的数据可能仅占总数据量的百万甚至亿万分之一，而获取和研究却意味着必须投入巨大的时间、人力和其他资源，成本收益不相符。

二是数据增值服务模式。这一模式下的数据交易机构不再单纯地撮合卖家与买家，而是针对各种实际应用需要，以收集整理后的数据资料为基础，清洗、拆分数据，再执行建模、可视化等加工操作，生成定制化的数据商品，之后再提交给需求方。相较于传统数据撮合交易模式，数据增值服务模式有两个突出的优点。第一，数据增值服务机构代替用户企业在浩如烟海的数据中筛选极少数对其很有价值的信息，为其节约了大量的时间和分析成本。部分中小企业通常也缺乏处理此类专门问题的信息技术人员，而进行深入发掘和分析原始数据，需要额外的人员或时间投入。所以，中小企业直接采购经定制化加工后的数据信息服务可节约大量生产成本。第二，提供数据增值服务的供应商在合同中明确保障数据获得正当合法，降低了数据需求方的法律风险。在当前有关法律法规还不健全的情况下，数据需求者通过与数据增值业务的供应商签订合同或协议，由后者保证合法依规收集和管理信息，有效规避了困扰数据交易的数据隐私保护等问题。从各地实施结果看，很多数据交易机构经过反复实践后，不再延续直接交易基础数据资源的数据撮合交易模式，而选择了提供个性化、定制化数据产品的数据增值服务模式。

（二）我国数据要素市场当前存在的问题

1. 产权不明导致市场发展后劲不足

一般而言，宏观层面的制度建设晚于微观层面的经济社会行为。这一点在数据要素方面体现得十分明显：数字经济发展异常迅猛，数据要素交易也变得愈加频繁，关于数据的法律制度建设工作却落后了。法律是固定的，理论则是灵活的，只有不断进行理论创新，通过理论诠释法律，才能使滞后的

---

① 张铭苗. 大数据背景下的个人隐私保护初探［J］. 法制与社会，2018（18）：152-153.

法律与变化发展的时代共同前进。人们已经意识到数据是生产要素体系的重要组成部分。数据要素不再仅仅是资料信息的载体，而且可以通过流动和交易实现其价值，成为能够为个人或企业创造财富的财产。数据要素市场存在巨大的发展潜力，意味着个人或企业可能凭借数据获得大量财富。然而此时，如何确定数据的产权就成为了数据要素市场进一步发展的关键问题。科斯定理表明，如果不存在交易成本，无论权利界定给哪一方，市场交易的结果都可以达到帕累托最优选择。这就意味着，在完全没有交易成本的市场，如何界定产权无关紧要。但众所周知，交易成本为零仅仅是一种理想的状态。现实世界中，交易成本肯定远大于零。若想通过数据市场配置资源，数据产权不清晰的状态以及不恰当的权属关系都必将会对市场的运行产生影响。最新的经济理论表明，厂商或者消费者拥有数据产权会呈现不同的分配结果，并对消费者剩余与总社会福利造成很大的影响，导致科斯定理在数据要素的应用中失效。[①]

在实践过程中，我国大数据交易市场的发展也从侧面印证了明确数据产权的重要意义。尽管各省市先后成立数据交易机构，并在交易所集中交易大数据。但在成立之后，各地交易所的大数据交易并不活跃。例如，2020年交易额不到500万元，随后数据交易所也罕有新增。因此，成立数据交易所不等于实现大数据交易。在没有确定数据产权的情况下，数据财产的处置权、收益权等归属问题无法确认。再加上市场主体难以测算数据价值，数据很难转变为资产，自然也难以流通。

我们知道，数据交易所不是数据产生的源泉，数据所有者或者控制者才是关键。在产权归属不清晰的情况下，能否实现数据交易、交易的规模有多大取决于这些掌握数据的市场参与者的意愿。从公共数据看，主管部门负责共享信息的职责不明确，监管制度也不健全，如果传播公共数据时出现滥用、篡改甚至流失等问题时，很可能无法明确追责。数据供给方和需求方之间在数据共享进程中的权力与职责边界不明，而且有些政府部门对信息的开放获取持有比较保守的看法，使得公共数据开放共享的程度没有达到应有的水平。

---

① Jones, C. & Tonetti, C. Nonrivalry and the Economics of Data [J]. American Economic Review, 2020, 110 (9)：2819-2858.

从企业数据看，大部分企业因无法明确界定数据产权信息，难以获取数据开放流通后的去向，无法确保数据在允许的范围内流动，故而对泄露商业机密、客户个人隐私的可能性心存疑虑，没有足够的动力推进数据交易，直接限制了企业数据的交易规模，制约了数据在市场中创造价值的能力。这反映出数据流通存在较高的交易成本，难以实现数据市场高效运转。因此，明确数据产权才是改善当前状况的核心要义。

2. 权属不清引发市场诸多问题

在当前的数据要素市场上，权属不清引发了诸多涉及所有权和访问权的争议。我们以数据爬取行为为例。数字经济时代，由于数据存在巨大的潜在价值，搜索引擎领域外的企业也纷纷加入获取数据的行列当中，利用爬虫技术免费获得网络上的公开资源。但是公开资源不意味着无人所有，很多涉及个人或企业的核心信息理应由产生主体所有且取得收益权。然而，在数据权属不确定的情况下，相当数量的主体没能获取足够的收益，甚至毫无所得。爬取个人数据的活动是一个典型的例子。个人应该拥有反映其人格标志的个人数据，即使互联网企业付出了收集的成本和劳动，但所有权并不应该就此转移。然而，大多数企业利用网络爬虫技术获得个人信息后，就占有了数据并免费使用。因为免费取得信息，企业可以大大降低信息成本，从而更加滥用爬虫技术，引发更多的争议。

数据交易同样存在不合规的问题。虽然在数据要素市场上交易的数据都需要经过对数据的脱敏处理，但是市场主体可能反复收集和利用相同的数据，由于过程繁复，在经过反复使用后很难保证数据应用活动的合法性。数据所有者即使发现其数据权益遭到侵犯，也几乎无法在多位使用者中发现侵权者。为了解决类似的问题，企业等主体可以设置排他性措施，从而利用市场机制有效协调相关主体利益，而确定数据权属则是排他性安排的前提条件。数据所有者在相关法律的保护下，能够主动积极、创造性地利用数据中蕴藏的价值，将各类原本未被挖掘的数据变为资产，并形成数据要素市场上的有效供给。数据需求者在有关法律的规制下，能够自我约束运营活动，积极履行相应的经营责任，避免数据交易秩序紊乱。

在当前的数据要素市场上，数据要素产生的收益没能实现按贡献分配，而这一点与权属不清息息相关。为引导各类市场主体积极参与数据要素市场的发展，全面调动各种市场主体挖掘数据要素的热情，市场必须推行按要素贡献程度参与分配的方式。不过，在数据权属不清的情况下，市场参与者无法科学地判断和衡量不同的市场主体在数据要素市场活动中所承担的职能。例如，许多生产企业正竭力转变经营模式以适应数字经济时代，突出特点就是提供高附加值的售后服务和问题解决方案。这些企业为购买其产品的客户提供配套售后服务，但这一过程中产生的数据属于产品供给方还是客户、供给方基于产品数据产生的价值是否应与客户分成、供给方是否应以其他方式补偿客户等问题在当前尚且未有定论。再如，电子商务平台和社交网站等数字企业会采集和使用消费者在该平台购物或者交流等过程中产生的大量数据，并且创造价值。消费者原本是产生数据的唯一提供方，应该作为数据采集环节的分配主体参与收益分配，但实际上几乎没有消费者真正获取这类收益。究其原因，个人数据的权属在数据收集者与数据提供者之间划分不合理是最重要的一点。这将导致个人数据的交易价格无法合理设定，或市场交易无法实现，或低估了数据提供者的贡献，按贡献分配更是无从谈起。

3. 数据估值标准不一致

在目前的资产定价实践活动中，估算数据的市场价值缺乏统一的衡量标准。数据价值既与数据样本量呈正相关关系，又与数据质量有很强的关系。由于数据的价值密度较低，数据质量的作用往往更显著。而且不同人群在不同场景下的估值千差万别：有的人认为极有价值的数据对于其他人可能一文不值；有的人在某些场合下需要适合这一情景的特定数据，而同一个人可能在其他场合下不会选择同样的数据。因此，数据本身的价值很难衡量，而这一问题使得数据无法像其他资产一样简单地进行会计核算。

数据估值的困境除了限制数据资产化，同样会直接影响数据交易和数据收益分配。基于数据估值的难度，在交易时的数据价格难以确定。市场经济最基本、最重要的作用机制是价格机制，定价也是数据要素市场正常运转的前提条件。估值高低直接影响数据交易中卖方所获利润，还影响着如何计算数据收益分配比例。根据上述分析，在数据交易中，卖方和买方对同一数据价格的估计可能完全不一样。如果卖方高估价格或者买方低估价格，那么双

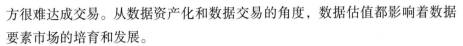

方很难达成交易。从数据资产化和数据交易的角度，数据估值都影响着数据要素市场的培育和发展。

4. 数据要素价值的会计认定有难度

数据已经逐渐展现了其资产属性，有的学者认为其已经构成了"数据资产"。[①] 既然数据可以归为一种资产，其价值应该可以像其他资产一样进行会计核算。然而，由于权属、估值等问题仍然亟待解决，其资产属性尚未充分体现在企业会计核算体系中。美国苹果公司是全世界市场价值最大的公司之一，其市场价值超过 2 万亿美元。但其资产价值占比并不大，资产绝对值也不高，说明苹果公司的数据价值没有在资产中得以反映。如果数据不能资产化，没有作为重要资产在资产市场上交易，则最终必然无法充分利用数据资源，导致市场效率不高。

传统上，企业中的信息科技部门几乎只耗费成本。而确立数据资产属性将促使此类部门有能力赢得大量收益，直接产生利润和现金流。然而，这一盈利可能性在现实中仅是一种愿景。由于数据没能在会计体系中认定为资产，一些公司缺乏清晰的盈利模式，处于只有投入没有产出的境地，也难以凭借数据价值获得足够的资金融通。数据资产化必须在原来的体系和科目中添加新会计元素，甚至需要重新建立一个新的会计体系。但现有的会计体系没有及时适应数字经济时代的变革，难以满足现实发展的需要。事实上，金融机构可以尝试在独立核算的信息部门中加入数据资产，设计数据资产的会计分录和科目，然后利用模拟考核逐步提高数据资产的价值地位。但是，目前机构普遍缺乏类似的实践，也阻碍了数据资产化的推进。

5. 缺乏有效的数据资源利用机制

研究数据资源利用机制，明确数据合规交易标准，对促进数据市场走向制度化、规范化至关重要。对于企业数据和个人数据而言，既然一些数据提供者有意愿或有偿转让数据的所有权或许可数据的使用权，而且市场上大量企业和机构需要数据资源，数据资源配置就应该匹配供给和需求。理想的数据配置机制以高效、公平分配为目的，以经济手段和法律手段为主要途径，

---

① 郭王玥蕊. 企业数字资产的形成与构建逻辑研究——基于马克思主义政治经济学的视角 [J]. 经济学家，2021，1 (8)：5–12.

调节数据资源在时间、空间和总量上的合理分配以及供需双方的预期，满足对于数据的需求，并且为供给方带来合理收益。而非敏感性的公共数据资源具有公共产品的属性，在尽可能开放共享的要求下，必须抓住其经济特性，充分利用市场和行政两种资源配置手段，形成合理的收益补偿制度与激励机制，找到科学合理的数据资源开发利用模式。

但数据资源配置机制目前还处在摸索阶段。一方面，政府干预数据资源配置的幅度偏大，一些本应由市场自发调节的资源安排却由行政计划代替，导致了一定的不良结果。另一方面，对于非排他性和非竞争性的公共数据资源，政府部门的投入又过少。公共数据资源必须由政府主导提供，因为其具备公共物品的特征，若使用市场配置模式，不利于保质保量地供给公共数据资源，同时也无法保障供给结果公平合理。政府部门配置这些数据资源，可以有效弥补市场配置的不足，履行政府的公共职能。然而，一些政府部门缺乏必要的意愿、勇气和能力，没能充分提供社会需要的数据资源。

6. 数据产出分配机制不明确

众所周知，各生产要素均应该，也有权参与产出分配。在数据收益分配方面，每个参与主体都必须拥有按照贡献参与收益分配的权利，包括从数据创造、处理、保存、分析到销毁整个过程中的所有贡献者。理论上，数据要素参与分配可以激励各环节的参与主体积极主动提高产品技术和成果质量，并且有利于提高居民收入水平，尤其是提高一些拥有较高价值数据的个体和企业的收入；可以推动构建成熟完善的数字产业链，充分发挥数据要素在生产和流通过程中的积极作用，创造更高的附加值；在各产业广泛、全面、深入地应用数据之后，可以推动数字经济更加密切地联系实体经济，同时更进一步提升劳动生产率，降低生产流通成本，提升经济发展创新能力，优化产业结构，推动国民经济高质量发展。

不过，由于数据产权归属和市场测算等问题，当前收益分配的机制尚不清晰。如果主要按生产要素参与分配，几乎全部个人数据的所有者以及一大批企业数据的所有者没有获得收益或只分配到极少的份额；若主要按劳分配，采集、加工、分析数据的劳动者所获收益是否合理、能否补偿劳动时间的消耗、能否反映相应劳动创造的价值同样要打个大大的问号。

7. 数据开放共享不充分

促进大数据公开共享是培育和发展数据要素市场的必由之路。数据要素资源在市场中获得合理的对价，需要数据在主体之间自由流转，让尽可能多的需求方都有接触数据的机会。如果数据共享不畅通，与数据相关的新产业、新服务的形成和发展会受到不利影响。然而，我国当前的数据市场尚未实现充分的开放共享。

缺乏相关法律法规和共享标准体系是导致数据开放共享不充分的重要原因。在国家层面，我国政府缺乏推动数据开放共享的政策法规以及管理协调数据开放共享的标准体系：仅存在全国信息技术标准化技术委员会大数据标准工作组研究并制定的 4 项国家标准，且仅限于政务数据的范畴。因为缺乏全国性的部门规章和标准体系，当前 100 余个地方政府部门的数据开放平台系统各不相同，使得全系统已公开的超过 7 万个数据库没有形成一个整体。这样异质化的地方数据开放平台既不利于用户的使用，也很难真正促进公共数据在要素交易市场上快速传递、交换共享。在行业层面，管理数据开放共享的规则和技术规范同样很少，不能有效指导行业内部的数据交易和使用。在企业层面，我国大多数企业没有去除内部数据的流通壁垒和障碍，也没有实质性地对外开放数据资源，相应的数据开放共享制度和机制尚未建立。

我国大多数企业、行业较弱的信息化水平是另一个重要原因。当前中小微企业的信息化程度普遍较差，"哑设备、哑岗位、哑企业"的问题不断产生，中小微企业也缺少支撑数据流通共享的有效技术手段，不具备挖掘、交易、使用数据的能力，更不可能共享数据。我国数据总体规模庞大，但很多行业的数据处于不活跃的状态，因为我国数据共享流通平台存在各行业的数据采集标准不一致、数据预处理质量差、平台前期建设投入大等问题。在数据采集方面，人工智能、可穿戴设备、车联网、物联网等数据密集型领域的数据采集标准不一致，数据共享互认困难。在数据预处理方面，中小微企业对原始数据的清理、汇集、分析、归纳、转化的能力较低，导致数据一致性、完整性和准确性都较差。在构建数据共享流通平台方面，由于前期固定成本巨大，中小微企业技术、人力、资金等资源有限，不具备自主搭建数据共享流通平台的实力，需要大企业主导构建行业内、行业间的数据共享流通平台，

但目前成果并不明显。

8. 数据市场监管规则不健全

数据市场的监管规则总体上可以分为权利法和行为法两类规制方式。其中，行为法的规制方式侧重于通过法律法规规范和管理数据的流通交易行为。在数据产权难以清晰界定的现实情况下，政府部门和司法机关为解决数据交易和使用中的具体问题，采用了行为法的规制方式，即通过《中华人民共和国反不正当竞争法》等法律来规制判定。然而，目前行为法的规制效果仍然难以达到真正实现数据的有序流通。

一个鲜明的例子是数字巨头的市场垄断行为有增强的趋势。随着数据要素市场的不断发展，数据平台能够持续性地收集和存储数据，并积累大量的数据存量。一些数据平台本身就具备较大的垄断势力，而较大的名气和较好的服务可以吸引大量用户，反过来又积累了比小型数据平台更多的数据。因此，数据流动的过程将使大型数据平台进一步增强优势和影响力，特别是行业性或区域型数据平台的数据占有量会更大。一般而言，当企业具有一定程度的市场势力后，政府在实施反垄断监管的过程中可能会影响市场的正常运行。因此，运用行为法的规制方式监管数字巨头可能会使政府陷入监管困境。

另一个例子是传统监管规则已不再适应数字企业的运营方式。数据平台普遍向消费者提供免费服务，目的在于占有足够数量的数据资源，再间接地利用数据获取盈利。但如果按照传统的界定方法，无论从价格加成还是利润率来看，这些平台并不具有明显的垄断市场特征。即使某些数据平台的确存在一些"看人下菜碟"等价格歧视行为，侵害了消费者权益，但监管部门很难判定和识别这些行为。

在数据要素市场的成长进程中，市场主体必将更为激烈地争夺数据。而依照当前的趋势和以上分析，数字巨头们一定会积累海量的数据资产。当前，数字服务产业作为新兴产业之一，在管理方面仍处在"放水养鱼"阶段。尽管有部分公司会因侵害消费者隐私权而获得一定惩罚，但包括限制垄断、促进市场公平竞争等在内的监管标准和要求尚未明确。在新时代，党和国家应该做到政策与规则统一以监督和规范平台企业的经营活动，从而有效地维护我国数据要素市场秩序，实现数据合理、有序流通。

第三节　财税政策助力数据要素市场的培育和发展

财政配置资源的职能是财政的重要经济职能。财税政策措施充分发挥了政府在经济活动中的重要作用，优化了数据资源配置，促进了数据流通共享，推动了数据要素市场的培育和发展，也必将在数据市场进一步完善和进步的过程中扮演关键的角色。

一、财税政策在当前的作用

（一）大力建设数字基础设施

数据要素具有实体依赖性，不可能独立存在于物质世界。数据要素市场的形成和发展必然要求数据的流通，而流通的前提是数字基础设施的建设。这些数字基础设施具有非排他性和不完全的非竞争性，属于准公共产品的范畴，还具有明显的正外部性。普遍认为，私人部门提供公共产品无法实现社会最优配置，而政府部门供给公共产品将达到最优配置要求的数量，有明显的优势。此外，如果政府提供公共产品，那么使用这些公共产品可以不收费或者象征性收费，供给成本则由税收加以融资。鉴于数字基础设施的属性，政府需要在该领域适度投资，使用财政和税收手段足量足质地供应公共产品。

"十三五"时期，我国数字基础设施不断夯实，建成全球规模最大的光纤网络和4G网络，5G终端连接数超过2亿，位居世界第一。[①] 宽带用户普及率明显提高，光纤用户占比超过94%，移动宽带用户普及率达108%，互联网协议第六版（IPv6）活跃用户数达到4.6亿。[②] 根据工业和信息化部统

---

①　工业和信息化部．"十四五"大数据产业发展规划［EB/OL］．（2021 – 11 – 30）. https：//www. gov. cn/zhengce/zhengceku/2021 – 11/30/5655089/files/d1db3abb2dff4c859ee49850b63b07e2. pdf.

②　国务院关于印发"十四五"数字经济发展规划的通知［EB/OL］．（2021 – 12 – 12）. https：//www. gov. cn/gongbao/content/2022/content_5671108. htm.

计，2023 年 1 ~ 10 月，我国新增 5G 基站超过 90 万个。① 目前，因为高额的固定成本，且建设本身难以获得足够的利润补偿，通信基站等基础设施的建设依然主要依赖于政府投资，由政府提供市场难以提供的资源，并为之提供必要的财政支持。

（二）推动数字基础科学研究

培育和发展数据要素市场根植于科学技术的进步，依赖于知识的不断积累。数据要素市场可能涉及的学科包括数学、物理、材料科学等基础学科。基础性科学研究成果同样具有较强的非竞争性和非排他性，具有很强的公共产品特性。在这些成果以论文、专著、报告等形式发布和出版后，其他研究人员能够迅速获得相关科学知识，难以采取排他性措施限制他人了解信息，特别是在当前信息科学技术"开放获取"的大背景下。研究者可以采取同样的研究方法以复制研究成果，从而进一步拓展该领域的科学发现和应用技术。然而，由于研究成果的原创作者难以从他人使用该成果中收取费用，仅凭研究工作者的科学热情和钻研精神不能保证科学技术持续快速进步。因此，基础性科学研究是各国科学研究支出的重点支持对象。

我国政府不断推进与数据要素市场相关的基础科学研究。一方面，财政资金直接投入基础科学研究项目。2023 年，全国基础研究经费达到 2212 亿元。② 由国家财政负担。我国量子通信技术世界领先，已建成"跨越 4600 公里的天地一体化量子通信网络"，初步实现量子保密通信体系。③ 这一科学和工程的壮举与国家财政的持续投入密不可分；国家在量子信息科学国家实验室一个项目上的长期投入就将达到千亿元人民币。④ 另一方面，财政支持科研机构的正常运转，间接促进了相关研究。例如，2022 年 9 月，联想集团与

① 中国信息通信研究院 . 中国 5G 发展和经济社会影响白皮书（2023 年）［EB/OL］.（2024 – 01 – 04）. http：//www. caict. ac. cn/kxyj/qwfb/bps/202401/P020240326603524901232. pdf.

② 国家统计局 . 中华人民共和国 2023 年国民经济和社会发展统计公报［EB/OL］.（2024 – 02 – 29）. https：//www. stats. gov. cn/sj/zxfb/202402/t20240228_1947915. html.

③ 徐海涛，刘方强 . 从 32 厘米到 4600 公里！中国构建全球首个星地量子通信网［N/OL］.（2021 – 01 – 07）. http：//m. xinhuanet. com/2021 – 01/07/c_1126953835. htm.

④ 钱童心 . 量子通信产业化初试，中国筹建千亿级国家实验室［N/OL］.（2018 – 09 – 04）. https：//m. yicai. com/news/100021540. html.

清华大学达成战略合作，共同推动智能制造、集成电路、未来计算等重大领域的基础科研创新、技术应用与人才交流。[①] 与之类似，2022 年 11 月 25 日，华为集团与中国科学院物理所联合申请一种碳基复合材料及其制备方法、二次电池和用电设备的新专利，此项技术可以有效降低钠离子电池成本。[②] 无论高等院校还是专门的科研院所，都是国家财政的重点支持对象，而后续的基础研究成果也有财政的一份功劳。

（三）支持信息技术产业发展

数据要素市场的发展依托于信息技术产业的优化升级，而数据和信息技术都有明显的正外部性。经济理论表明，如果私人部门提供具有正外部性的产品或服务，由于私人部门所获的边际收益少于社会取得的边际收益，所以正外部性往往导致具有该属性的产品或服务供给数量不足，低于社会最优水平。这就为财政政策工具支持信息技术产业发展提供了理论依据。

首先，财政补贴直接促进信息技术企业做大做强。信息技术企业收集、筛选、分析、储存数据，在数据流通和交易的过程中扮演了至关重要的作用。国家财政给予信息技术企业相应的财政补贴，使企业生产决策接近社会最优的市场均衡条件，部分解决了正外部性产品和服务提供不足的问题。例如，一些地方政府设立财政专项资金，旨在补贴数据服务提供商，降低服务的市场价格，吸引更多企业采用数据服务辅助生产活动，从而带动整个产业的发展。对整个产业而言，财政补贴引导了数据生产和消费，推动了信息产品结构调整和科技进步，提高了产业竞争力，推动了全产业的持续发展。

其次，税收优惠为信息技术企业减轻了税收负担，促进了企业扩大规模、增强竞争力。信息技术产业是我国着重发展的产业之一，在数字经济时代增长迅速，而且与其他产业关联巨大。信息技术产业将数据这一"原材料"转化为真正意义上的生产要素，并为其他产业部门供给必要的投入品和服务，

---

① 战钊. 联想牵手清华，推进产学研深度融合与科技创新 ［N/OL］. (2022 - 09 - 09). https: // tech. gmw. cn/2022 - 09/09/content_36015129. htm.

② 华为中科院联合申请新专利，用于钠离子电池的高性能碳基负极材料 ［N/OL］. (2022 - 11 - 26). https: //www. sohu. com/a/677566167_121687414.

在国民经济中起到承上启下的关键作用。针对这一关键产业，我国政府给予了一些税收优惠政策。例如，国家规划布局内重点软件企业减按10%的税率征收企业所得税；新办软件企业定期减免企业所得税；包括软件和信息技术服务业在内的重点行业可享受固定资产加速折旧。税收优惠政策增加了信息技术企业的可支配资金，信息技术企业可以利用更多的资源改进技术、改善管理或扩大再生产，从而提升企业和整个产业的生产效率。总之，以上事例都反映出财政通过财政补贴和税收优惠的具体形式实现正外部性的内部化，实际支持了信息技术产业，并推动了整个国民经济和民生福祉。

（四）促进交易机构建立和运营

数据要素交易市场少不了交易场所，而成规模的大数据交易自然需要专门的交易机构。数据交易机构有利于数据顺畅地流通，将数据从数据产生源头转移至生产部门，实现数据由资源到生产要素的飞跃。但这些交易机构前期投入较大，而且机构本身盈利幅度不大，因此私人部门一般不愿投资建设或难以负担成本。由于数据交易机构有一定的公共产品特征，并且社会效益显著，因此有必要建立并完善这一中介环节。财政在数据交易机构的建立和运营过程中都体现了重要的作用。目前，我国各地几十个交易中心或交易所都由政府牵头成立。政府在用地、资金等方面提供一定的支持，承担全部或部分风险，而财政负担所有成本。

（五）支持数据市场的制度建设和行政管理

严格来讲，财政只能间接助力制度建设和行政管理活动，而且不属于财政的经济职能。然而，这些政治、法律的上层建筑能够有力地反作用于经济活动。财政最本原的职能是保障政府存续、维护社会秩序、保护国家安全和稳定。其中，国家各级行政管理机关运行的所需资金均要通过财政筹集。第二节已经叙述了当前数据要素市场的种种弊病。既然市场本身存在不足，政府就要承担监督、管理的责任。相应的财政支出构成了行政、执法和司法部门管理、协调、控制活动的物质条件，成为政府治理的基础。此外，数据交易制度体系存在一定程度的漏洞，而制度建设需要相应的组织机构和专业人员，相关开销都是财政支出的组成部分，进一步的调查研究以及制度试点同样要求财政的助力。因此，财政为政府对数据要素市场的监管活动和制度建设提供物质保障，支持了此项事业的进步。

二、助力数据要素市场发展的财税政策建议

（一）进一步推进建设数字基础设施和研发科学技术

尽管我国在改革开放之后发生了翻天覆地的变化，并在中国共产党成立一百周年之际全面建成了小康社会。然而，我国毕竟是一个人口众多、人均资源少的国家，完成基本实现现代化和建成富强民主文明和谐美丽的社会主义现代化强国的奋斗目标依然需要几代人不懈的努力。我国幅员辽阔，各地区发展不平衡。一些"老少边穷"地区的数字基础设施仍然相对落后，形成了区域间的"数字鸿沟"。因此，我国政府应该继续投入财政资金，大力推动5G网络、工业互联网、云计算、人工智能等技术基础设施和大数据基础应用环境的发展，并且向基础设施较为落后的地区倾斜，以实现数字服务均等化，使得公众在我国的各个角落都有条件参与数据要素的产生和使用，创造数据的经济价值和社会价值。

我国的基础科学研究与国际先进水平仍然存在一定的差距。国家科技成果转化引导基金理事长马蔚华在2017年"两会"期间撰文指出："我们的核心关键技术对外依存度为50%～60%，新产品开发70%靠外来技术，一些拿得出手的高端产品，重要零部件与关键材料80%以上靠进口。"[①] 为了进一步释放数据要素的生产力和价值，我国一方面必须加大在相关基础科学领域的财政投入力度，同时构建应急机制以应付因外界的宏观经济环境变动以及财政收入减缓对研究开发投入的巨大冲击；另一方面，中央与各地的财政部门应当建立基础科学研发投入基金或引导基金，优化税收减免政策，建立以企业为主体、市场为导向、科研人员自主决定科研成果转化的体制，从而有效

---

① 马蔚华. 以金融创新支持制造业技术创新 ［N/OL］. (2017 - 03 - 03). https：//www. china-times. net. cn/article/65073. html.

引导社会资本投入基础科学研究，充分调动市场中各方主体的积极性和主动性。

（二）建立健全相关税收制度

目前，一些数字企业巨头的利润率相对可观，企业的职工和资本规模也达到一定水平。国家可以考虑在信息技术产业发展到一定规模和阶段后，逐步取消税收优惠政策。针对数据产出分配不合理和收益划分不均衡的问题，政府应该积极探索与构建和数字产业配套的税收制度。国家可以在恰当的时候运用数字服务税等政策工具，对数据要素所得进行再分配和第三次分配，确保在初次分配数据要素收入时兼顾效率和公平，并在再次分配和三次分配中更加注重公平，以鼓励更多的企业和个人利用数据要素增加社会财富。国家还应该加大对数据密集型行业高收入的调节力度，运用税收手段使得部分所得由这些行业的高收入人群向贡献数据要素却没有获得合理补偿的人群转移。例如，针对能源、电信、人工智能、互联网、金融等数据密集型领域，有关部门应合理制定国有企业高层行政管理人员的工资，缩减企业内不同岗位之间的收入差距；同时，着力推动建立数据集中程度较高的产业内部收入分配调控体系，通过构建有效竞争的市场格局，促使数据集中程度较高产业的收入水平逐步向劳动力市场平均水平靠拢，以便同时实现遏制垄断势力和收入均等化。对于某些大量应用公共数据的行业和企业，政府应该征收公共数据资源使用税，以获得的税收收入作为数据收益再分配的主要途径，健全公共数据资源非市场性的转让激励机制，充分发挥公共数据正外部性。总而言之，国家应该加快建立和完善与数据要素相关的税收制度。

（三）灵活运用非税收入工具激活公共数据

针对公共数据开放不足的问题，政府可以吸引私人部门帮助开发，打破"信息屏蔽"和"数据孤岛"，令更多的公共数据资源面向市场需求。其中的一个重要手段是利用非税收入工具。国有资产收入是非税收入的一个重要组成部分，包括国有资本经营收入、国有资源收入和非经营性国有资产收入。政府可以将公共数据认定为国有资源，并借鉴开放国有矿产、森林、土地等资源的成熟经验，向私人部门转让公共数据的使用权。政府可以选择某些领域、少量行业的公共数据作为试点对象，探索以市场为主导力量的交易机制，形成体现公共数据供求关系和利用效益的价格机制，以便更好地发挥市场机制在公共数据资源配置过程中的功效；甚至可以与私人部门成立股份制公司，共同运作公共数据，按股分红。政府能够获得更多公共数据要素的交易所得，并将所获非税收入全部纳入财政预算体系，按照法定程序接受政府监督统筹管理使用。政府还可以在部门规章和政策文件中明确公共数据要素市场化交易所得的分享领域，特别是重点向部分数字素养亟待提升的领域和"数字鸿沟"较大的地区倾斜，加快数据要素相对稀缺领域和地区的数字化进程，用数据收益反哺数据产生，实现数据要素均衡、快速、大规模的良性增长循环。

（四）探索基于数据收益的财政普惠和保障机制

我国政府可以利用数据要素获得税收或非税收入，并以转移性支出的方式与人民共享发展成果。我国可以发放居民补贴，甚至借鉴少数高福利发达国家和地区的做法，试点推进全民基本收入制度，以应对数字经济时代收入分配日趋失衡带来的挑战，缓解当前人口老龄化背景下社会保障体系不充分等问题。另外，政府还应该完善社会保障制度，尽力补齐数据公共服务提供的不足，促进数据公共服务均等化，维护低收入群体的数据权利；同时确保下一代的数字机会均等，防止"数字鸿沟"形成阶层固化，削弱"数字鸿沟"的跨期跨代效应。政府应该针对部分涉及数字经济的社会弱势群体（没有接触网络的农民、老人等）划拨财政专项支出，加强数字普惠工作，防止这部分人群及其后代沦为数字经济时代的"无用阶层"。

（五）发行数据交易机构建设专项债券

各地的数据交易机构都由政府主导成立，因此地方政府必须注入相应的财政资金。在当前中国宏观经济增速放缓和"减税降费"的大背景下，各地方政府的财政收入下滑严重，但必要的财政支出却有持续上升的趋势，地方政府普遍面临着拮据的财政状况。因此，地方政府可以发行专项债券，在尽可能少增加财政负担的情况下开展经济社会建设。地方专项债券主要投资于存在一定预期收益的公益性项目，而数据要素具有相当高的经济效益。政府可以通过专项债券筹集足够的资金，用以建立数据交易机构和完善其职能。交易机构提供大数据中介服务，并收取一些费用，可覆盖偿还债务所需资金。政府债券收益率尚可，且安全性高。民众会有购买债券的意愿，还可以盘活社会闲余资本，拓展大众增加收入的渠道。更好的数据中介服务还会促进企业高效利用数据生产要素，提高社会生产力，助力经济增长，有利于政府改善财政状况和进一步增加民众的收入。因此，探索发行数据交易机构建设专项债券很可能带来"多赢"的局面。

第四章

大力推进产业数字化转型

第一节　企业数字化转型升级

产业数字化转型以信息技术与数字经济为依托，以数字科技为引领、以数据释放价值、以数据赋能产业，既对产业间资本、劳动力、技术、数据等生产要素进行重新配置，也对产业链上下游的全要素进行数字化升级、转型和再造，进而为产业创造新机遇新价值。其中，"转型"既包含技术进步，也包含经营理念、战略、组织、运营等全面变革。传统生产模式下的价值创造侧重于制造，而数字经济背景下的价值创造则强调扩大规模生产。这要求产业数字化建立在庞大平台和海量数据的基础上，从而使平台、数据基础和产业数字化发生真正的赋能效应，继而让数据彻底地释放价值来大力推进产业数字化转型。例如，5G、云计算、大数据、人工智能、区块链等数字技术融合不仅在产业数字化转型过程中实现了效率提升，也同时实现了成本降低和风险控制等目标。值得注意的是，产业数字化转型是一套复杂的体系，需要从技术、设备、思维方法、经营模式、资金储备等方面打造一个新的数字化环境。

2022年1月，国务院发布的《"十四五"数字经济发展规划》指出，大力推进产业数字化转型，应从以下五方面入手，加快企业数字化转型升级：一要引导企业强化数字化思维，提升员工数字技能和数据管理能力，全面系统推动企业研发设计、生产加工、经营管理、销售服务等业务数字化转型。二要支持有条件的大型企业打造一体化数字平台，全面整合企业内部信息系统，强化全流程数据贯通，加快全价值链业务协同，形成数据驱动的智能决策能力，提升企业整体运行效率和产业链上下游协同效率。三要实施中小企业数字化赋能专项行动，支持中小企业从数字化转型需求迫切的环节入手，加快推进线上营销、远程协作、数字化办公、智能生产线等应用，由点及面向全业务全流程数字化转型延伸拓展。四要鼓励和支持互联网平台、行业龙头企业等立足自身优势，开放数字化资源和能力，帮助传统企业和中小企业实现数字化转型。五要推行普惠性"上云用数赋智"服务，推动企业上云、上平台，降低技术和资金壁垒，加快企业数字化转型。

企业数字化转型升级是一项以数字化转换、数字化升级为基础，通过提升数字化技术开发与支持能力直达企业核心需求，重新对组织活动、流程、业务模式和员工能力等方面进行系统、彻底的定义，并以建立一种新型数字化商业模式为目标的高层次行动。目前，我国企业数字化转型升级的整体进展较慢。第一，企业数字化转型升级多由高层管理者负责和推动，而非对实际业务更熟悉的中层管理人员和一线员工实现和完成。由于基层员工普遍缺乏对数字化的深刻认知，数字化转型升级与基层业务融合较薄弱。第二，作为企业数字化转型升级的主力军，国有企业数字化转型升级进程仍处于起步阶段。第三，作为贡献了 50% 以上税收、60% 以上 GDP、70% 以上技术创新、80% 以上城镇劳动就业、90% 以上企业数量的中小企业，长期采用粗放式发展，在人才、资金、技术、管理等方面相对落后，受宏观经济波动和新冠肺炎疫情冲击影响较大，在市场环境中处于相对弱势地位。

需要指出的是，中小企业进行数字化转型升级离不开强大的数字服务产业。在实践中，中小企业由于自身的特点，在数字化转型过程中面临着缺乏数据文化和数据管理实践、缺乏数字化转型意识和技能、缺乏足够的适合中小企业的数字化转型工具、缺乏明确的成本与收益分析框架、政策支持精准度不够等现实困境。由于中小企业在国民经济、就业、创新创业等方面的重要意义，应从顶层设计、政策性平台建设、政策精准支持等方面，加快推动中小企业数字化转型，在培训、资金、数据、工具、生态等方面加大政策支持力度，为中小企业数字化转型创造良好的政策环境。

具体来说，一是要结合企业数字化转型升级的经验，塑造产业数字化转型的核心优势。加快企业信息化、工业化（"两化"）融合新型管理能力、网络协同能力、数据贯通能力、软件开发能力、智能应用能力和安全防护能力等核心能力，持续开展试点示范，促进国有企业、互联网企业等大型企业与中小企业融通发展。在培育一批数字化成长型企业的基础上，进一步培育一批创新型数字化企业集群。

二是要以工业互联网为战略抓手，大力推进"5G＋工业互联网"融合发展工程。依托平台整合区域企业制造资源，鼓励龙头企业建设共享工厂，大力推广应用数字孪生、物联网、工业互联网等技术，积极布局集数字化设计、智能化生产、智慧化管理、协同化制造于一体的"未来工厂"。支持具有产业链、供应链带动能力的核心企业打造产业数据中台，以数字化供应链为依托，推动订单、产能、渠道等信息共享，形成信息流推动产业链发展。

三是要引导并支持骨干制造企业与领军科技企业形成战略合作，共建"产业大脑"开放平台，攻克产业提质增效的核心关键环节，增强数字化、网络化、智能化解决方案供给能力。加快建立包括政府、平台企业、龙头企业、行业协会、服务机构以及中小企业在内的联合推进机制，鼓励与推动中小企业数字化转型，努力消除数据孤岛，实现数据资源的互通共享。通过数字技术创新催生新产业、新业态、新模式，提升对产业数字化转型升级的服务供给能力，激发企业数字化转型的内生动力，释放数字对实体经济发展的倍增作用。

四是要完善数据开放、数据资源确权、产权保护、数据交易、隐私保护相关法规制度，规范数据所有权、使用权、收益权、处置权等，引导数据有序流通。积极建设重点行业数据中心和数据库，构建工业大数据平台，搭建多级联动的工业基础大数据库，研制产业链图谱和供应链地图。探索基于区块链确权的大数据交易和结算模式，在市场定价机制、市场交易方式和市场监管上形成规范性制度和规则，加快培育数据交易市场。

五是要消除阻碍新业态发展的各种行业性、经营性壁垒，增强企业创新活力。大力推进区域数字化、行业数字化和企业数字化等促进中心建设，引导建设数字化转型开源社区，加强平台、算法、服务商、专家、人才、金融等有利于数字化转型的公共服务的建设，降低数字产业化与产业数字化的转型门槛和成本。通过创新数字经济应用场景，组织研究数字化转型路线图、指引等指导中小企业数字化转型升级。加快构建完善层次分明的人才队伍建设政策体系，前瞻性培育既具备数字化思维和能力，又熟悉制造业发展模式及流程的跨界人才。创新财税金融政策工具，为数字经济与实体经济融合发展提供优惠税费减免和融资便利。

综观新冠肺炎疫情对我国经济各领域不同程度的影响，数字经济展现出的灵活和韧性使我国企业，尤其是中小企业的抗风险能力和增长潜力得到了提升。对广大中小企业而言，数字化转型升级既有利于发挥数字经济在带动经济增长、优化产业结构、促进劳动就业等方面的弹性优势，也有利于发挥分阶段谋划布局的竞争优势。大力推进产业数字化转型，促进数字经济和实体经济深度融合是推动数字经济创新发展的关键路径。

同时也应清醒地认识到，截至 2022 年，我国企业数字化转型升级比例仅25%，远低于欧洲（46%）和美国（54%）的水平，超过55%的企业尚未完成基础的设备数字化改造，多数开展数字化转型升级的企业仍处于"上云"阶段，对"用数赋智"等深度业务推进不够。[①] 数字化转型服务机构、共性服务设施严重缺乏，新技术应用成本与硬件装备改造或替换成本始终偏高，中小企业普遍无力承担数字化设计、仿真、测试、验证等环境建设和转型成本。企业信用信息覆盖率仅 21.4%，对于轻资产运作的公司和广大中小企业，贷款十分困难。企业数字化转型升级的通用性解决方案与可借鉴案例较少，企业上下游、产业链间协同转型不够，数字化产业链和数字化生态未建立，无法形成协同倍增效应和集群效应。

中小企业数字化转型升级，一是要通过创新培训机制来提升认知、提高技能。例如，一些国家将企业数字化培训费用认定为税前抵扣项目，通过税收优惠政策来激励中小企业参加数字化转型升级培训；通过行业协会等社会组织来推动数字信息互通共享、提升数字素养与技能；通过对培训机构或中

---

① 加大数字经济政策创新力度［EB/OL］.（2022 – 05 – 07）. https：//www.ndrc.gov.cn/wsdwhfz/202205/t20220507_1324362.html.

介机构进行直接补贴来引导其为中小企业数字化转型升级提供低成本的咨询培训服务。结合实际国情，我国可考虑建立中小企业数字化转型升级的知识平台、提供诊断式咨询培训工具、打造中小企业数字化转型升级案例库这三种方式来创新培训机制。二是要提供更多的资金支持。例如，一些国家对中小企业数字化转型升级提供额度有限的直接资助。我国应考虑推进中小企业数字化转型升级融资平台建设、以数字普惠金融来纾解融资难题。具体来说，发挥政府资金的示范引导作用、搭建"数字政府＋金融科技"融资平台、试点符合"精细化管理、精确化服务"特点的金融产品创新。三是要构建数据基础制度。我国需考虑培养提高中小企业数字化转型的数据意识，建立合规、高效的数据要素流通和交易制度，鼓励创新（例如，推动数字化试点）并适度包容附带的成本和风险。

特别的，虽然不同类型的企业在数字化转型升级过程中面临着不同的困难，但都存在一个共性的现实问题：短期成本压力。一方面，显性成本会反映在财务报表上；另一方面，隐性成本（例如，由企业数字化转型升级引发的结构性失业潮和转岗潮等）也会影响对企业数字化转型升级转型效果的测度和评估。由于三次产业在劳动力成本、数据处理、智能协同、用户体验等方面存在明显差异，企业数字化转型升级的方向、途径、动力和难度等也很难直接进行量化比较。此外，除了前文提到我国企业数字化转型升级整体进展缓慢外，不同行业、产品、企业规模和发展阶段间数字化转型升级的分化程度也逐步加深，数字鸿沟问题正逐渐显现，且呈加速扩大趋势。例如，埃森哲发布的《2021中国企业数字转型指数研究》显示，在冶金、化工建材、快速消费品、医药和传统零售等领域中，创新型领军企业在数字化转型升级方面已进一步拉大与行业内其他企业的差距。而许多中小企业受限于眼界、战略思维等方面因素，仍面临数字化"转型找死、不转等死"的两难困境。例如，2020年6月国家信息中心信息化和产业发展部与京东数字科技研究院联合发布的《携手跨越重塑增长——中国产业数字化报告2020》指出，制约产业数字化转型的问题主要表现在五个方面：（1）自身数字转型能力不够导致"不会转"；（2）数字化改造成本偏高而自身资金储备不足造成"不能转"；（3）企业数字化人才储备不足致使"不敢转"；（4）企业决策层数字化转型战略不清导致"不善转";（5）企业多层组织模式不灵引致"不愿转"。

加快企业数字化转型升级需要技术、管理、产业链等多方市场要素共同驱动。第一，以人工智能、区块链、云计算、大数据、物联网为代表的新一代信息技术将在万物互联环境下推动企业组织变革，重构技术、业务系统。以技术突破、标准引领与示范推广为塑造产业升级的关键动力，选择与数字技术易于结合的细分领域重点攻关。第二，企业目标客户群体的网络属性逐步增强，愈发追求产品服务体验的简单化、直观化、时效性。这不仅对传统的产品思维模式提出了挑战，也促进企业通过变革构建以客户为中心、以目标为导向的流程化战略管理体系。第三，与传统的产业链模式相比，数字经济产业链聚焦于六大细分领域，即车联网、虚拟现实、能源数字化、金融科技、工业互联网和数字政务。全产业链数字化转型既有助于全面解析企业需面对的产业链上中下游市场与细分领域，也有助于为企业数字化转型升级实现线上新发展。通过逐步建立智能制造和工业互联网产业体系，引导和支持企业加大技术改造和设备更新力度，发展网络化、数字化、智能化的制造技术，构建更加丰富的工业互联网生态，全面提升产业链供应链的融通协同水平。

加快企业数字化转型升级还需要建立健全面向需求的政策体系和长效机制。通过组织示范工程，支持建设数字化转型促进中心，着力解决企业数字化转型过程中依靠市场化方式难以解决的共性瓶颈问题，强化面向中小微企业、行业和区域的数字化转型公共服务能力。支持数字化供应链平台、企业数字化平台等建设，进一步发挥平台企业赋能作用，依托产业互联网平台打造示范性应用，带动更多中小微企业加快数字化转型，形成跨越物理边界的"虚拟产业园"和"虚拟产业集群"。支持龙头企业、互联网企业、金融机构和各级政府联合建设数字化转型升级服务中心，扩大产业集群，提升行业定制化效率，创新服务模式，丰富产品体系，不断扩大产业数字化的覆盖面，加快推进创新发展数字化转型。发布数字化转型伙伴行动倡议，搭建"中央部委—地方政府—平台企业—行业龙头企业—行业协会—服务机构—中小微企业"的联合推进机制，以带动中小微企业数字化转型为重点，在更大范围、更深程度上推行普惠性"上云用数赋智"服务。为充分调动企业参与创新发展、转型升级的主观能动性，要强化惠企政策激励引导与创新融资服务政策支持，从而降低企业数字化转型的门槛和成本。结合数字经济创新发展试验区建设，推动在线医疗、在线教育等新业态领域开展政策试点，强化政策支持供给。鼓励平台、企业面向中小微企业、创客共享开放数据化生产资料、设施、工具，完善灵活就业、创造性劳动相关收入分配机制，提供多样化就业服务和多层次劳动保障。例如，为企业数字化转型升级提供政策性融资担保、税费减免、支持上市融资等财税政策支持。

目前，产业数字化新业态新模式发展正处于"新旧交织、破立并存"的状态，这对政策制度和监管方式提出了更多新要求。一方面，应大胆创新数字领域制度，努力破解企业数字化转型、灵活就业保障、新生产生活场景等面临的制度瓶颈。另一方面，应同步创新数字监管模式，保障产业数字化新业态新模式健康发展。例如，设立产业数字化转型基金，主要投向产业及企业数字化应用、数字科技、底层技术等数字产业项目，面向科技前沿，聚焦核心技术，高效集聚资源，积极推动创新技术和产业的深度融合，培育新型业态和生产消费模式。此外，统筹用好专项债、政府采购、企业技术改造资金等财税政策工具，积极探索实施促进产业数字化转型新业态新模式发展的税收征管和服务措施，优化相关税收环境，支持符合条件的企业申报高新技术企业和技术先进型服务企业，一经认定即可享受所得税优惠政策。

第二节　重点产业数字化转型

2022年1月国务院发布的《"十四五"数字经济发展规划》指出，"全面深化重点产业数字化转型"的内涵包括：立足不同产业特点和差异化需求，推动传统产业全方位、全链条数字化转型，提高全要素生产率。大力提升农业数字化水平，推进"三农"综合信息服务，创新发展智慧农业，提升农业生产、加工、销售、物流等各环节数字化水平。纵深推进工业数字化转型，加快推动研发设计、生产制造、经营管理、市场服务等全生命周期数字化转型，加快培育一批"专精特新"中小企业和制造业单项冠军企业。深入实施智能制造工程，大力推动装备数字化，开展智能制造试点示范专项行动，完善国家智能制造标准体系。培育推广个性化定制、网络化协同等新模式。大力发展数字商务，全面加快商贸、物流、金融等服务业数字化转型，优化管理体系和服务模式，提高服务业的品质与效益。促进数字技术在全过程工程咨询领域的深度应用，引领咨询服务和工程建设模式转型升级。加快推动智慧能源建设应用，促进能源生产、运输、消费等各环节智能化升级，推动能源行业低碳转型。加快推进国土空间基础信息平台建设应用。推动产业互联网融通应用，培育供应链金融、服务型制造等融通发展模式，以数字技术促进产业融合发展。

虽然我国产业数字化转型已取得了一些阶段性成果，但数字化基础支撑能力弱、数字经济竞争力不强、数字化创新应用不够、数据共享协同水平不高、数字化要素保障不足等问题仍较为突出，具体表现为：一是城乡数字鸿沟较大；政府数字化转型较慢，统一的公共核心基础平台尚未建立。二是部分行业缺乏龙头、独角兽企业等带动，在核心技术领域应用创新能力不足；产业整体竞争力较弱，重点产业数字化转型水平较低；中小微企业数字化转型平台、公共服务供给不足。三是公共服务、社会治理等领域数字化应用广度和深度不足；服务便利化、普惠化水平有待进一步提升；数据中心应用需求不足，数字化赋能效用尚未充分释放；对数字化发展认识不足，数字素养有待持续提高。四是政务信息化体系建设集约化水平较低；政府部门间数据交换共享机制尚未形成，数据壁垒突出，数据资源有效开发利用不足，以及政府数据与市场、社会数据的融合深度不足。五是数字经济相关专业人才缺口较大，特别是业务和技术复合型的高端人才、企业家人才、实用型人才严重缺乏；企业、高等院校和科研院所间合作不够密切，创新投入不足，尚未形成产学研用一体化发展态势，发展政策、资金等要素保障需持续加强。

全面深化重点产业数字化转型，要以应用为导向，拓展应用场景，推动企业"上云用数赋智"和产业互联网建设，重点发展电子信息制造业、软件和信息技术服务业等数字经济核心产业来支撑数字化转型，从而实现数字经济与实体经济融合发展。第一，引导数字技术在重点产业生产全过程的广泛应用，实现产品的全生命周期数据共享。鼓励企业发展数字化行业特色应用，

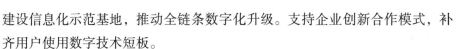

建设信息化示范基地，推动全链条数字化升级。支持企业创新合作模式，补齐用户使用数字技术短板。

第二，大力发展智能电网，推进电力生产数字化应用建设和智能化改造升级。加强政府能源管理和决策数字化，提高数字化能源安全监管能力。推动智慧能源大数据的采集开发利用，建设"政府＋企业"能源数据传输网络和可扩展的绿色能源大数据中心，打造"互联网＋能源"公共服务，支撑政府对能源规划决策、能源宏观调度、能源安全保障、能源产业结构等进行数字化调整。

第三，推进工业互联网网络和平台建设，鼓励企业开展内外网改造升级，加快5G网络对重点工业园区、行业、企业的覆盖。建设重点行业和重点区域工业互联网标识解析二级节点，推进工业互联网平台和标识解析的协同应用。引导龙头企业、互联网企业等打造具有区域、行业特色的工业互联网应用平台和公共服务平台，以及培育研发设计、生产制造、运维服务、运营管理等工业互联网应用。实施企业数字化转型升级工程，并打造重点产业、行业全数字化标杆示范企业。鼓励中小企业将业务系统迁移至云端，提升运营管理效能，降低信息化改造成本，建立企业数字化能力评估体系，鼓励重点行业骨干企业加快流程再造和业务创新，发展联合研发创新、协同制造、个性化定制、服务型制造等新模式新业态。

第四，加快服务业数字化转型。以物流行业为例，鼓励传统物流信息平台向物流供应链平台转型，提高物流全过程透明、可视、可追踪的智能化管理水平。建设综合物流大数据运行监测分析体系，对接国家物流信息平台，接入物流枢纽、企业有关数据资源，全面准确掌握交通运输物流业运行状况，提供跨区域、跨部门物流公共信息一站式信息服务。在金融领域积极推进数字人民币应用推广，鼓励金融机构继续推进知识产权质押、供应链融资等数字金融业务的试点和推广。加快普惠金融、绿色金融等数字化转型，完成中小企业融资综合服务平台部署，发展在线金融服务，推广智能投资顾问等服务。

第五，加快构建数字化转型普惠服务体系。以"上云用数赋智"为理念，鼓励平台企业在研发设计、经营管理、生产加工、物流售后、数据分析等核心业务环节提供数字化转型产品与服务。建立"政府—金融机构—平台—中小企业"联动机制，为中小企业和灵活就业人员提供可负担的数字化转型产品与服务。

第三节 产业园区和产业集群数字化转型

产业园区是对外开放、招商引资、管理创新等活动的主要载体，是发展高新技术产业、促进产业集聚的重要平台。作为产业聚集的载体，产业园区不仅是区域经济发展、产业调整升级的空间承载形式，而且是地区社会经济发展水平的衡量标志。它肩负着聚集创新资源、培育新兴产业、推动城市化建设等多重使命。产业园区的形式不仅包括高新区、开发区、科技园、文化园、农业园、特色产业园等，也包括近年来各地陆续涌现的科技新城、产业新城等。根据产业园区在不同发展阶段的聚集方式和空间特征，可将其分为四个阶段：要素群集阶段、产业主导阶段、创新突破阶段和财富凝聚阶段。随着产业园区的主导产业由传统产业向高新技术产业转型，产业园区特征也相应地发生了变化，例如从注重优惠政策向发展产业集群转变、从加工型高新区向研发型高新区转变、从强调引进大型公司向科技型中小企业集群转变、从单纯的土地运营向综合的"产业开发"和"氛围培育"转变、从功能单一的产业区向现代化综合功能区转型等。产业园区和产业集群数字化转型是推进产业数字化转型的关键，对社会经济发展具有积极作用。从产业协同的视角出发，通过产业园区数字化提升产业服务能力，赋能企业和重点产业数字化转型升级是大力推进产业数字化转型的重要途径之一。

目前，产业园区数字化转型面临的问题多集中在软性基础设施建设有待提升、行业性数字化服务供给有限、产业数字化协同效应尚未形成、产业园区企业的数字化转型思维认知不足等方面。第一，产业园区数字化转型的核心问题是数据的获取和互联互通。随着数据要素不断打破产业园区的物理边界，对产业园区数字化的基础设施建设以硬件为主，而产业数据平台建设、数据资产积累、数据互联互通、数据深度应用等软性基础设施建设有待提升。例如，若产业园区内外产业链的各类资源和数据无法有效打通，供需双方难以精准匹配和高效协同，产业园区的服务模式、手段、效率也有待改进。第二，除了技术、人才、资金等传统限制因素外，产业园区数字化转型还面对缺乏具有针对性、匹配企业需求的数字化服务供应商这一难题。例如，很多产业园区缺少引进符合实际需求的产业数字化转型资源的手段和途径。第三，鼓励行业龙头企业、平台企业促进中小企业融通、协同发展是企业数字化转型升级的主要方法，包括向上下游企业开放技术、平台和数据资源，搭建工业互联网平台，协同推动产业数字化转型等。然而在现实中，行业龙头企业平台、数据、资源开放共享的程度较低，对上下游企业数字化转型升级的带动作用较弱，使产业集群数字化协同效应形成较慢。第四，企业数字化转型升级不仅体现在新技术的研发及应用上，还体现在企业组织结构、经营理念、业务流程、企业文化等决策变革上，虽然很多企业数字化转型升级的意愿较强，但思维认知还停留在数字技术层面，并没有从创新战略、能力建设与组织变革的高度去推进业务发展，导致数字技术较难高效赋能企业价值提升。

简言之，产业园区和产业集群数字化转型，一方面是对现有业务进行优化，以数字化为手段促进企业"提质、降本、增效"；另一方面是深化未来创新能力，发展新业务模式，开辟新收入来源，由内而外推动核心业务环节优化、数字化产品与服务创新、数字化生态共建三项重点任务。有鉴于此，产业园区和产业集群数字化转型应该从以下七个方面加以完善。

一是产业园区要主导构建产业数字化转型公共服务一体化共享平台、促进中心等具有非竞争性和非排他性的数字基础设施和公共信息服务平台等。对企业的实际需求和个性化服务，由产业园区做好技术、数据、平台、供应链等方面的对接引导服务，推动各类企业和资源向产业园区聚集，促进供需两端匹配，实现发展多元导向。同时，积极探索平台企业与产业园区联合运营模式，丰富技术、数据、平台、供应链等服务供给，提升线上线下相结合的资源共享水平。

二是产业园区要充分利用大数据等新技术实现精细化运营，通过数字化提升产业园区运营管理及服务能力，为企业提供高效、协调、智能的数字化服务。同时，从算力网络、工业互联网网络、感知网络三方面打造领先的网络基础设施；全面发展通用计算、人工智能计算等多样性计算，不断提升数据存储的先进性和可靠性，助力产业、行业、企业积累数据资源，实现数据共享和高效流转；以突破根技术为基础，以开源模式为手段，发展基础软件和数据库生态，并基于共享平台构建繁荣的生态体系；以开放的行业数字化平台，实现一次开发、多次部署、广泛复用，加速行业数字化成果复制。

三是产业园区要充分发挥重要平台和有效载体作用，重点培育并引进符合园区产业定位、具有行业特色的数字化解决方案提供商，构建产业链、供应链、资金链、服务链、创新链五链融合的生态圈，面向重点行业培育一批工业大数据解决方案供应商，并培育一批数据资源服务提供商和数据服务龙头企业。研制产业链图谱和供应链地图，加快数据汇聚。面向中小企业开放数据服务资源，提升企业数据应用能力。加快推动工业知识、技术、经验的软件化，培育发展一批面向不同场景的工业 App，深化数据应用。征集发布一批全面解决中小企业数字化转型升级技术难点、痛点、堵点问题的数字化服务商和轻量级数字化解决方案，遴选一批基础共性工业 App。探索发展跨越物理边界的"虚拟"产业园区和产业集群，加快产业资源虚拟化集聚、平台化运营和网络化协同，构建虚实结合的产业数字化新生态。

四是产业园区要充分释放产业集聚效应，针对大数据生产性服务业薄弱环节，加强大数据创新平台建设，探索政产学研用五位一体协同创新体系和发展模式，全面提升各类大数据创新平台综合能力，促进成果转化。同时，为进一步优化大数据环境，助力生产性服务业与制造业融合，要引入多层次的技术转移转化服务体系；依托行业龙头企业搭建供应链电商云平台；组建新型研发机构助力大数据产业高质量发展；深化产教融合改革、开拓虚拟学习社区；推动各级产业园区"上云、飞地"、打造区域合作升级版；构筑金融生态共同体、提高创新投融资效率。

五是产业园区要积极打造"行业数字化转型标杆企业"示范样板，从而加快中小企业数字化转型步伐，促进产业数字化发展，提升产业链供应链协同配套能力。通过在产业园区内开展中小企业数字化转型试点，提升数字化公共服务平台服务中小企业能力，打造一批小型化、快速化、轻量化、精准化的数字化系统解决方案和产品，形成一批可复制可推广的数字化转型典型模式。具体来说，通过试点形成一批"小快轻准"的系统解决方案和产品，提炼一批聚焦细分行业规范高效、有利复制推广的中小企业数字化转型典型模式，打造一批可复制易推广的数字化转型"小灯塔"企业，充分激发产业、行业、企业数字化转型升级积极性。

六是产业园区要不断提高和扩大政策扶持的精准度和覆盖面，出台支持产业数字化转型相关政策，在用地、资金、人才、服务、环境等要素上给予倾斜。鼓励产业园区安排支持专项资金，针对不同产业和行业制定差异化的政策措施，探索金融、园区、产业协调发展的一揽子金融服务路径。支持产业园区运营主体发行债券，探索REITs等创新金融工具，拓宽融资渠道。支持产业园区基础设施建设，优化规划布局，促进循环化、低碳化改造。支持产业园区做好产业、商务、居住功能分区，支持建设人才公寓、共享食堂、文体教育等设施，为生活配套提供便捷高效的金融服务。研究出台涵盖启动开发建设以及企业入园、装修、采购、生产、员工服务等全生命周期的金融服务方案，吸引企业入驻，形成产业集群效应。

七是产业园区要以增强服务效能提升信息化应用水平为导向，从而走上节能降耗、集约高效的可持续发展道路。这意味着，产业园区除了为企业提供基本的物业管理外，还应植根于园区企业的经营价值链上，尤其是针对中小企业的薄弱环节（例如，融资、技术、设备、市场、人才等），提供更广泛、更有深度的服务（例如，市场拓展、金融服务、运营管理、政策咨询、人才服务、政务服务、产业指导、技术创新、创业支持、生活配套等），帮助企业降低运营成本、开拓市场、提升核心竞争力。

第四节　培育转型支撑服务生态

新一代数字园区已不仅是"传统物理园区＋数字化"的组合形式，而是依托5G、人工智能、大数据、BIM/CIM平台、工业/产业互联网平台等新型基础设施和新数字技术，催生园区产业集聚形态与开发、运营、管理、服务等模式的多层次变革，主要包括以下五个方面。

第一，数字经济可以通过数字孪生技术突破物理空间限制，打造"虚拟产业集群＋虚拟产业园区"的新组合形式，并根据特定的"产业价值主题"无限扩展，搭建线上大产业运营平台，形成多家企业集聚效应（"线上产业生态集群"）。还可以基于 CIM 平台打造数字孪生产业园区（即在虚拟空间再造一个产业园区），以数字集成技术对产业或物理空间进行描述、诊断、预测、决策，促进数字技术与传统产业深度融合，打造数字孪生空间和场景载体高度融合、智能互动的基础设施支撑体系，为产业园区数字化转型注入创新活力。同时，线下物理园区的功能由强调经济发展过渡到强调产业发展、科技创新、城市服务功能，从而形成集产业、创新、创业、生活、人居于一体的功能区。除生产厂房、标准化车间等传统产业载体外，涌现出一批创新创业、生活宜居、社交娱乐等新型空间载体。例如，以创新载体为导向的众创空间、孵化楼宇、总部楼宇、研发楼宇等；以生态文明为导向的产业园区环境和绿色空间等；以宜居载体为导向的专家公寓、青年社区、老年公寓、长租公寓等；以设计载体为导向的商业综合体、公共交流中心、社区服务中心、科技博物馆等。未来的产业园区应采用弹性空间布局模式，对短期内不明确用途的地块实施弹性控制，从而有效提高土地开发效益和集约利用水平。

第二，为打通产业互联网与消费互联网，再造新型产业组织方式，可以围绕产业园区的主导产业进行品牌 IP 化，并建设视商产业创新中心、数字电商体验中心、异地消费体验基地等数字新零售平台。塑造"注意力经济和流量经济"，并把流量转化为生产力，以供给侧结构性改革引领和创造新需求，通过 C2M 模式让消费端倒逼产业端转型，实现消费反向决定生产、生产消费双向贯通。

第三，通过与数字经济时代相匹配的产业赋能平台带来的新经济、新产业、新业态等集聚辐射能力促进产业园区数字化转型。一方面，可以借助新数字技术为产业园区打造个性化数字化产业赋能平台，导入创意设计、职业教育、科技创新、供应链金融、数字化工厂等新产业要素，形成以"专精特新"为主线的孵化平台。另一方面，构建全产业链生态圈，与"政产学研金服用"融合创新生态实现协同演进与闭环发展。同时，构建多层次的线下服务体系，从共性服务（例如，租售服务、市政服务、园区配套、政务服务、金融服务等）向专业化、市场化、平台化服务（例如，根据产业园区主导产业提供专业化服务,通过引进平台型服务机构提供服务,建立市场化服务机制)发展。

第四,产业大脑是基于系统集成和经济调节智能化的理念,将资源要素数据、产业链数据、创新链数据、供应链数据、贸易流通数据等汇聚起来,运用云计算、大数据、人工智能、区块链等新一代信息技术,对数字产业发展和产业数字化转型进行即时分析、引导、调度、管理,实现产业链和创新链双向融合,推动数字经济高质量发展。通过增强产业链上下游资源共享和业务协同能力,产业大脑可以提升园区内部产业的数字化、智慧化水平,包括内置产业链鱼骨图、供应链关系图、产业空间秩序图等可视化图形功能,产业运行监测、风险处置、供需对接、产业链评价、精准招商、人才招引和合作服务等应用工具,以及提供商业和服务配套功能的"平台+管家"服务套餐等。此外,产业大脑还可以和5G相结合,打造"全链接"数字化场景,提升服务管理"软实力";和人工智能相结合,打造智慧办公系统,实现远程管理、办公空间控制、设备自动控制等核心功能;通过数字化孵化服务,沉淀企业信息数据,勾勒企业画像以提供精准的孵化服务,让数据资源有效流通,发挥数据资源价值;孵化科技型企业,全链条培养高层次人才。

第五,数字经济时代的新产业业态孵化是"场景先行"。从在线办公、在线教育、在线医疗等新模式,到金融科技、智慧物流、智慧农业、智慧城市等新产业、新业态,场景应用日益成为产业园区价值体系优化、创新和重构的重要内容。构建场景化的产业发展服务新模式,将场景化的数字生态与相关特色产业融合。打造总部经济、平台经济、结算经济,推动特色产业信息化、数字化、网络化、智能化融合发展。通过全过程溯源、检验检测、品牌认证、数字供应链、5G场景应用等,实现垂直产业场景化应用创新。此外,构建产业园区数字化生态,促进产业链不同环节良性互动发展。以园区内产业头部企业为核心,覆盖企业、产业、市场、研发等数字化资源,打通全产业链的设计、生产、营销等环节,加强渠道、品牌、数据、技术、系统集成等优势,将与产业相关的园区企业连接起来,开展工业互联网试点示范,支持大型企业建平台、中小企业用平台,实现采购共享、制造共享、研发共享、库存共享、标准共享、物流共享等虚拟产业集群模式。

2022年1月,国务院发布的《"十四五"数字经济发展规划》指出,作为大力推进产业数字化转型的重要途径之一，"培育转型支撑服务生态"首次亮相五年规划。产业数字化转型的主体由政府、企业、行业协会、高校、中介服务机构等组成，客体由资金、技术、方案、信息、政策等组成。培育转型支撑服务生态就是通过对标准平台统一与资源整合，打破资源要素约束瓶颈，建立市场化服务与公共服务双轮驱动，技术、资本、人才、数据等多要素支撑的数字化转型服务生态，解决企业"不会转""不能转""不敢转"的难题。第一，针对企业"不会转"的难题，加大产业化数字化协同发展解决方案供给力度，鼓励公开竞争，激活工业互联网平台创新活力，选出最优解决方案推广实施。目前，很多企业对数字技术价值的认可、期待和行动步调不一致，依旧处于数字化转型升级的感知而非行动阶段。面对技术同步以及在数据规模、种类、质量等方面的限制，往往缺乏核心数字化转型方案，而市场上大多数通用型解决方案又无法满足企业、行业的个性化、一体化转型需求。因此，培育转型支撑服务生态首先要解决的问题就是降低企业数字化转型门槛。要面向重点行业和企业转型需求，培育推广一批数字化解决方案。要聚焦转型咨询、标准制定、测试评估等方向，培育一批第三方专业化服务机构，提升数字化转型服务市场规模和活力。

第二，针对企业"不能转"的难题，建设数字化转型促进中心助力企业降本增效，做好对中小企业数字化转型的宣传教育和引导工作，形成积极的舆论环境。数字化转型促进中心是推进产业数字化转型的公共服务体系，通过提供基础技术、试验设备、转型路径、典型场景等公共服务，降低产业数字化转型成本。数字化转型促进中心既包括依托产业集群、园区等建立的公共型数字化转型促进中心，提供平台、服务商、专家、金融等公共服务；也包括依托企业建立的开放型数字化转型促进中心，面向产业链上下游企业和行业内中小微企业提供需求撮合、转型咨询、解决方案等服务。现实中，传统产业数字化转型面临的主要痛点包括：企业认识不到位，缺乏方法论支撑；数据资产积累薄弱，应用范围偏窄；核心数字技术及第三方服务供给不足；数字鸿沟明显，产业协同水平较低；转型成本与转型后收益不匹配。因此，培育转型支撑服务生态另一个亟待解决的问题就是提高企业数字化转型积极性。要支持高校、龙头企业、行业协会等加强协同，建设综合测试验证环境，加强产业共性解决方案供给。要建设数字化转型促进中心，衔接集聚各类资源条件，提供数字化转型公共服务，打造区域产业数字化创新综合体，带动传统产业数字化转型。

第三，针对企业"不敢转"的难题，要优先选择中小企业密集、升级潜力大的细分行业，科学验收转型成果进行补贴。建设数字技术高效供给体系，解决数字创新人才紧缺问题，部署新一代信息基础设施，以及加强对传统产业数字化转型的政策支持。细分行业具有更多共性的研发、采购、生产、销售、服务等场景，相应的数字应用场景具有最大公约数，通用型解决方案很容易复制推广。因此，根据产业发展需求明确细分行业列表，把制造业关键领域和产业链关键环节的中小企业作为数字化转型试点的重点方向，既有利于财政资金发挥更大的乘数效应，提升政策效能，也有利于撬动资源要素和汇聚地方资源，提高试点成功率。同时，将数字化服务平台作为重要抓手，提出服务平台奖补的具体要求。聚焦并扎根于细分行业，熟悉中小企业需求，并提供若干细分行业的数字化转型服务成功案例。着力打造一批"小快轻准"的数字化系统解决方案和产品，形成满足细分行业中小企业共性和个性需求的工程化样本合同，提升中小企业数字化转型的供给能力。

数字化基础、生产、经营、管理是中小企业数字化转型升级的关键点。发挥市场的有效作用意味着有条件的中小企业要着力夯实网络、平台、数据、安全等基础设施，大力推进平台化设计、智能化生产、网络化协同、个性化定制、服务化延伸、数字化管理等新技术新模式新业态。同时，完善与数字化战略相适应的组织架构和人才梯队，构筑新型管理体系。暂时不具备条件的企业要因地制宜、因时而动，逐步用好工业互联网平台，逐步推动管理上云、业务上云、设备上云，不断提升自身数字化水平。

政府部门选好、建好、用好平台至关重要。发挥政府的有为作用意味着把真正有市场价值、有创新活力、有发展潜力的平台选出来、建起来、用起来。因此，要建立健全审核工作方案和监督考核机制，保证遴选和验收考核过程公平公正、科学合理。推动建立专家团队指导监督的保障机制，强化事中管理，通过定期指导、现场督促等方式，总结经验和困难，优化政策实施方式。加大对技术先进、效益突出、企业反响好的共性应用场景解决方案的推广力度，加强跨地区交流和横向比较，促进更大范围的推广应用。

此外，发挥政府的有为作用还意味着加强对传统产业数字化转型的政策支持。以财税政策为例，要强化财政专项资金统筹，引导各级财政资金加大对传统产业数字化转型的投入，加强对数字经济领域重大平台、重大项目及试点示范的支持；探索成立传统产业数字化发展基金，推动各级政府产业基金按照市场化运作方式，与社会资本合作设立数字经济发展相关投资子基金；积极落实数字经济领域的相关惠企政策，确保落地见效；加强传统产业数字化转型领域用地、用能、环境容量等要素资源优化配置和重点保障。

第五节　助推产业数字化转型的财税政策

统筹产业数字化转型、数字产业化，着力推动数字技术与实体经济深度融合。数字经济发展快不快，要看融合深不深。推动数字经济健康发展，要充分发挥产业数字化转型和数字产业化的"双轮驱动"作用，推动融合应用持续深入。具体而言，产业数字化转型是数字经济发展的主战场，利用现代数字信息技术、先进互联网和人工智能技术对传统产业进行全方位、全角度、全链条改造，有利于发挥数字科技赋能的巨大威力，提高实体经济的全要素生产率。数字产业化主要包括人工智能、大数据、区块链、云计算、网络安全、通信设备、核心电子元器件、关键软件等数字产业，是数字经济发展的源头。

根据 2021 年 3 月发布的《中华人民共和国国民经济和社会发展第十四个五年规划和 2035 年远景目标纲要》，数字化转型较长一段时间内将成为我国国民经济和社会发展的主基调。作为宏观调控的主要工具之一，财税政策要结合企业数字化转型，尤其是重点产业数字化转型，作出实施数字化转型战略部署，提升效能，更加注重精准、可持续。

目前，我国企业数字化转型整体尚处于初级阶段。例如，根据《2022 中国民营企业数字化转型调研报告》，样本企业主营业务处于初始级数字化阶段及尚未开始的比例达到 76.97%，而进入生态级发展阶段的比例则仅为 1.54%。首先，政府要发挥一般性财政政策的公共作用助推数字化转型。第一，建立数字经济发展部际协调机制，加强形势研判，协调解决重大问题，务实推进规划的贯彻实施。第二，加大对数字经济薄弱环节的投入，突破制约数字经济发展的短板与瓶颈，建立推动数字经济发展的长效机制。第三，实施全民数字素养与技能提升计划，扩大优质数字资源供给，鼓励公共数字资源更大范围向社会开放。第四，统筹推动数字经济试点示范，完善创新资源高效配置机制，构建引领性数字经济产业集聚高地。第五，结合地区、行业实际，抓紧制定出台相关配套政策并推动落地。

其次，政府要发挥财政专项资金的导向作用助推数字化转型。针对中小企业数字化转型最迫切需要解决的资金来源问题，需要精准组合靶向性政策工具，综合发挥财政政策在导向性、协调性、控制性和稳定性等方面的作用。例如，推动企业数字化转型专项财税政策与工信部专精特新企业扶植政策（例如，专精特新"小巨人"企业）和中小企业发展专项资金有效衔接。通过税收优惠政策强化创新引领、探索"三个转变"（即中国制造向中国创造转变、中国速度向中国质量转变、中国产品向中国品牌转变）重要途径。一要促进传统产业高端化、智能化、绿色化，推广先进适用技术，聚焦智慧能源、智能交通和智能建造等领域，扩大制造业设备更新和技术改造投资，打造一批数字化转型标杆企业。二要适应数字产业化、产业数字化要求，持续推进5G网络、数据中心、物联网、卫星互联网等新型基础设施建设，加快培育一批云计算、大数据、集成电路、人工智能等领军企业，深入推进数字经济、智能制造、生命健康、新材料等战略性新兴产业发展，打造未来发展新优势。三要充分发挥中央企业示范带动作用和产业引领功能，牵头组织产业联盟，加强与产业链相关企业的协调合作，提高产业链协作效率，促进深度交流、资源共享、优势互补，打造发展融合、利益共享的良好生态，形成产业链有序竞合新格局。

此外，政府要发挥税收优惠政策的激励作用助推数字化转型。符合税收优惠政策条件的企业可在实现数字化转型阶段性目标后享受税收返还和减免退税，并有可能对其进一步充实企业现金流等行为产生激励效应。有研究表明，税收优惠政策的激励作用效果和财政绩效评价在某些情况下会优于财政补贴政策。例如，增值税留抵退税政策能够有效缓解企业包括数字化转型在内的资金压力。尤其是前期投入大、成立初期收入少、存在较多期末留抵税额的制造业、新办企业、科创企业等，留抵税额及时退还可以明显减轻企业前期资金压力。相对于减税和增加政府投资，增值税留抵退税政策更直接、及时，有助于提升企业发展信心，促进消费投资，推动产业转型升级和结构优化。同时，增值税实行"环环征收，道道抵扣""应征尽征、应退尽退"链条机制，税负由最终消费者而非企业承担，这符合增值税的中性特征。此外，留抵税额及时退还还可以实际减少企业资金占压，既有利于完善增值税制度，也更符合现代增值税税制要求。2022年以来，留抵退税实施力度的政策安排进一步加大，例如，将先进制造业按月全额退还增量留抵税额政策范围扩大至符合条件的小微企业、制造业和批发零售业等行业企业，并一次性退还小微企业、制造业等行业企业存量留抵税额，存量、增量留抵税额，均按100%全额退还。将纳税人尚未抵扣的进项税额，全额提前返还企业，增加企业现金流，缓解资金回笼压力，助企纾困发展。

最后，政府还要发挥稳定和扩大民间投资的乘数作用助推数字化转型。以财政支持专精特新"小巨人"企业发展为例，2021年财政部、工业和信息化部启动实施专精特新"小巨人"企业高质量发展财政奖补政策，截至2022年8月，已分三批将1922家企业纳入支持范畴，中央财政累计下达奖补资金46.8亿元。[①] 2022年财政部联合工业和信息化部遴选出第三批"小巨人"企业543家，重点支持战略关键领域产业链和工业"五基"领域的企业，对中西部地区给予倾斜支持。在此基础上，中央财政将进一步压实地方主体责任，明确将地方政府支持和培育情况作为入围企业数量和后续资金分配的重要评价依据，调动各方面积极性，引导地方政府在财政支持、信贷融资、用地建设、创新创业、人才智力、数字化绿色化转型、大中小企业融通发展等方面提供精准帮扶，夯实梯度培育基础，将培优中小企业与做强产业相结合。

助推中小企业数字化转型的财税政策的另一个发展方向是通过中央财政资金支持地方开展中小企业数字化转型试点。"十四五"时期，为加快中小企业数字化转型步伐，促进产业数字化发展，提升产业链供应链协同配套能

---

① 2022年上半年中国财政政策执行情况报告［R/OL］.（2022 – 08 – 30）. https：//www. gov. cn/xinwen/2022 – 08/30/content_5707425. htm.

力，中央财政计划分三批支持地方开展中小企业数字化转型试点，提升数字化公共服务平台（包含数字化转型服务商、工业互联网平台等，简称"服务平台"）服务中小企业能力，打造一批小型化、快速化、轻量化、精准化（简称"小快轻准"）的数字化系统解决方案和产品，形成一批可复制易推广的数字化转型典型模式，带动广大中小企业加快数字化转型步伐，促进专精特新发展。

具体来说，支持地方开展中小企业数字化转型试点包括以下四个工作重点。一是将制造业关键领域和产业链关键环节的中小企业作为数字化转型试点的重点方向，对其中数字化转型需求迫切、发展潜力巨大、经济社会效益明显的中小企业加大支持力度。重点向医药和化学制造、通用和专用设备制造、汽车零部件及配件制造、运输设备制造、电气机械和器材制造、计算机和通信电子等行业中小企业倾斜。各地结合发展实际、发展阶段和发展需求，按照细分行业列表对服务平台和对应改造的"小灯塔"企业名单进行申报。二是通过试点形成一批"小快轻准"的系统解决方案和产品，提炼一批聚焦细分行业规范高效、有利复制推广的中小企业数字化转型典型模式，打造一批可复制易推广的数字化转型"小灯塔"企业。三是培育一批扎根细分行业，熟悉中小企业需求的服务平台，为中小企业提供转型咨询、诊断评估、设备改造、软件应用等一揽子数字化服务，满足行业共性及企业个性需求。引导服务平台加强资源整合和技术创新，打通细分行业的数据链条，提升系统解决方案和产品的根植性、适用性和成熟度，提升服务中小企业能力。四是发挥中央财政资金引导带动作用，鼓励地方政府在政策扶持、优化环境等方面对中小企业数字化转型工作予以倾斜支持。按照"政府补一点、平台让一点、企业出一点"的思路，调动三方积极性，并探索中小企业以转型收益支付服务费用等方式，降低企业转型成本。

围绕上述工作重点，在充分发挥有效市场和有为政府作用的基础上，逐步开展试点工作。第一，试点行业应选择纳入当地产业发展规划、升级潜力大的细分行业或特色产业集群，试点企业要选择不同规模和发展水平的中小企业（已获中央财政资金支持的专精特新"小巨人"企业不再纳入试点范围），充分尊重企业意愿，优先选择转型意愿强、经营稳健的中小企业。省级中小企业主管部门要加强统筹，避免重复。第二，组织由信息技术、行业技术、工艺制造、企业管理等方面专家，深入行业企业调研，厘清企业生产经营的机理、流程、工艺，找准痛点、难点、堵点，系统梳理企业的共性问题和需求。第三，针对企业问题和需求，鼓励服务平台提炼行业共性应用场景，同时兼顾企业个性化需求，提出系统解决方案参与竞争。共性应用场景设置应把握三点：一是要让行业基本应用场景得到满足，通过数字化改造，试点企业经营管理和经济效益得以显著提升；二是要打通数据、用好数据，形成统一的数据资源管理、开发利用和安全保障体系；三是要充分考虑中小企业特点，实现轻量化投资、短工期改造，有较高的投入产出回报。要坚持公开公正公平的原则组织遴选，遴选出的平台不宜过于分散，且在实施方案中需明确每个平台的对应服务企业、解决方案和绩效目标。第四，着力压实服务平台责任，按照解决方案和服务合同实施改造。切实做好操作技能应知应会的实训工作。项目完成后，应进行严格验收，达不到要求的应进行整改。第五，客观总结和宣传试点的成效与转型经验，探索形成能够满足细分行业中小企业共性和个性需求的工程化样本合同与操作规范，为复制推广打好基础。对技术先进、效益突出、企业反响好的共性应用场景解决方案要在省内加大复制推广，省份之间也要通过组织学习交流、现场观摩等方式，促进更大范围的推广应用。

财税政策促进数字经济与传统产业的融合发展，一要加大技术创新成果早期支持力度（例如，为初创型企业数字化转型升级提供相应支持），使前沿数字技术能够在初期迅速推广，并为后期进一步发展打下坚实基础（例如，在国防军工领域推进数字技术应用有利于其成熟以及日后向民用领域拓展）。二要支持数字经济细分领域发展，从而形成产业自生能力。政府应选择性地对即将步入产业化阶段且涉足企业较少的领域优先给予扶持，并通过设立政府产业引导基金、实施税收优惠政策等手段引导社会资本加入。三要以全价值链理念加快数字技术赋能传统产业转型升级。一方面，加大传统产业领域数字化改造力度；另一方面，聚焦细分领域形成产业集聚优势，推动产业结构优化升级。此外，还要加强关键细分领域突破与全产业链发展并举，在共享数字化发展成果的基础上打破技术壁垒。

除了大力推进产业数字化转型与加快企业数字化转型升级外，财税政策还应推动政府治理数字化转型，从而通过政府治理数字化带动经济社会数字化。首先，推动医疗、教育、交通、政务等公共服务领域的数字化转型；整合政府部门专网、联通异构系统，构建互联互通、安全高效的政务大数据系统，打破政府内部的数据孤岛；对政务数据开放共享实行负面清单管理，规范公共数据的采集、存储和管理，分级分类地开放公共数据。其次，通过标准制定、规范引导、绩效管理等方式，促进公共部门之间建立合作关系和共赢机制，加快构建部门间开放、共享的公共数据平台；通过引进数字技术，提升财政数据采集、分析和决策的数字化水平；从目标管理、机制创新、结果应用等方面，不断强化预算的监管效力。

目前，我国税收主要发生在生产及流通环节。随着数字经济的不断演变，对分配和消费环节征税不仅能使征税对象和纳税人更明确，还能进一步简化税制，降低重复征税的负面影响。第一，政府在制定财税政策时应充分考虑数据要素的特殊性，根据企业在获得、应用数据环节产生的成本与收益，在计算应纳税所得额时增加数据要素的抵扣项。同时，为进一步发挥财税政策对产业数字化转型的引导作用，建议以抵扣和减免等方式为主，使税收优惠政策惠及应用数字技术的各类企业。对平台类软件企业、高新技术企业等新型平台组织，建议在设置认定标准时适当放宽其适用条件和范围。第二，产业数字化转型对"数字人才需求"的结构层次发生了很大变化，尤其缺少跨学科的复合型技术人才，这既需要通过完善针对数字经济人才培养的财税政策（例如，对企业实际发生的职工教育支出及人才引进支出给予部分抵扣）来引导企业投资，也需要通过深入推进分类与综合相结合的个税制度改革、优化科技成果转化的个人所得税政策等税收优惠政策来鼓励人才流动。第三，中央和地方财政关系调整应包含数字经济税收分享机制，即从数字产品与服务、电子商务等领域入手，推进包括数字经济税收收入归属在内的税法改革实践。第四，积极参与以应对经济数字化税收挑战"双支柱"方案为核心的国际税收领域的规则制定，表达自身正当的利益诉求，提升我国的国际话语权和影响力。

第五章

加快推动数字产业化

第一节　增强关键技术创新能力

数字产业化是数字经济发展的先导力量，产业数字化是数字经济发展的主阵地。2023 年 4 月，中国信息通信研究院发布的《中国数字经济发展研究报告（2023 年）》指出，2022 年我国数字经济规模达到 50.2 万亿元，占GDP 比重为 41.5%。2022 年，我国数字产业化规模与产业数字化规模分别达到 9.2 万亿元和 41 万亿元，占数字经济比重分别为 18.3% 和 81.7%，数字经济的二八比例结构较为稳定。其中，第三、二、一产业数字经济渗透率分别为 44.7%、24.0% 和 10.5%，同比分别提升 1.6 个、1.2 个和 0.4 个百分点，第二产业渗透率增幅与第三产业渗透率增幅差距进一步缩小，形成服务业和工业数字化共同驱动发展的格局。产业数字化转型提速升级，数字经济融合发展向深层次演进。

2021 年 5 月，国家统计局发布的《数字经济及其核心产业统计分类（2021）》指出，数字经济的基本范围包括数字产品制造业、数字产品服务业、数字技术应用业、数字要素驱动业、数字化效率提升业五大类。其中，前四大类为数字产业化部分，即数字经济核心产业，是指为产业数字化发展提供数字技术、产品、服务、基础设施和解决方案，以及完全依赖于数字技术、数据要素的各类经济活动，是数字经济发展的基础。"数字化效率提升业"为产业数字化部分，是指应用数字技术和数据资源为传统产业带来的产出增加和效率提升，是数字技术与实体经济的融合。这一大类涵盖智慧农业、智能制造、智能交通、智慧物流、数字金融、数字商贸、数字社会、数字政府等数字化应用场景，体现了数字技术已经并将进一步与国民经济各行业产生深度渗透和广泛融合。

加快推动数字产业化和产业数字化，就必须打造具有国际竞争力的数字产业集群，加强数字社会和政府建设，提升公共服务、社会治理等数字化智能化水平。其中，一个至关重要的环节就是增强关键技术创新能力。随着新一代信息技术和传感器、量子信息、网络通信、集成电路、关键软件、大数据、人工智能、区块链、新材料等战略性前瞻性领域加速向实体经济和传统产业领域融合渗透，产品、装备、工艺、管理、服务的智能化步伐不断加快，进而推动形成新的创新体系、生产方式和产业形态。跨领域、协同化、网络化的产业互联网平台正日益成为产业数字化转型的重要载体，智能制造、网络制造、柔性制造、绿色制造、服务制造等新模式不断涌现，数字经济、平台经济、共享经济等新业态竞相浮现。

习近平总书记强调，核心技术、关键技术，化缘是化不来的，要靠自己拼搏。[①] 只有掌握关键核心技术的自主权和先进技术产业的主导权，才能牢牢把握住数字经济发展的主动权。解决关键核心技术的"卡脖子"问题，必须发挥我国社会主义制度优势、新型举国体制优势、超大规模市场优势，提高数字技术基础研发能力。以数字技术与各领域融合应用为导向，推动行业企业、平台企业和数字技术服务企业跨界创新，优化创新成果快速转化机制，加快创新技术的工程化、产业化。鼓励发展新型研发机构、企业创新联合体等新型创新主体，打造多元化参与、网络化协同、市场化运作的创新生态体系。支持具有自主核心技术的开源社区、开源平台、开源项目发展，推动创新资源共建共享，促进创新模式开放化演进。

增强关键技术创新能力刻不容缓。创新是我国现代化建设全局中的核心。

---

① 习言道│"核心技术、关键技术，化缘是化不来的"［R/OL］.（2022 - 05 - 17）. http：//politics. people. com. cn/n1/2022/0517/c1001 - 32423811. html.

习近平总书记强调："创新链产业链融合，关键是要确立企业创新主体地位。"① 除了进一步发挥政府在关键技术创新中的主导作用外，行业企业、平台企业和数字技术服务企业跨界创新，加快创新技术的工程化、产业化，是实现我国科技自立自强，关键核心技术不受制于人的战略支撑。构建以新型研发机构、企业创新联合体等为新型创新主体的科技创新体系，打造多元化参与、网络化协同、市场化运作的创新生态体系，成为我国数字产业化的重要命题。

增强关键技术创新能力应从以下几个方面入手。第一，要补齐关键技术短板，集中突破高端芯片、操作系统等领域关键核心技术，加强通用处理器、云计算系统和软件关键技术一体化研发，还要重点布局下一代移动通信技术、神经芯片、第三代半导体等新兴技术。第二，要强化优势技术供给，支持建设各类产学研协同创新平台，打通贯穿基础研究、技术研发、中试熟化与产业化全过程的创新链，还要重点布局5G、物联网、云计算、大数据、人工智能、区块链等领域。第三，要抢先布局前沿技术融合创新，推进前沿学科和交叉研究平台建设，还要重点布局下一代移动通信技术、量子信息、神经芯片、类脑智能、脱氧核糖核酸（DNA）存储、第三代半导体等新兴技术。

此外，还必须营造一个多主体协同、多要素融通、制度环境宽松有序的创新生态系统，释放创新潜能，激发创新活力，深入推进我国产学研用创新发展机制。强化企业创新主体地位，提高企业在创新决策、资源配置和成果转化等方面的主导权；支持企业与高校、科研院所等构建产业技术创新战略联盟，打造"研发—转化—生产"良性循环的创新链。搭建面向数字科技的高水平科技创新公共服务平台，促进数字技术和通用软硬件的开源开放。激励企业研发投入，协助"卡脖子"攻关企业开拓市场，发挥海量应用场景优势，牵引相关技术和产品迭代升级。

为进一步提升企业技术创新能力，要聚焦企业技术创新能力关键环节，突出问题导向，强化精准施策，加大激励力度，优化创新服务，提振发展信

① 习近平：在中国科学院第二十次院士大会、中国工程院第十五次院士大会、中国科协第十次全国代表大会上的讲话［EB/OL］．（2021－05－28）．https：//www. gov. cn/xinwen/2021－05/28/content_5613746. htm.

心，引导支持各类企业将科技创新作为核心竞争力。此外，创新要素要加速向企业集聚，一批骨干企业要成为国家战略科技力量，一大批中小企业要成为创新重要发源地，形成更加公平公正的创新环境。具体措施包括以下十个方面。

一要推动研发费用加计扣除、高新技术企业税收优惠、科技创业孵化载体税收优惠、技术交易税收优惠等普惠性政策"应享尽享"；完善落实国有企业创新的考核、激励与容错机制，健全民营企业获得创新资源的公平性和便利性措施；搭建面向企业的创新政策综合服务平台；健全企业创新政策落实的跟踪问效机制。

二要建立企业家科技创新咨询座谈会议制度，引导支持企业提升科技创新战略规划能力；加大国家科技创新规划和重点领域专项规划面向企业的宣贯力度；健全需求导向和问题导向的科技计划项目形成机制，强化从企业和产业实践中凝练应用研究任务。

三要引导企业围绕国家需求开展技术创新；鼓励企业牵头组织实施，探索政府和社会资本合作开展关键核心技术攻关；支持数字经济、平台经济企业加强硬科技创新；支持中央企业、民营科技领军企业聚焦国家重大需求，牵头组建体系化、任务型创新联合体；依托企业组建一批国家技术创新中心等各类创新基地。

四要对企业投入基础研究实行税收优惠政策；聚焦企业发展重大需求中的关键科学问题，前瞻部署基础研究；支持企业围绕国家重大需求和前沿方向，通过研发合作、平台共建、成果共享等方式，参与全国重点实验室建设；开展未来产业科技园建设试点，加快培育前沿领域科技企业。

五要支持科技型中小企业转移转化科技成果，提升技术创新水平；健全优质企业梯度培育体系，夯实优质企业梯度培育基础，支持掌握关键核心技术的专精特新"小巨人"企业和单项冠军企业创新发展；完善"众创空间—孵化器—加速器—产业园"孵化链条，推广"投资+孵化"模式，提升各类创新创业载体的专业化服务能力。

六要加强对企业家的战略引导和服务；推动企业招收更多高水平科技人才；加强对企业科技领军人才和重点领域创新团队的支持；研究评估并适时

推广上市高新技术企业股权激励个人所得税递延纳税试点政策。

七要建立金融支持科技创新体系常态化工作协调机制；鼓励各类天使投资、风险投资基金支持企业创新创业，深入落实创业投资税收优惠政策，引导创投企业投早、投小、投硬科技；发挥各类金融机构的作用，鼓励地方建设科技企业信息平台，完善金融机构与科技企业信息共享机制。

八要加大国家重大科研基础设施、大型科学仪器和专利基础信息资源等向企业开放力度；支持地方通过设立数据专区、分级授权等方式，为企业提供公共数据资源；推动国家超算中心、智能计算中心等面向企业提供低成本算力服务；支持建设一批重大示范应用场景，鼓励创新型城市、国家自创区、国家高新区、国家农高区、国家新一代人工智能创新发展试验区等发布一批应用场景清单，向企业释放更多场景合作机会。

九要支持企业与高校、科研院所共建一批新型研发机构，推动各类科技成果转化项目库向企业开放，加快各级科技计划等成果在企业转化和产业化，支持将高校、科研院所职务科技成果通过许可等方式授权企业使用；面向重点行业龙头企业征集技术产品问题，在大企业牵头承担的科技计划项目中安排一定比例的中小企业参加；鼓励各地培育大中小企业融通创新平台和基地，促进产业链上下游企业合作对接；引导大中小企业融通型特色载体进一步提升服务能力，为融通创新提供有力支撑。

十要支持企业建设海外科技创新中心、离岸创新创业中心等基地；支持有条件的企业牵头成立产业创新领域的国际性社会组织，参与制定国际标准；推动一批国家高新区企业与"一带一路"共建国家科技园区企业在技术、项目、人才等方面开展深层次合作；提升企业"走出去"知识产权运用和保护能力；加大对企业申报实施国家外国专家项目和国家引才引智示范基地的支持力度；完善对外资研发机构的支持措施，鼓励外资研发机构参与政府科技项目。

"十四五"期间，中央财政坚持把作为国家发展战略支撑的科技自立自强投入放在重要位置优先保障，加大财税政策和资金支持力度，优化科技支出结构，推进科技政策落地。在强化国家战略科技力量方面，保障国家重大科技任务经费；推进"科技创新2030重大项目"组织实施；加大财政对基础研究投入，健全鼓励支持基础研究、原始创新的体制机制。在提升企业技术创新能力方面，支持企业牵头组建创新联合体来承担国家重大科技项目；在国家科技计划中实施"后补助"支持方式来引导企业加大科技创新力度；扩大国家科技成果转化引导基金规模来促进科技成果在企业转移转化和资本化、产业化；落实和完善支持科技创新税收政策，对企业投入基础研究实行税收优惠，提高制造业企业研发费用加计扣除比例。在激发人才创新活力方面，健全创新激励和保障机制，构建充分体现知识、技术等创新要素价值收益的分配机制；完善科研人员职务发明成果权益分享机制，进一步完善以创新能力、质量、贡献为导向的科技人才评价体系。在健全科技创新体制机制方面，强化科技资源部署，推动重点领域项目、基地、人才、资金一体化配置，健全政府投入为主、社会多渠道投入机制；加强绩效管理，提高科技资金配置效率和使用效益；坚持以全球视野统筹科技创新，支持科技开放合作。

2022 年以来，中央财政在科技领域不断加大投入、优化布局，支持人才、资金、平台、大型科研设施仪器等科技要素增强聚合力、引导力，提高不同方向、不同区域的科技创新协同能力，为科技创新和实现高水平科技自立自强提供有力支撑。财税政策对增强关键技术创新能力的积极作用还体现在通过推进科技创新，产业发展水平不断提升。一方面，加大基础研究投入，鼓励科学前沿探索。例如，2022 年中央本级基础研究支出安排 766.14 亿元，同比增长 7%。[①] 全力保障关键核心技术攻关资金需求和重大科技项目组织实施，支持疫情防控、疾病防治、种业、绿色低碳等重点领域科技攻关。另一方面，激发企业创新活力，引导企业成为创新主体。例如，将科技型中小企业研发费用加计扣除比例从 75% 提高到 100%，以及完善设备器具加速折旧等政策发布；采用"先实施、后拨款"的资助模式，由企业等创新主体先行投入并开展相关科技活动，通过验收后再给予补助。此外，聚焦产业需求，启动实施相关国家科技计划项目，支持企业牵头组建创新联合体承担国家科研任务，提升关键核心技术自主创新能力。

加大对中小企业高质量发展的扶持力度，也是近年来积极的财政政策加

---

① 2022 年上半年中国财政政策执行情况报告［R/OL］.（2022 – 08 – 30）. https：//www. gov. cn/xinwen/2022 – 08/30/content_5707425. htm.

快推动数字产业化的重点工作之一，尤其是针对"专精特新"（即专业化、精细化、特色化、新颖化）小巨人企业发挥的"助推器"作用更成为政策的主要焦点。例如，2021年中央财政安排奖补资金35亿元，重点支持两批共1379家"专精特新"小巨人企业[①]，其中许多成员先后成立了国家级、市级企业技术中心或院士工作站，发明专利数量以及驰名商标和品牌数量显著增加。此外，财税政策不仅有助于优化产业链供应链布局，还有助于在关键技术领域以及破解"卡脖子"技术难题过程中增强关键技术创新能力。例如，2021年9月国家税务总局发布的《关于进一步落实研发费用加计扣除政策有关问题的公告》指出，允许企业提前享受前三季度研发费用加计扣除优惠，同时优化简化研发支出辅助账样式，调整优化计算方法，帮助企业便捷享受税收优惠。以格力电器为例，2023年全年，格力电器总部能享受15%高新技术企业所得税优惠和研发费用加计扣除等政策，税费优惠预计超过25亿元。[②] 这些政策在鼓励企业加大研发投入、支持科技创新方面发挥的作用不仅让格力电器降低了研发成本，也增强了从"中国制造"转向"中国智造"的创新动能。毫无疑问，财税政策为实现高水平科技自立自强贡献了巨大的力量。

第二节　提升核心产业竞争力

2022年1月，国务院发布的《"十四五"数字经济发展规划》指出，提升核心产业竞争力，一要着力提升基础软硬件、核心电子元器件、关键基础材料和生产装备的供给水平，强化关键产品自给保障能力。二要实施产业链强链补链行动，加强面向多元化应用场景的技术融合和产品创新，提升产业链关键环节竞争力，完善5G、集成电路、新能源汽车、人工智能、工业互联

---

① 支持科技自立自强　中央本级科学技术支出3205.54亿 [EB/OL]. (2022-02-25). http://finance. people. com. cn/n1/2022/0225/c1004-32359585. html.

② 广东税务：倾听代表委员心声　共谋广东经济高质量发展的税收助力 [EB/OL]. (2024-03-15). https://guangdong. chinatax. gov. cn/gdsw/fssw_swxw/2024-03/15/content_f3fae7f0340f4ce2a4636668e5b36be9. shtml.

网等重点产业供应链体系。三要深化新一代信息技术集成创新和融合应用，加快平台化、定制化、轻量化服务模式创新，打造新兴数字产业新优势。四要协同推进信息技术软硬件产品产业化、规模化应用，加快集成适配和迭代优化，推动软件产业做大做强，提升关键软硬件技术创新和供给能力。

围绕上述四大目标，科技部、财政部联合制定的《企业技术创新能力提升行动方案（2022—2023 年）》给出了引导企业加强关键核心技术攻关的具体方向。第一，制定国家鼓励企业研发的重点领域指导目录，引导企业围绕国家需求开展技术创新。第二，国家科技计划中产业应用目标明确的项目，鼓励企业牵头组织实施，探索政府和社会资本合作开展关键核心技术攻关。第三，支持数字经济、平台经济企业加强硬科技创新。第四，支持中央企业、民营科技领军企业聚焦国家重大需求，牵头组建体系化、任务型创新联合体。第五，对于企业牵头的国家科技计划项目，强化以创新联合体方式组织实施。第六，依托更多企业组建一批国家技术创新中心等各类创新基地。第七，加强国家工程技术研究中心评估考核和优化整合，符合条件的纳入国家技术创新中心管理。第八，健全优质企业梯度培育体系，夯实优质企业梯度培育基础，支持掌握关键核心技术的专精特新"小巨人"企业和单项冠军企业创新发展。

截至 2023 年，重点产业瓶颈和关键核心技术研发攻关正迎来密集的地方政策扶持，主要表现为以财政奖补、税收减免等形式向集成电路等企业重点倾斜。以制造业为例，虽然我国已成为世界上拥有最完整产业体系、最完善产业配套的制造业大国，但制造业的核心竞争力与世界一流水平相比仍存在较大的差距（例如，产业基础薄弱、高端供给能力不足等）。为进一步深化供给侧结构性改革，提升制造业核心竞争力，应重点围绕以下五个方面开展工作：一要深入实施产业基础再造工程。[①] 重点围绕核心基础零部件与基础制造工艺、基础电子元器件、关键基础材料、关键软件等瓶颈短板，启动一批产业化工程化攻关项目。推动首台（套）装备、首批次材料、首版次软件示范应用。二要加快建设制造业创新中心。在现有 21 家国家级制造业创新中

---

① 实施产业基础再造工程　打造一批先进制造业集群［EB/OL］. (2020 – 01 – 22). http://www.sasac.gov.cn/n2588025/n2588134/c13606676/content.html.

心、2家国家地方共建中心和203家省级中心的基础上，继续加大国家制造业创新中心和国家地方共建中心建设力度，支持制造业领军企业建设中试平台。三要推动制造业集群发展。深入实施先进制造业集群发展专项行动，在电子信息、高端装备、汽车、新材料等领域培育一批国家先进制造业集群。培育一批省级先进制造业集群，打造区域经济增长极。四要大力改造提升传统产业。实施传统产业改造提升行动，紧扣数字化、绿色化、高端化发展方向，引导和支持工业母机、船舶、医疗装备、农机装备等产业加快向技术先进、产品高端升级，扩大优质产品供给。五要加大优质企业培育力度。优化企业兼并重组市场环境，加快培育一批具有国际竞争力的大企业和生态主导型企业。积极引导广大中小企业、民营企业走"专精特新"发展道路。

围绕"实施产业链强链补链行动、提升产业链关键环节竞争力"这一目标，应切实提升技术创新能力，优先实施产业基础再造工程，加强关键原材料、关键软件、核心基础零部件、元器件供应保障和协同储备。第一，深化科技体制改革，加大对基础研究、共性技术、前瞻技术和战略性技术的投入，健全鼓励支持基础研究、原始创新的体制机制，抓紧布局国家实验室，重组国家重点实验室体系，加快科技成果转化应用和企业创新能力提升，完善科技人才发现、培养、激励机制。第二，完善产业基础服务体系（例如，国家质量基础设施和质量监督管理体系），推进标准、计量、认证、检验检测工作。围绕产业升级的需要，加快制定和实施与国际先进水平接轨的产业质量、安全、卫生和环保节能标准。发挥标准引领作用，提升我国在国际领域的标准话语权；提高校准测量能力，增强我国检验检测的国际竞争力。第三，拓展和深化"工业强基"工程。协同推进产业链上下游企业的技术合作攻关与技术创新、管理创新和制度创新，弘扬勇于创新、不畏风险的企业家精神与精益求精、专心致志的工匠精神，完善职业培训体系、职业社会保障、薪酬和奖励制度等现代员工激励体系。第四，建立产业基础能力评估制度。基于该体系对产业链、供应链和关键技术进行全面调查评估，及时准确把握现状，通过分析创新链等分布进一步提升我国在全球供应链、产业链、价值链中的地位。

围绕"强化关键产品自给保障能力、打造新兴数字产业新优势"这一目标，既要使市场在资源配置中起决定性作用，发挥市场机制、市场主体和资本的力量，又要更好发挥政府作用（例如，财税政策的激励效应），强化宏观政策调节，支持和引导资本规范有序发展。首先，加大财政支持力度。打赢关键核心技术攻坚战，就要有效发挥财政资金"压舱石"作用。① 目前，我国研究与试验发展（R&D）经费投入总量居世界第二，但与美国、日本等科技强国相比仍存在较大差距。强化促进科技创新的财税支持力度，关键在于完善财政投入机制，加大财政科技投入。除继续保持 R&D 经费投入稳定增长的态势以外，还应完善现行的财政补贴制度，明确财政支持重点方向，优化财政在关键核心技术攻关的基础研究、应用研究、试验发展三个不同阶段的投入比例，合理优化支出规模，提高基础研究的地位，为科技成果转化提供动力。

其次，完善各级政府财政科技资金监督管理体系。对科技成果转化项目实行阶段性考核验收，规范项目验收程序，实行相对统一的项目验收标准，建立科技成果转化量化指标评价体系。通过构建"一链一网一体系"，加强财政科技资金综合监管，建立无缝衔接的责任链、联合惩戒的信用网和完善的内部管理制度体系要求，保障资金安全。同时，加强统筹整合财政科技资金监督管理，提高财政资源的配置效率，逐步建立科技成果专项项目的阶段性评估机制，促进创新研发，加速科技成果向科技应用转化。除收入减免、附加扣除、所得税减免等税收优惠政策以外，还应逐步建立和完善包含高新技术企业优惠税率、研发费用加计扣除、合并股权奖励征税环节、延长股权激励纳税期限等科技创新税收优惠政策体系。同时，政策应聚焦关键产品自给保障能力，适当调整税费的抵免和扣除标准，激励企业加大在关键核心技术攻关和成果转化上的资金投入和人才培养。此外，对科技成果转化执行现行的税收优惠政策。科研机构、高等学校的技术转让收入免征营业税。科研单位、高等学校服务于各业的技术成果转让、技术培训、技术承包等所取得的技术性服务收入暂免征收所得税。

---

① 打赢关键核心技术攻坚战　财政发挥"压舱石"作用［EB/OL］.（2022 – 03 – 12）. https：// baijiahao. baidu. com/s？ id = 1727044709653872294&wfr = spider&for = pc.

第三节　加快培育新业态新模式

2022年1月，国务院发布的《"十四五"数字经济发展规划》指出，加快培育新业态新模式，一要推动平台经济健康发展，引导支持平台企业加强数据、产品、内容等资源整合共享，扩大协同办公、互联网医疗等在线服务覆盖面。二要深化共享经济在生活服务领域的应用，拓展创新、生产、供应链等资源共享新空间。三要发展基于数字技术的智能经济，加快优化智能化产品和服务运营，培育智慧销售、无人配送、智能制造、反向定制等新增长点。四要完善多元价值传递和贡献分配体系，有序引导多样化社交、短视频、知识分享等新型就业创业平台发展。

根据2020年7月国家发改委等13部门联合印发的《关于支持新业态新模式健康发展激活消费市场带动扩大就业的意见》，围绕"扩大协同办公、互联网医疗等在线服务覆盖面"这一目标，一方面，鼓励发展便捷化线上办公：（1）打造"随时随地"的在线办公环境，在部分行业领域形成对线下模式的常态化补充；（2）支持远程办公应用推广和安全可靠的线上办公工具研发，满足日常性多方协同工作、异地协同办公需求，有效支撑工作效率提升、业务协同模式创新和业务组织方式变革；（3）推动完善电子合同、电子发票、电子印章、电子签名、电子认证等数字应用的基础设施，为在线办公提供有效支撑。另一方面，积极发展互联网医疗：（1）以互联网优化就医体验，打造健康消费新生态；（2）进一步加强智慧医院建设，推进线上预约检查检验；（3）探索检查结果、线上处方信息等互认制度，探索建立健全患者主导的医疗数据共享方式和制度；（4）探索完善线上医疗纠纷处理办法，将符合条件的"互联网+"医疗服务费用纳入医保支付范围；（5）规范推广慢性病互联网复诊、远程医疗、互联网健康咨询等模式；（6）支持平台在就医、健康管理、养老养生等领域协同发展，培养健康消费习惯。

"深化共享经济在生活服务领域的应用"这一目标由拓展共享生活新空间、打造共享生产新动力、探索生产资料共享新模式，以及激发数据要素流通新活力四个部分组成。第一，拓展共享生活新空间是指推动形成高质量的生活服务要素供给新体系。其具体形式包括：（1）鼓励共享出行、餐饮外卖、团购、在线购药、共享住宿、文化旅游等领域产品智能化升级和商业模式创新，发展生活消费新方式，培育线上高端品牌；（2）推动旅游景区建设数字化体验产品，丰富游客体验内容，扩大电子商务进农村覆盖面，促进农产品进城和工业品下乡；（3）鼓励康养服务范围向农村延伸，培育农村消费新业态；（4）完善具有公共服务属性的共享产品相关标准，优化布局，规范行业发展。

第二，打造共享生产新动力是指推动形成高质量的生产服务要素供给新体系。其具体形式包括：（1）鼓励企业开放平台资源，共享实验验证环境、仿真模拟等技术平台，充分挖掘闲置存量资源的应用潜力；（2）鼓励公有云资源共享，引导企业将生产流程等向云上迁移，提高云资源利用率；（3）鼓励制造业企业探索共享制造的商业模式和适用场景，促进农用机械、建筑施工机械等生产工具共享。

第三，探索生产资料共享新模式是指健全完善"所有权与使用权分离"的生产资料管理新制度。其具体形式包括：（1）取消各种不合理的限制，畅通共享经济合作机制，鼓励各类所有制企业、行政事业单位等法人主体生产资料共享；（2）依托互联网、云计算等技术，盘活空余云平台、开发工具、车间厂房等闲置资源，充分发挥市场在资源配置中的决定性作用；（3）各类企业作为平等独立的市场主体，按市场化原则、商业化方式自主推进生产资料共享，提高资源利用效率。

第四，激发数据要素流通新活力是指推动构建数据要素有序流通、高效利用的新机制。其具体形式包括：（1）依托国家数据共享和开放平台体系，推动人口、交通、通信、卫生健康等公共数据资源安全共享开放；（2）在修订税收征收管理法的基础上，健全适应数据要素特点的税收征收管理制度；（3）加快全国一体化大数据中心体系建设，建立完善跨部门、跨区域的数据资源流通应用机制，强化数据安全保障能力，优化数据要素流通环境。

"发展基于数字技术的智能经济"这一目标的内涵十分丰富。以发展基于新技术的"无人经济"为例，它意味着充分发挥智能应用的作用，促进生产、流通、服务降本增效：（1）支持建设智能工厂，实现生产过程透明化、生产现场智能化、工厂运营管理现代化；（2）发展智慧农业，支持适应不同作物和环境的智能农机研发应用；（3）支持建设自动驾驶、自动装卸堆存、无人配送等技术应用基础设施；（4）发展危险作业机器人，满足恶劣条件应用需求；（5）试点探索完善智能公共服务新业态涉及的交通、食品等领域安全发展政策标准。

相比之下，"完善多元价值传递和贡献分配体系"这一目标的内涵更为丰富。以大力发展微经济，鼓励"副业创新"为例，其着力激发各类主体的创新动力和创造活力，打造兼职就业、副业创业等多种形式蓬勃发展格局，包括：（1）支持线上多样化社交、短视频平台有序发展，鼓励微创新、微应用、微产品、微电影等万众创新；（2）引导"宅经济"合理发展，促进线上直播等服务新方式规范健康发展；（3）探索运用区块链技术完善多元价值传递和贡献分配体系；（4）实施新业态成长计划，建立微经济等新业态成长型企业名录，及时跟踪推动解决企业的政策堵点；（5）坚持包容审慎原则，积极支持新产业、新业态、新模式健康发展，以问题为导向完善税务执法，促进依法纳税和公平竞争。

目前，我国数字经济新业态新模式发展主要存在以下几个方面的税收问题。一是数字服务等新型涉税要素有待确立。近年来，数据作为一种新型生产要素，正逐步成为政府参与国民收入分配的重要工具，并进一步催生了数字服务税、数字资源税等新型税种和涉税客体，以及相应的税收制度。虽然我国数字经济新业态新模式得到了快速发展，但尚未被纳入现有的税制体系，导致税务部门对现实中相关经营行为的税收征管难以精确。同时，一些个人和中小企业通过"化整为零"等方式使经营收入低于增值税起征点，造成国家增值税税款流失。此外，增值税进项税额抵扣仅限于允许抵扣的应税商业项目投入，而现实中共享经济、零工经济的增值税一般纳税人供应方经常私用部分购进资产。由于这部分资产不能作进项税额抵扣，若纳税人不如实申报，将导致增值税抵扣或退税认定困难，造成少缴税或多退税等后果。

二是税收缴纳主体制度有待更新。在平台经济等新型模式下，每个人都可能成为经营者和纳税人，从而对现行所得税制度改革提出了更高要求。目前，我国个人所得税法只对需缴纳个人所得税的非法人企业纳税人的经营所得设置了"收入总额减除成本、费用以及损失"的税前扣除模式，进而形成了以收入确认、成本扣除、税款征缴、纳税信用、违法处罚的现行税制体系，存在个人所得税费用扣除制度不足等问题。其中，尚不完善的个人所得税制存在的一个突出问题是，除非纳税人从事商事经营活动，否则难以扣除与其收入相关的客观成本、费用和损失。因此，为推动公平竞争和平台经济健康发展，应针对平台经济、共享经济、零工经济等数字经济新业态新模式下个人收入来源多元化、混合化的新形态，及时更新税收缴纳主体制度。

三是税收征管模式有待完善。随着网络主播等平台经济主体开始从事市场生产经营活动，个人生产经营收入与其工资薪金、劳务报酬、特许权使用费等所得逐渐高度融合，这对税务部门甄别有关所得的性质、费用扣除以及加强税源管理提出了更高要求。因此，应尽快从"以票管税"模式向"信息管税""以数治税"等模式转变，推动税务部门间、税务部门与相关职能部门间，以及平台、企业间建立税收共治协作机制。

四是税收与税源背离问题有待解决。例如，长三角和珠三角等地区汇聚了大量娱乐、游戏、直播、社交、支付等数字商品和服务的提供者，而消费者则遍布全国。目前，我国增值税仍采取以"环环相扣、增值征收"为基础、区分商品与服务不同税目的制度，税收归于数字企业或平台注册地。由于平台经济下的商品与服务高度融合，产业边界模糊，且个人从业者通过注册个体工商户、个人独资企业改变纳税地点等情况较普遍，上述经济较发达的地区会以此进行"引税"，造成税收与税源背离的问题。

以电商平台发展面临的主要税收问题为例：（1）纳税人身份难以识别、纳税主体难以认定；（2）税收管辖权难以划分、税收分配难以厘清；（3）征税对象性质难以确认、纳税期限难以确定；（4）纳税人纳税意识不强、税收遵从度较低；（5）税务部门信息化等征管手段滞后、复合型税收管理人才短缺等。税务部门应主要从以下几个方面展开工作：第一，明确电商的税制要素，包括明确纳税人身份（例如，将超过一定销售标准的自由职业者认证为一般纳税人，将其他自由职业者视同个体工商户）、明确纳税地点、丰富纳税方式（例如，对中小电商企业，既可采取委托电商平台代收代缴、各地分享收入的方式，也可采取纳税人自行缴纳的方式）。第二，完善电商的税收优惠政策和征管制度，力求实现税收中性原则，推进电商税收征管扁平、简洁、高效、包容，线上线下趋于一致。第三，强化数据治税模式下的税源控管，包括与电商平台合作推动信息共享、税收信息电子化、对接电子发票代开、与税收申报接口等，加强政府和电商企业信息共享、资源互通、网络互连，以及引入区块链技术推动"政府＋电商平台"双边征税模式构建。第四，优化电商纳税服务，包括畅通电商企业税法宣传渠道，提高平台经济参与者的纳税意识与遵从度，创新电商纳税服务举措，壮大电商税务人才队伍，以及建立纳税服务效能监察评估机制。

为推动平台经济健康发展，深化共享经济在生活服务领域的应用，发展基于数字技术的智能经济，以及完善多元价值传递和贡献分配体系，税务部门应把握新时代税收征管特征，推进税收征管改革向纵深发展；坚持包容审慎原则，积极培育支持新产业、新业态、新模式健康发展，以问题为导向完善税务执法，促进依法纳税和公平竞争；加强涉税风险防控，建立完善的税收领域风险监测体系，增强税制的规范性、强制性和有效性（例如，明确以平台为主体的第三方涉税信息报告和税收代扣代缴义务、加强实名制税务登记管理等措施促进行业规范发展），依法查处偷逃税等涉税违法犯罪行为。目前，在国家层面上实施的税收优惠政策主要包括：（1）根据企业所得税法，国家需重点扶持的高新技术企业减按15%税率征收企业所得税；（2）对西部地区鼓励类产业企业减按15%税率征收企业所得税；（3）研发费用加计扣除；（4）小微企业普惠政策；（5）跨境电商进口税收政策；（6）地方专项基金支持、税收返还、税收征管强化（例如，发展电子发票）等方式。

总之，税务部门一要加强对新业态新模式培育和平台经济发展趋势、规律的理论与立法研究。围绕数字平台在零工经济和共享经济税收中的作用，完善涉税管理促进新经济新业态规范发展。二要加快推进多个税种立法，逐步探索建设新型的数字经济税收制度。在我国以流转税为主，企业所得税为辅的双主体税制结构的基础上，针对数字企业并以数字资产为征税对象调整现行税制，逐步对数字资产征收增值税和所得税，同时加快推出数字服务税、数字资源税等税种，构建数据要素参与收入分配的长效机制。三要加强对新业态新模式下以个人为经营主体的税务登记管理，一方面，对新经济自然人从业者加强实名制税务登记管理，明确自然人从事新经济经营活动的强制税收登记义务和对应税交易的纳税义务。另一方面，细分平台类型、规范平台运营模式，灵活用工人员从平台获得的收入（可能包括劳务报酬所得和经营所得）性质需要根据经济实质判定，推进个人所得税汇算清缴工作。四要防止税收套利，例如灵活用工人员可享受核定征收、先征后退等税收优惠政策。一个可行的解决办法是，将包括生产经营收入、工资薪金收入、劳务报酬收入、无形资产转让收入在内的个人所得都纳入"综合所得"范围（适用 3% ~ 45% 的超额累进税率），避免混淆不同性质所得的适用税率。此外，应合理考虑居民实际生活成本，合理增加税前扣除项目，并收紧核定征收的口子，对核定征收方式采取严控措施。五要强化平台企业涉税信息报送等税收协助义务，加强平台企业税收监管，依法查处虚开发票、逃税等涉税违法行为。不断加强"以数治税"，通过大数据、区块链、人工智能等新技术构建数字化税收信息平台，严格把关落实平台主体责任，在保障信息安全、规范传播秩序、维护良好生态等方面发挥主体作用。

2022 年 1 月，国家发改委等九部门联合印发的《关于推动平台经济规范健康持续发展的若干意见》指出，要强化平台企业涉税信息报送等税收协助义务，加强平台企业税收监管，依法查处虚开发票、逃税等涉税违法行为。2022 年 3 月，国家互联网信息办公室、国家税务总局、国家市场监督管理总局联合发布了《关于进一步规范网络直播营利行为促进行业健康发展的意见》，对相关网络直播主体的涉税义务予以明确，并规范了网络直播营利行为。今后，应进一步构建以平台为主体的第三方涉税信息披露与共享机制、明确个人所得税代扣代缴义务，依托财税综合信息平台，加强内外部涉税数据的深度融合，拓展数据价值，积极探索税收大数据在共享共用、退税减税精准落实等方面的深度运用，高质量服务经济社会发展大局，推动平台经济健康发展。

第四节　营造繁荣有序的产业创新生态

2022 年 1 月，国务院发布的《"十四五"数字经济发展规划》指出，营造繁荣有序的产业创新生态，一要发挥数字经济领军企业的引领带动作用，加强资源共享和数据开放，推动线上线下相结合的创新协同、产能共享、供应链互通。二要鼓励开源社区、开发者平台等新型协作平台发展，培育大中小企业和社会开发者开放协作的数字产业创新生态，带动创新型企业快速壮大。三要以园区、行业、区域为整体推进产业创新服务平台建设，强化技术研发、标准制修订、测试评估、应用培训、创业孵化等优势资源汇聚，提升产业创新服务支撑水平。

党的十八大以来，在以习近平同志为核心的党中央坚强领导下，我国产业体系更加健全、产业链更加完整，产业整体实力、质量效益以及创新力、竞争力、抗风险能力显著提升，推动我国经济实力、科技实力、综合国力显著增强。党的二十大报告提出，坚持把发展经济的着力点放在实体经济上，推进新型工业化，加快建设制造强国、质量强国、航天强国、交通强国、网络强国、数字中国。传统产业转型升级加快，新兴行业创新势头增强。要充分认识到我国经济韧性强、潜力足、长期向好的基本面和世界第二大经济体的规模优势，用好长期积累形成的创新资源、人才资源和物质基础，推动实体经济实现高质量发展。一方面，我国具有超大规模的市场优势，为企业发展提供了广阔空间。另一方面，我国产业门类最齐全，产业体系最完整，为抵御各种风险挑战提供了坚实支撑。制造业是实体经济的基础。要把实体经济特别是制造业做实做优做强，加快建设创新引领、协同发展的产业体系。既要巩固优势产业领先地位，也要坚决打赢关键核心技术攻坚战，还要增强市场信心、提振发展预期，为建成现代化经济体系，形成新发展格局，基本实现新型工业化、信息化、城镇化、农业现代化这一奋斗目标奠定坚实基础。

要重点围绕着力做好产业科技创新的全局谋划，加快推进关键核心技术攻关，完善产业科技创新体系，优化创新生态，打造人才队伍，发挥科技创新的引领作用，进一步强化对制造强国和网络强国建设的战略支撑等方面开展工作。习近平总书记强调，我国经济社会发展和民生改善比过去任何时候都更加需要科学技术解决方案，都更加需要增强创新这个第一动力。[①] 对制造业来说，这意味着亟须转换发展动力，由要素驱动转向创新驱动。具体来说，要坚持创新发展理念，加强新兴领域创新研发，集中突破关键核心技术，推动创新成果产业化，努力培育发展高端装备制造、新材料、新能源汽车、生物医药等战略性新兴产业，扩大制造业发展的新供给，打造制造业发展的新动能，真正实现依靠科技创新驱动制造业高质量发展的格局。当前，我国集成电路、基础软件、高端装备制造等领域仍不同程度存在受制于人的情况，一些关键核心技术面临"卡脖子"局面。我们要深刻认识错综复杂的国际环境带来的新矛盾新挑战，充分发挥我国社会主义制度能够集中力量办大事的显著优势，打好关键核心技术攻坚战，切实提升工业和信息化领域自主创新能力，为我国抢占国际产业竞争制高点提供强有力的科技支撑。此外，要加大自主创新力度、掌握关键核心技术，畅通各类资源要素流动，打好产业基础高级化、产业链现代化的攻坚战，以国际视野谋划和推动创新，加强产业科技交流合作，维护全球产业链供应链的安全稳定。

第一，集中优势力量，推动关键核心技术攻关。以企业为主体、产学研用相结合，最大程度地汇聚行业资源和政策支持力量，加快突破我国制造业发展急需的微处理器与核心元器件、关键零部件与基础材料、关键制造装备、基础软件等核心技术与产品。探索和完善关键核心技术攻关的新型举国体制，坚持市场机制与政府作用相结合，强化国家战略引领，加快突破制约我国制造业创新发展的短板问题。加强技术的体系化攻关布局，加快新技术新产业发展急需标准的制定，坚持软硬协同、生态构建，加强技术攻关和应用推广。

第二，大力推进制造业数字化、网络化、智能化转型，构建产业创新发展新格局。顺应产业数字化、网络化、智能化发展趋势，发挥信息技术优势，加快产业数字化转型和融通发展。强化5G、人工智能在智能制造中的典型应用，深入实施"5G＋工业互联网"工程。加快发展工业互联网，培育制造业

---

① 习近平：在科学家座谈会上的讲话［EB/OL］.（2020－09－11）. http：//www. xinhuanet. com/politics/leaders/2020－09/11/c_1126483997. htm.

新模式新业态。优化数据要素市场化配置，提高产业链供应链稳定性和竞争力，构建产业创新发展新格局。

第三，加快新型创新载体建设，完善产业科技创新体系。持续推进制造业创新中心建设，强化行业共性关键技术供给，以实现产业化为目标，通过产学研用相结合，汇聚创新资源，打造贯穿全产业链的产业科技创新体系。进一步加强企业知识产权创造、保护能力，促进产业集聚区知识产权协同运用。推动产业技术基础公共服务平台建设，大力提升质量品牌、技术标准、知识产权、试验检测相关能力，实施制造业创新成果产业化试点，加快科技成果的转移扩散。

第四，引进培育创新型人才，夯实人才发展基础。坚持面向世界科技前沿、面向经济主战场、面向国家重大战略需求、面向人民生命健康，积极建设具有国际视野的人才队伍。引进和培育一批制造业急需的具有国际视野的战略科技骨干、科技领军人才和创新团队，不断提升创新能力。围绕产业创新发展急需，创新培养机制和模式，激发人才创新活力，打造一支高素质、能够满足产业创新发展需求的人才队伍。

从财税政策支持营造繁荣有序的产业创新生态来看，一要加大财政对基础研发领域的投入力度。全面强化基础研发经费保障能力，让财税支持政策作为激励创新的主要手段，重点支持产业基础研究，支持创新和技术成果转化。二要重视对中小企业的支持。一方面，推动由以高新技术企业为核心的专项税收优惠政策体系向中小企业普惠性政策转型，改变现行单一的税收直接减免政策，扩围至直接减免、降低税率、加速折旧、设备投资抵免、再投资退税、放宽费用列支标准等综合税收优惠。借鉴美国中小企业管理局经验，建立中小科技企业专职管理机构和服务网络，负责中小企业担保和再担保管理、技术援助和培训，发展能力综合评估、帮助获得政府采购等工作。另一方面，加快推进多层次的融资担保服务体系建设，健全中小企业融资风险补偿机制。创新政府产业投资基金资金来源和运作方式，降低财政拨款或国有资本数量，改为运营机构提供政府信用担保的形式，撬动社会资本投入。三要加快体制机制改革，扩大税收优惠面，审慎减少专项性可诉性补贴，扩大支持创新企业或产业的税收优惠政策适用范围和覆盖面，进一步降低制造业增值税税率，加大间接税收优惠力度。四要完善政府引导基金。借鉴美国中小企业管理局经验，建立来自顶层的统一管理机构，强化基金监管后续保障和投资使用效益。同时制定较宽松的资本管制政策，并配套相关优惠政策引导民间和国际资本进入投资领域，不再依靠政府力量进行投资。

地方财政支持科技创新生态建设中主要存在的问题包括：（1）科技创新体系落后，科技成果转化率不高，科技成果转化的体制机制障碍还未根本破除，科技创新服务水平亟待进一步提高。（2）科技人才总量不足、结构不优，科技创新领军人物、高端人才匮乏，由于政策、待遇等因素制约，高层次科技创新人才、"领军型"人才引不来、留不住。科技人员跨部门跨区域流动十分困难，不能为研发人员提供宽松、无障碍的工作环境，创新潜力与积极性不能得到充分发挥。政府督导、激励与评价机制不健全、不配套，与科技创新发展的要求很不适应。（3）创新资源难以有效配置，部门之间协同性差，致使科技创新效率不高，创新意识不强，创新需求不旺，体制机制不顺，创新体系整体效能不高，"政产学研金服用"结合不够紧密，科技创新对经济社会发展的引领支撑作用明显不足。

为解决上述问题，以"十三五"期间山西省太原市出台的支持科技创新财政政策①为例：第一，政府财政资金以发放科技创新券的形式，用于支持中小微企业和创新创业团队、创新创业者充分利用该市作为省会的科技资源，有效降低创新成本，激发科技创新活力。第二，通过财政补助，支持鼓励企业加大研发投入、培育发展高新技术企业、鼓励企事业单位技术专利化、引导企业加强知识产权管理、鼓励企业主导制定技术标准、鼓励企业产出优秀科技成果六方面强化企业创新主体地位，培育壮大高新技术产业；通过财政奖励，支持鼓励企业引进落地国内外先进适用科技成果、强化科技成果中试熟化、引进培育技术转移服务机构三方面打通科研成果转化通道，提升科技支撑产业升级能力；通过财政补助，支持企业建设技术创新平台、推动科技创新孵化体系提质增效、鼓励科技创业孵化载体提升创新服务能力三方面建设企业创新平台载体，夯实产业创新发展基础。第三，通过加强税收优惠政

---

① 山西太原财政大力支持科技创新生态建设［R/OL］.（2022-01-26）. https：//www. mof. gov. cn/zhengwuxinxi/xinwenlianbo/shanxicaizhengxinxilianbo/202201/t20220125_3784812. htm.

策落实力度，不折不扣落实高新技术企业、技术先进型服务企业、创业投资企业等重点企业的企业所得税优惠政策；在享受政府设立的各类专项基金（资金）扶持等方面进一步放宽市场准入；鼓励推广 PPP 模式，为民营科技企业创造平等竞争机会；制定鼓励银行业金融机构信贷向民营、小微科技企业倾斜的激励奖励政策，推进建立"税银互动"机制，支持企业信用融资；对在主板、中小板、创业板及科创板上市成功并将所融资金的 70% 投资于该市的企业，财政给予直接奖励；推进大众创业万众创新，重点推荐民办众创空间和民办科技企业孵化器申报省级扶持众创空间发展专项资金和科技企业孵化器专项资金；通过财政补助及奖励，鼓励培育创新型民营企业、支持民营企业建设技术创新平台、支持民营企业引进转化和自主研发先进实用技术；支持民营中小微企业发展新产业、新技术、新模式、新业态，对认定的省级"专精特新"民营中小企业，市财政给予与省同等额度的资金支持。第四，规范了市级科技项目和经费的管理，并严格按照绩效目标考评办法，对当年安排的科技创新项目全面实行绩效管理，确保科技资金发挥最大效益。

今后，在合理增加财政科技投入力度，促进企业创新平台增量提质的基础上，重点提升企业技术创新能力，推动科技成果转化落地。推动产学研深度融合，支持创新主体高效联动，联合承担国家级省级重大科技项目。引导企业加大科技创新力度促进科技成果在企业转移转化和资本化、产业化。落实和完善支持科技创新税收政策，对企业投入基础研究实行税收优惠，提高制造业企业研发费用加计扣除比例，鼓励企业增加研发投入。支持引进落地先进成果，结合能源革命、创新生态和可持续发展等工作重点，围绕重点领域，主动承接国家重大科技成果转化项目，促进优秀成果区域转化及产业化。

第六章

持续提升公共服务数字化水平

第一节　公共服务概述

一、公共服务的定义与分类

公共服务关系到人民的生活。公共服务是指政府部门、国有企事业单位和其他有关的中介机构应公民、法人或者其他组织的请求，按照法律规定、法规、规章或者行政机关的规范性文件设定，向公民、法人或者其他组织提供协助或者办理有关事务的活动（顾平安，2016）。在服务提供的权利和义务划分上，公共服务分为两大类：基本公共服务和普惠性非基本公共服务。基本公共服务是保障全体人民生存和发展基本需要、与经济社会发展水平相适应的公共服务，一般由政府主导来保障供给数量和质量，但同时市场主体和公益性社会机构也参与补充供给。非基本公共服务是为满足公民更高层次需求、保障社会整体福利水平所必需的公共服务，但此种公共服务单纯依靠市场自发供给，导致数量不足。此时，政府将通过支持和引导公益性社会机构或市场主体，增加服务供给、提升服务质量，在重点领域推动非基本公共服务普惠化发展，公民需要付费才能使用非基本公共服务，但价格是大多数公民都能承受的。另外，为满足民众多样化、个性化、高品质服务需求，部分由市场独立提供、居民有偿享受的生活服务，可以成为公共服务体系的有益补充，而政府则主要致力于促进市场的公平和良好的营商环境，引导相关产业可持续发展，以及完善生活服务与公共服务衔接。[①]

二、公共服务的提供

公共服务事项是由法律、法规、规章或者行政机关的规范性文件设定，是相关部门必须有效履行的义务。公共服务经常被看作政府服务的一个代名词（Perry & Wise，1990）。由于公共产品或公共服务具有非排他性和非竞争性（例如，国防与公共卫生计划），不可能通过价格体系来配置，在这种情况之下，只有政府来提供公共产品和公共服务。例如，假设国防是由私人企业来提供服务，则其势必要对提供的服务收费，而所有的居民都会认为即使自己不付费也能受益于国防安全服务，从而出现"搭便车"的情况，最终导致无人愿意为此项服务付费，那么私人企业也就不具备提供此种服务的动机。因此，通常公共产品和公共服务的供给是不足的，也通常由政府来提供。此外，"好政府"本身也是一种公共产品，也就是说如果政府本身是负责任的，政府的管理是有效率的，人人都将受益。推进数字化政府建设能够提高政府决策科学化水平和管理服务效率，全面提升政府履职效能。[②]

总的来说，我国的公共物品供应应当以中央政府和地方政府为主。中央政府和各级政府通过税收来制定财政预算，提供安全保障、宏观经济控制、收入分配、基础教育、基本医疗卫生，还有一些私人不愿意提供的基础设施建设、环境保护和基础研究等公共产品。但公共产品也有私人供给、政府与私人合作等多种形式的供给方式。我国城市地区公共物品的供给主体是各级政府。而在农村地区等经济水平较低的区域，由于财政资源的制约，很多政府提供的公共物品的供应水平很低，部分公共产品的供给实际是由村委会等

① 关于印发《"十四五"公共服务规划》的通知［EB/OL］．（2022 - 01 - 10）．https：//www. gov. cn/zhengce/zhengceku/2022 - 01/10/content_5667482. htm.

② 国务院关于加强数字政府建设的指导意见［EB/OL］．（2022 - 06 - 23）．https：//www. gov. cn/zhengce/content/2022 - 06/23/content_5697299. htm.

组织来承担的（熊巍，2002）。

第二节　公共服务均等化、标准化、数字化

一、公共服务需求与均等化

随着国民经济和社会的发展，基本公共服务和非基本公共服务的范畴都发生了变化，公共服务的规模、水平和质量要逐渐提升，以适应人们对美好生活的需求。"十三五"期间，我国公共服务体系逐步健全完善，基本民生底线不断筑牢兜实，公共服务供给水平全面提升，多层次多样化需求得到更好满足，但还存在地区不平等的问题。党的二十大报告指出，建设社会主义现代化强国，总体上分为两个战略阶段：2022年到2035年，基本实现社会主义现代化；2035年至本世纪中期，将我们国家建设成为一个富强、民主、文明、和谐、美丽的社会主义现代化强国。到2035年，我们的发展总体目标之一就是使得人民生活更加幸福美好，居民人均可支配收入再上新台阶，中等收入群体比重明显提高，基本公共服务实现均等化，农村基本具备现代生活条件，社会保持长期稳定，人的全面发展、全体人民共同富裕取得更为明显的实质性进展。

早在2021年12月，国家发展改革委等部门联合印发《"十四五"公共服务规划》提出在"十四五"时期，以人民为中心作为发展基础理念，大力发展公共服务、健全完善公共服务体系、持续推进基本公共服务均等化、对于普惠性非基本公共服务，要扩大供给范围、提高供给水平，生活服务供给要多层次多样化，改善人民生活质量。提升公共服务水平是促进社会公平正义、扎实推动共同富裕的应有之义，是促进形成强大国内市场、构建新发展格局的重要内容，对增强人民群众获得感、幸福感、安全感，促进人的全面发展和社会全面进步，具有十分重要的意义。

《"十四五"公共服务规划》提出，当前我国的主要矛盾已转变为人民日

益增长的美好生活需要和不平衡不充分的发展之间的矛盾，人民群众对美好生活更加向往，教育、医疗、养老、托育等公共服务保障水平成为影响人民群众获得感、幸福感、安全感的重要因素。与此同时，随着人口结构的不断变化，老龄化加剧，居民的家庭规模越来越小，人员的流动性越来越大，人们的生活发展越来越依赖于公共服务，这给我国公共服务发展带来了挑战。但与此同时，我国公共服务的均等化和普惠化发展也面临着机遇：第一，我国经济已进入高质量发展时期，经济增长趋势长期稳定，发展韧性强劲，转型升级潜力足，内需空间广阔，使得公共服务加快发展、人民生活持续改善、物质基础日趋雄厚；第二，随着新一轮技术变革的不断深化发展，大数据、云计算、人工智能、物联网、区块链等新技术不断出现，科技助推公共服务发展的作用日益增强，这也是后续公共服务数字化应用部分所要重点阐述的内容。

二、公共服务供给标准与水平提升

随着社会经济的快速发展，社会发展的环境也发生了深刻的变化，公共服务发展的基础越来越牢固，已取得了一些成就，例如农村地区基本公共服务的均等化程度有所提升，全国一般公共预算安排的基本公共服务领域投入持续增加，重点领域（例如，教育、健康、养老、婴幼儿照护、残疾人、公租房保障等）的公共服务保障能力明显增强，生活服务快速发展，人民生活得到显著改善。但如何持续提升公共服务水平也面临着新的机遇与挑战。实现基本公共服务均等化、持续提升公共服务水平的关键是推进基本公共服务的标准化，用标准化方式来优化资源配置、规范服务流程、提升服务质量、明确权责关系、创新治理方式，保障全体公民都能公平可及地获得大致均等的基本公共服务，从而切实提高人民群众的获得感、幸福感和安全感（邢伟，2019）。

因此，我们首先要关注的是公共服务标准的定义，了解国际标准和国内标准，以标准化促进公共服务均等化。数字经济与数字化技术是提升公共服务水平的重要手段。提升公共服务数字化水平的根本目的是利用数字化信息化技术来提升公共服务水平与能力。

（一）公共服务水平标准化

很多领域都追求有效性。同样的，为提高效率、透明度、合法性、质量和问责能力，一线公共服务正在日益规范化和标准化。标准化是一线服务组织的核心，因为它服务于具有多样性和复杂需求的人员（Brodkin & Marston，2013；Hasenfeld，2010）。标准通常是明确的、书面的、正式的，并与实践的规范相联系。因此，许多现有标准［如指南、方案、基于证据的实践（evidence-based practice）、评估工具和干预措施等］都是基于数据与证据的，并不是凭空随意制定的，目的是支持一线决策和促进福利改进，例如提供个性化服务、促进用户参与和加强组织间合作（Bakkeli & Breit，2022）。公共服务的提供有了一定的标准，在标准的指导下，就可以利用评估工具将客户的需求进行分层分类。因为标准是政府部门或上级部门制定的，因此公共服务标准化使得一线员工在工作中有据可循。

标准是对于公共服务的设计、概念、实施过程与实施效果进行的评价，它分为不同的类型，如设计标准、术语标准、绩效标准、程序性标准。标准的细致程度也依视角、范围和层级不同而不同。设计标准对结构做出了规定，它定义了工具和产品的属性和特征。这类标准是对社会和（或）技术系统的各个组成部分的明确和或多或少的详细说明，确保它们的统一性和相互兼容性。术语标准制定的必要性在评估过程中得以彰显，言语上的混淆极有可能引发争议，尤其是当用于评估和评价的标准设定的表述过于专业或模糊不清，甚至无法确保术语在各种情况下都具有相同的含义时，便会出现问题（Milstein et al.，2000）。绩效标准则是对结果作出了明确规定。例如，绩效标准能够设定特定外科手术可被接受的最大并发症率水平。最后一类是程序性标准，它规定了如何执行程序。这类标准划定了在满足特定条件时应采取的步骤（Timmermans & Epstein，2010）。巴克利和布雷特（Bakkeli & Breit，2022）指出根据基于证据的实践的嵌入研究模式，标准由中央机关选择制定，并在地方服务中予以实施。例如，在挪威劳动和福利管理局两个部门的一线办公室进行访谈和实地调查，使用基于证据的个人安置和支持标准（Individual

Placement and Support，IPS），以增进对这种公共服务供给标准化的理解。通过采用组织实践的理论视角，该研究强调了在一线组织中践行 IPS 的两种不同方法：在一个组织中作为"实践转变"，即创建并使涉及与雇主更紧密合作的根本性的新服务实践合法化；在另一个组织中则作为"实践复兴"，也就是恢复涉及整体客户导向的更为传统的服务实践。

公共服务提供标准化是否促进了公共服务的提供？这还未有定论。一些现有文献将标准看作是自上而下的管理工具，限制了决策的自由裁量度，超越了对复杂客户需求的关注，并在追求业绩、效率和效果时无视道德考虑（Gray et al.，2009；Petersén & Olsson，2014；White et al.，2008）。但也有文献认为，标准可以提高科学的合法性，加强专业人员解决复杂工作任务的能力，并促进授权、用户参与和资源导向服务的发展（Barfoed & Jacobsson，2012；Skillmark et al.，2019）。专业人员还可能会利用自由裁量权来改变和修改标准。因此，标准可以以各种方式影响当地环境，要么是积极的（例如，增加公平性、一致性和有效性），要么是消极的（例如，增加文书工作负担）。

我国十分重视基本公共服务的标准化过程。全面推动基本公共服务补短板、非基本公共服务强弱项、提高公共服务质量工作，是贯彻落实党中央、国务院《关于建立健全基本公共服务标准体系的指导意见》《关于保持基础设施领域补短板力度的指导意见》的重要决策部署。近几年，在各部门和地方的大力推动下，基本公共服务的构建理念日趋清晰，体制结构框架渐趋成熟，权责关系逐渐明晰，各项政策措施日益完善，服务水平不断提升，保障能力不断增强，群众满意度不断提高。但是，随着人们对美好生活需要的不断提高，我国的公共服务均等化发展也遇到了许多问题，首先由于发展基础、历史欠账等原因，城乡、区域、群体之间的基本公共服务存在较大差距，导致基本公共服务发展呈现不平衡不充分的特征。其次，基本公共服务的质量参差不齐，城市、发达地区、常住人口相较于农村、欠发达地区和流动人口来说能够享受到更高质量的基本公共服务，这是因为人们对基本公共服务具体内容的了解和认知存在差异，各地区提供服务的能力也存在差距。此外，传统的"重经济、轻社会"观念导致社会发展落后于经济发展，从而使得基本公共服务的服务水平与经济社会发展不适应。因此，我国必须加快基本公共服务标准化进程，才能有效地解决上述问题（邢伟，2019）。

党的二十大报告提出，为民造福是立党为公、执政为民的本质要求。必须坚持在发展中保障和改善民生，鼓励共同奋斗创造美好生活，不断实现人民对美好生活的向往。要实现好、维护好、发展好最广大人民根本利益，紧紧抓住人民最关心最直接最现实的利益问题，坚持尽力而为、量力而行，深入群众、深入基层，采取更多惠民生、暖民心举措，着力解决好人民群众急难愁盼问题，健全基本公共服务体系，提高公共服务水平，增强均衡性和可及性，扎实推进共同富裕。

（二）基本公共服务标准发布

基本公共服务标准化，具体包括设定基本公共服务的设施建设、设备配备、人员配备和服务管理等软硬件标准，从而达到补短板、强弱项、提质量的目的；明确界定对国家基本公共服务的质量标准，能够使区域间协调性和群体间一致性得到提升；明确国家基本公共服务标准和细化地方具体实施标准，实现服务水平与经济社会发展相适应（邢伟，2019）。2021年，国家发展改革委等21个部门联合印发《国家基本公共服务标准（2021年版）》（以下简称《国家标准》）要求各地方对照此版本的国家标准查缺补漏，进一步细化丰富本地区的相关服务标准和服务流程。在具体的实践过程中，确保国家标准落地落实是基本要求，也就是说各地区在执行基本公共服务项目时的实行标准理论上是不能低于国家标准的，但可以高于国家标准。实施的服务项目、服务内容、服务数量等若要超出国家标准，需要进行事前论证和风险评价，以保证实施内容和过程符合相关的国家法律、制度和政策，满足当地人民的实际需求，并在财政支出可承受范围内。也有一些公共服务项目，暂时没有明确的国家统一标准，在这种情况下各地可以根据国家相关要求和本地区实际情况制定明确相关标准，纳入本地区具体实施标准。以下是全国和以浙江省为例的地方标准具体内容，用以展示我国公共服务标准化进程。

1. 全国标准

《"十四五"公共服务规划》将全社会的服务体系分为"基本"和"非

基本"两大类，以政府服务提供的职能差异为逻辑线索，对幼有所育、学有所教、劳有所得、病有所医、老有所养、住有所居、弱有所扶、优军服务保障和文体服务保障（简称"七有两保障"）共九个领域的基本和非基本公共服务的发展目标、重点任务和重大举措，设计了22项指标，其中包括7项约束性指标，15项预测性指标，如表6-1所示。目前，我国发展规划主要包括预期性和约束性两大类指标。约束性指标体现政府职责，带有政府向人民承诺的性质。预期性指标，就是政府对发展的预期，主要通过市场主体的自主行为来实现。政府的主要职责是在宏观政策的指导下，适当地调整宏观政策的方向和力度，综合运用财政、产业、投资等政策，营造良好的宏观环境、制度环境和市场环境，从而更好地发挥市场配置资源的基本功能。

表6-1   "十四五"社会发展与公共服务主要指标

类别	指标	2020 年	2025 年	属性
幼有所育	每千人口拥有3岁以下婴幼儿托位数（个）	1.8	4.5	预期性
	孤儿和事实无人抚养儿童保障覆盖率	—	应保尽保	约束性
学有所教	学前教育毛入园率	85.2%	>90%	预期性
	九年义务教育巩固率	95.2%	96%	约束性
	高中教育阶段毛入学率	91.2%	>92%	预期性
	劳动年龄人口平均受教育年限（年）	10.8	11.3	约束性
劳有所得	参加各类补贴性职业技能培训人数（万人次）	1800	1500	预期性
病有所医	人均预期寿命（年）	77.3	78.3	预期性
	每千人口拥有执业（助理）医师数（人）	3.9	3.2	预期性
	每千人口拥有注册护士数（人）	3.36	3.8	预期性
	基本医疗保险参保率	95%	>95%	预期性
老有所养	养老机构护理型床位占比	38%	55%	约束性
	新建城区、居住（小）区配套建设养老服务设施达标率	—	100%	约束性
	基本养老保险参保率	90%	95%	预期性
	养老服务床位总量（万张）	823.8	约1000	预期性

类别	指标	2020 年	2025 年	属性
住有所居	城镇户籍低保、低收入家庭申请公租房的保障率	—	应保尽保	约束性
	符合条件的农村低收入群体住房安全保障率	—	应保尽保	预期性
	城镇老旧小区改造（万个）	5.9	约 21.9	预期性
弱有所扶	困难残疾人生活补贴和重度残疾人护理补贴目标人群覆盖率	100%	100%	约束性
文体服务保障	每万人接受公共文化设施服务次数（万次）	—	3.4	预期性
	人均体育场地面积（平方米）	2.2	2.6	预期性
	每百户居民拥有社区综合服务设施面积（平方米）	—	>30	预期性

资料来源：《"十四五"公共服务规划》［R/OL］.（2022－01－10）. https：//www. gov. cn/zhengce/zhengceku/2022－01/10/5667482/files/301fe13cf8d54434804a83c6156ac789. pdf.

2. 地方标准

浙江省委、省政府于 2008 年率先出台实施"基本公共服务均等化行动计划"。浙江省的基本公共服务制度体系不断健全、服务设施不断完善、保障能力不断提升、地区间差距不断缩小，基本公共服务均等化水平走在全国前列。但是随着经济社会的不断发展，群众对养老托育服务、医疗卫生健康服务、弱势群体帮扶等基本公共服务供给的需求日益增长。2022 年，在全国性的标准基础上，浙江率先出台《浙江省基本公共服务标准（2021 年版）》（以下简称《浙江标准》）。该标准的出台对浙江具有重要的现实意义，也为全国其他地区提供了经验帮助。

第一，浙江标准。2022 年 5 月，浙江省出台 95 项基本公共服务标准，首次以制定标准的形式推进基本公共服务均等化。浙江省的基本公共服务标准是以"十四五"公共服务规划标准中的"七有两保障"为基本依据，进一步细化升级，明确了军有所抚、文有所化、体有所健、事有所便等领域的服务标准，切实满足人民日益增长的美好生活需要，有助于进一步缩小城乡、区域、人群差距（郑亚丽，2022）。具体来说，首先公共服务数量提升是《浙江标准》的一大特点。与《国家标准》相比，《浙江标准》多出 15 条新的内容。新增的内容是群众已经在"十三五"期间普遍享受的，但尚未纳入《国家标准》范围内的服务项目。例如，为未成年人、老年人、现役军人、残疾人和低收入人群，减免文物建筑及遗址类博物馆门票、提供文化和自然遗产日免费参观等服务和优惠政策。其次，服务水平有所提升，服务对象扩容。例如，残疾儿童及青少年教育服务项目的服务对象和范围进一步扩大，与《国家标准》比较，浙江的免费教育服务对象由贫困的残疾学生扩展到所有的残疾学生，服务内容也有所增加，新增减免在校残疾人大学生和研究生的学费住宿费这一项内容。这些公共服务的扩容都是经过了充分论证的，并向国家作了报备，能够解决服务对象的迫切需求，增强他们的获得感。除此之外，《浙江标准》努力推进基本公共服务从户籍人口向常住人口全覆盖。95项基本公共服务标准中超过70%的服务项目都适用于常住人口，其中优孕优生、孕产妇健康服务等项目服务对象都明确为辖区常住人口。

在《支持浙江高质量发展建设共同富裕示范区的意见》中，党中央、国务院对共同富裕的基本内涵和特征作了阐述：共同富裕是指全体人民通过辛勤劳动和相互帮助，普遍达到生活富裕富足、精神自信自强、环境宜居宜业、社会和谐和睦、公共服务普及普惠，实现人的全面发展和社会全面进步，共享改革发展成果和幸福美好生活。2022年，"浙有善育"被列为浙江省共同富裕示范区建设十项标志性的成果之一，这一概念也体现在了《浙江标准》中。比方说，《浙江标准》提出要对0~6岁儿童进行健康管理优化，切实推动了优质的儿童保健服务共享。具体来说，首先是进一步细化服务内容，按照不同月龄的需求，对0~6岁儿童提供13次免费健康管理服务，每年为0~3岁儿童提供2次中医调养服务等。《浙江标准》将每项基本公共服务的对象、服务内容、服务标准等细化，保证服务的可操作性，使其能够具体落实和实施。比如，孕产妇健康服务，将服务对象细化为"辖区内常住孕产妇"；将服务具体内容进一步细化为"免费为辖区常住孕产妇规范编制《母子健康手册》，分别在妊娠早期提供1次、妊娠中期和晚期各提供2次健康管理服务，提供1次产后随访探视和产后42天健康检查服务"。公共服务的水平与质量提升，少不了资金支持。为了做好这95项基本公共服务事项，浙江还创新构建系统化、集成化的"钱随人走""1＋X＋N"制度体系，把财政资金配置到最需要的地方，也就是根据"1"项核心实施意见，"X"项配套制度，对"N"项"钱随人走"转移支付资金分配方案进行修改和完善。浙江高质量发展建设共同富裕示范区的七个发展目标之一就是率先实现人民全生命周期的高质量公共服务共享，并在全国范围内成为共建共享品质生活的省域示范。由此来看，公共服务在推动实现高质量发展、建设共同富裕示范区方面起着举足轻重的作用。

第二，杭州标准。根据《浙江标准》，杭州市发展委员会、市财政局、教育局、民政局等 29 个部门单位共同制订《杭州市基本公共服务标准（2022 年版）》（以下简称《杭州标准》），杭州首次将"标准"纳入全市基本公共服务范围和内容。杭州全面对照《浙江标准》，确定了 25 大类 128 项服务，并对服务对象、服务内容、服务标准等进行了规范和细化。《杭州标准》新增杭州市 25 个特色项目，在服务对象和服务标准提升上优化了 18 个项目。《杭州标准》的颁布，标志着杭州在标准化基础上实现基本公共服务的重大突破，同时也为杭州成为浙江实现高质量发展、创建共同富裕示范区城市范例做出了贡献。

在公共服务事项标准提高方面，"学有所教"将义务教育生均公用资金标准提高到 800 元/年，初中 1000 元/年，相较于《浙江标准》提高了 150 元/年。在"住有所居"中，公共租赁住房将覆盖的对象范围扩展到新就业高校毕业生和创业群体。"病有所医"中城乡医保待遇水平在全国处于领先地位，医疗保险覆盖范围内门诊费用报销比例最高达到 70%，住院费用的报销比例可达 80%；大病保险的报销比例达到 70%～80%，其中持证困难人员可享受 95% 以上的赔付。从新增公共服务事项来看，"学有所教"加大对进城务工子女义务教育补助，按进城务工人员随迁子女学生数，对义务教育学校给予每年每生 200 元补助。"病有所医"项目中纳入"家庭医师"的签约服务，由辖区基层医疗卫生机构家庭医生向城乡居民提供规范的诊疗服务。围绕残疾人的帮扶，在"弱有所扶"中新增基本住房保障、社会保险参保补贴、健康管理和社区康复、免费乘坐公共交通等内容。在"文有所化"中新增公益性培训讲座服务，规定公共图书馆、文化馆每年举办公益培训讲座不少于 16

次，乡镇（街道）综合文化站每年举办公益培训不少于6次，公共博物馆、公共美术馆每年举办公益培训或讲座不少于6次。

三、数字化"扩容"公共服务

数字技术扩展了公共服务的覆盖面和服务能力。从理论上来说，数字化公共服务是由数字技术和公共服务的融合所产生的，它是以数字化的手段和技术，使传统的公共服务突破了资源的束缚。例如，在公共文化服务、公共卫生服务和公共就业服务与社会保障方面，数字化助力公共服务供给。

承载着文化资源的物理空间和物质载体在公共文化服务数字化进程中突破资源的束缚，使人民能够获得更多的公共文化服务，而不会受到时空的制约。根据文化和旅游部的统计，"十三五"期间，全国已建成1274TB的公共数字文化资源，涵盖了惠农、影视、历史、艺术欣赏、科普教育、政务信息、时政党建等领域。在已有初步成果的前提下，"十四五"时期公共文化的数字建设成为重点工作之一（盘和林，2022）。

搭建线上问诊平台就是典型的数字化扩容公共卫生服务的经典案例。通过数字化技术，推进智能导诊、远程问诊、用药指导、健康科普等健康服务，借助5G技术的高速率、低延时的特征，在基层开发联合救治数字应用场景，帮助解决基层群众看病难、看病贵的问题。另外，远程医疗、远程影像、远程心电图等技术突破了空间与距离的限制，偏远地区的居民不再必须奔赴城镇中心去寻求优质医疗服务，远程技术使"就近就好医"变成现实，改善了医疗资源分布不均衡、医疗资源配置不合理等问题。

通过流程再造、数据共享、业务协同等手段，不断改进传统的、优化智能化的就业公共服务。例如，举办线上线下招聘会，利用小程序等线上平台及时发布招聘信息，加强精准招聘服务能力；通过政务微信平台为各单位发布职位信息；通过对市场监管部门的营业执照注册信息、社保中心参保信息等大数据进行比对，了解帮扶对象最新就业动态。总体而言，公共就业创业服务数字化转型，致力于打造集政策解读推送、业务办理咨询于一体的线上智能服务、线下自助服务体系。

在"十四五"期间，推动数字经济的发展，提高公共服务的数字化水平是十分必要的。《"十四五"数字经济发展规划》提出要持续提升公共服务的数字化水平，促进公共服务更加普惠均等。推进公共服务的数字化，是实现全社会共享数字经济发展红利的必然选择。当前，随着新一轮的技术革命和工业变革的兴起，以互联网、云计算、大数据、人工智能等为代表的数字技术在全球范围内得到快速的发展，数字技术的渗透和普及已成为促进公共服务均等化、普惠化、高效化、便捷化的重要手段，让广大人民群众共享数字经济发展成果。

首先，数字化技术促进了均等化、普惠化公共服务。当前，我们面临的主要问题是人们对美好生活的需求不断提高和不平衡不充分的发展之间的矛盾。数字技术可以缩小区域和城乡之间的公共服务资源分配差距，"十三五"期间，城乡间互联网普及率差异由 2016 年末的 36% 降至 2021 年 6 月的 19.1%[①]，全国各地区与城市间的数字接入差距逐渐缩小。再者，"网络扶智"成果明显，农村大部分学校都已经实现互联网接入，到 2021 年末，全国中小学（包括教学点）的联网率由 2015 年的 69.3% 提高到 99.7%[②]，并开展"专递课堂""名师课堂""同步课堂"等，使更多的乡村、不发达地区的儿童享有了更好的教育服务（唐斯斯和赵文景，2022）。

其次，数字化技术促进了公共服务的高效与便利。随着互联网、大数据、人工智能等技术的不断普及，政务服务等政府工作也在逐步实现移动化和智能化。通过国家统一的政务服务平台，浙江省所有行政许可事项在网上办理、"最多跑一次"的比重达到 82.13%，全国半数以上的行政许可事项的承诺时限缩短了 40%（唐斯斯和赵文景，2022）。"指尖办""掌上办""一网通办""异地可办""跨省通办"日益普及，企业和人民群众办事的便捷程度、满意度也在不断提高（唐斯斯和赵文景，2022）。

[①] 《"十四五"数字经济发展规划》解读 | 着力推动公共服务数字化 促进数字经济发展红利全民共享 [EB/OL].（2022 - 01 - 21）. https：//www. ndrc. gov. cn/xxgk/jd/jd/202201/t20220121_1312588. html.

[②] 信息化推动优质教育资源共享 全国中小学联网率达 99.7% [EB/OL].（2020 - 12 - 02）. https：//www. gov. cn/xinwen/2020 - 12/02/content_5566329. htm.

四、公共服务数字化的重点内容和领域

数字经济时代的公共服务与传统的公共服务模式相比，更加强调数字化、智能化融合。《"十四五"数字经济发展规划》指出，要不断提高公共服务的数字化程度，促进全民共享数字经济的发展。国家发展和改革委员会发表一文解读《"十四五"数字经济发展规划》提出了公共服务数字化的四点重点内容和未来发展领域。①

（一）政务服务领域，持续提高"互联网＋政务服务"效能

"十三五"时期，各地、各单位在全国一体化政务服务平台基础上，推进"一网通办"，为深化"放管服"改革和推动数字政府的建设和发展奠定了坚实的基础。到2022年6月，全国一体化政务服务平台上的实名注册人数已突破10亿②，并在浙江省范围内实行了"跨省通办"工业产品生产许可证、异地就医结算备案、社会保障卡申领等事项。"十四五"期间，政府工作要更加重视提升政府工作效率和政务服务的效能。具体包括以下几点。

一是加快政务服务标准化和智能化。以标准为导向，推动政务服务标准化、规范化、便利化，不断提高政务服务的信息化程度和数字化智能化水平，实现高频服务"一网通办"。各级政府要制定高频政务服务事项清单，推进事项清单"掌上可办"的工作，让企业和人民办事更方便。二是推动数据共享和业务协同。建立和完善政务数据共享和协调机制，加快数字身份统一认证和电子证照等互信互认，以优化流程和业务协作。依托全国一体化政务服务平台，推进跨部门跨地区并联审批、联合监管和协调决策，推动政务服务实现"区域通办""跨省通办""无感漫游"等。三是推动政务服务纵深下沉。推动政务服务深入基层，提升服务便利化水平。继续强化省市县政务服

---

① 《"十四五"数字经济发展规划》解读 | "十四五"数字经济高质量发展的行动纲领［EB/OL］. (2022－01－13). https：//www. ndrc. gov. cn/xxgk/jd/jd/202201/t20220113_1320269. html.

② 第50次《中国互联网络发展状况统计报告》［R/OL］. (2023－08－07). https：//www. cnnic. net. cn/NMediaFile/2023/0807/MAIN1691371428732J4U9HYW1ZL. pdf.

务三级联动，同时加快服务资源重心下移，构建和完善覆盖省、市、县、乡、村五级网上政务服务体系，扩大网上政务服务"村村通"范围，加快线上线下融合。四是推动政务服务主动化和精准化。坚持以需求为导向，注重政务数据整合运用，由"人找服务"转变为"服务找人"，提高大数据分析技术，增强基于大数据的事项办理需求预测预判能力，打造主动式、多层次的创新型服务场景。五是推动重点领域的数字化协同应用。从社会、经济大局出发，聚焦城市公共卫生、社会安全、应急管理等领域，加强数字技术应用建设，通过数据共享和跨部门协同，实现信息资源的有效整合，推动重大突发公共事件的快速响应和联动处置，增强实际应用成效。

（二）社会服务领域，加快提高社会服务数字化普惠水平

在社会服务领域提高数字化信息化程度，有利于构建共建、共治、共享、共同富裕的民生发展模式。近几年，我国的社会服务供给已有重大突破。"十四五"时期，要进一步提升数字社会服务的供应水平和覆盖面。具体来说，分为两个方面。

一是拓展服务领域和服务深度，例如大力推进和发展智慧教育、数字健康服务、智慧文旅、智慧社区、社会保障服务数字化等，优化会展旅游、体育建设等服务资源数字化供给和网络化服务，促进优质资源深化应用、共享复用；又如强化就业、养老、儿童福利、托育、家政等民生领域供求关系对接，促进资源配置优化；大力发展智慧广电网络，整合和升级改造全国有线电视网络。

二是着眼于普惠化社会服务。例如，重点瞄准革命地区、民族地区、边疆地区、脱贫地区等重点区域，重点关注教育、医疗、社保、帮扶等重点服务内容，提高社会服务的远距离供给水平和覆盖程度，有助于基本公共服务均等化的实现。又如，推进普及电信业务的试点工作，加强信息无障碍建设，提升对特定人群的数字化社会服务能力，让更多的人能够享受数字时代的便捷。推动社会服务和数字平台的深度融合，探索鼓励多领域跨界合作，激发社会参与活力。

（三）数字城乡领域，统筹推动新型智慧城市和数字乡村建设

新型智慧城市突出的是现代信息技术在城市中的运用，是推动城市全面数字转型与智能发展的关键。虽然我国新型智慧城市建设近年取得了显著成效，但是在"十四五"期间，仍然要继续推进数字化城乡融合发展。首先要持续推进新型智慧城市建设。加强对智慧城市的总体规划和顶层设计，切实推动城市数据整合共享和业务协同，以分级分类的方式推进新型智慧城市建设。结合城市的实际需求，不断完善城市信息模型平台和运行管理服务平台，有条件的地市应当因地制宜，探索如何科学构建数字孪生城市，也就是将"数字孪生"技术运用到城市建设之中，简单来说就是如何将城市的物理空间、社会空间和信息空间交汇成一个有机的整体更好地支撑城市的运用。建设过程之中时刻要注重应用成效，不能盲目跟风，目标是建设节约务实的新型智慧城市。同时，要鼓励各种社会力量参与，不断创新新型智慧城市建设、应用模式和运营模式等，建立健全智慧城市长效发展机制，推进智慧城市规划、设计、建设、运营协同，增强智慧城市建设的造血能力。其次是加快数字乡村建设，具体表现为完善农村地区信息和服务供给，提升信息惠农服务水平，构建乡村综合信息服务体系，推进农业生产生活数字化；推进乡村治理数字化，推进涉农服务事项线上线下一体化办理；健全城乡常住人口动态统计发布机制，促进城乡要素双向自由流动和公共资源合理配置，实现"以城带乡、共建共享"的数字城乡融合发展格局。

（四）数字生活领域，创新打造智慧共享的新型数字生活

数字经济的发展会促进新的数字产业和商业模式的兴起，从而使人民的数字化生活服务供给更加丰富。"十三五"时期，我国信息消费实现快速增长，数字化生活领域得到了进一步发展。2020年我国信息消费规模达到5.8万亿人民币①，新兴的消费类产品，例如智能家居、可穿戴设备、汽车联网设备等，深受用户青睐。"十四五"期间，要加强数字生活产品供给，提升

---

① 国家互联网信息办公室发布《数字中国发展报告（2020年）》[EB/OL].（2021 – 06 – 28）. https：//www. cac. gov. cn/2021 – 06/28/c_1626464503226700. htm.

群众生活便利性和幸福感。具体来说，一是建设智慧化社区，打通信息惠民"最后一公里"，加快既有住宅又有社区设施的数字化改造，要不断探索和完善智慧小区的建设运行方式，推动智慧社区发展由以建为主转向长效运营，促进有效市场和服务型政府有机结合。二是推进智能家居发展，引领推动家居产品与家居环境的智慧交互，使数字家居应用更加丰富多彩，让人们能够更好地感受到数字时代的便捷。三是提升智慧体验促进信息消费，创新发展"云生活"服务，拓展社交、购物、阅读、娱乐、展览等领域的微服务平台内容和智能应用，推动公共服务整合一体化，提升场景消费体验。

第三节 推进公共服务数字化应用
在数字城乡领域的实践经验

浙江省委、省政府于 2008 年首次启动"基本公共服务均等化行动"，之后浙江省基本公共服务体系和服务设施都在不断完善，保障能力也在不断提升，区域差距不断缩小，基本公共服务均等化水平排在全国前列。近年来，浙江省也一直将基本公共服务均等化作为统筹城乡发展的重要战略，致力于推进城乡一体化的公共服务体系，促进城乡服务体系接轨、质量均衡、水平均等。在深化改革开放以来，浙江省坚持以实现城乡统筹为目标，统筹城乡发展、优化财政投资结构、优化城乡公共资源配置。

2021 年 1 月，中共浙江省委办公厅、浙江省人民政府办公厅印发的《浙江省数字乡村建设实施方案》，是在《数字乡村发展战略纲要》的基础上为推动浙江省数字农村的发展而出台的方案，具体提出了农村发展的总体目标，即进一步普及乡村社会公共服务的数字化，实现帮扶、教育、医疗、文化、旅游、社会救助等方面的数字化，并广泛推广到农村地区。此外，此方案还提出要将"掌上办公""掌上办事"等核心业务推广到企业，实现掌上业务的全覆盖。《浙江省数字乡村建设实施方案》指出，推动数字乡村建设的重要任务之一是推进公共服务数字化应用。因此，本节将主要以浙江省为例，以数字城乡领域为重点，讲述如何推进公共服务数字化应用，从而统筹推动新型智慧城市和数字乡村建设。具体来说，本节聚焦浙江省在推进公共服务数字化应用方面所提出的七条重点措施，并就浙江省在这方面的具体做法和实例进行阐述，以期对其他省市的公共服务数字化应用提供经验借鉴。

一、推广"企业码""浙农码""贷款码"等数字化应用

（一）"企业码"

2020 年初始，新冠肺炎疫情突然暴发，浙江省率先推出"健康码"，进而在全国范围内得到了普及。随后，2020 年 4 月，浙江省再次推出"企业码"的应用试点，面向企业提供精准服务并在全省范围内得到推广。"企业码"是一种能够帮助政府和社会识别企业并且提供相应服务的智慧码，为企业获得服务提供了绿色通道，也是一个数据驱动的应用平台，体现出产业合作协同的成果。政策直达、公共服务、产业链合作、政银企联动等都是企业生产经营中能够获得切实利益的方面，通过多系统工作协作和数据资源集成"企业码"这个应用，企业服务"最多跑一次"不再遥不可及（祝婷兰，2020）。"企业码"里可实现的功能非常多样化，例如扫码进码、码上名片、码上政策、码上直办、码上诉求、码上融资、码上合作、码上信用等。其中，"码上名片"是企业特有的、个性化的数字名片，基于大数据多维呈现企业的发展概况；"码上融资"旨在为中小微企业提供精准的金融服务。具体来说，是通过网络接入浙江省金融综合服务平台、蚂蚁金服网商银行等平台来实现的。

"企业码"的建设与推广在业务方面惠及企业，例如企业可以利用"码上诉求"来表达企业诉求，企业诉求能够得到及时反馈、及时办理，惠企政策与金融资源能够直达企业，实现对接促进产业合作等。通过"码上政策"和"码上直办"，浙江各地各部门的惠企政策由"一网可查"延伸到"一网可办"和"一键直通"。"企业码"可以使产业间的协作和对接更加便捷。"码上合作"功能则是整合了浙江 50 多个省级部门和 500 多条企业公共信息[①]，

---

① 浙江规上工业企业实现企业码全覆盖［EB/OL］.（2020 - 06 - 15）. https：//www. gov. cn/xin-wen/2020 - 06/15/content_5519460. htm.

基于这样的信息共享和信息支撑功能，提高了产业间的合作效率，打通产业链供需对接平台，帮助企业实现产业链供需对接。在"企业码"的诸多应用中，政策直兑是重点开发的功能之一。为此，浙江致力于建立全省统一入口的惠企政策兑现系统，并在全省范围内开展一批政策兑现事项。依托浙江省企业综合服务平台和"企业码"，与各地现有的"惠企"优惠政策兑现制度对接，对于还未建立"惠企"制度的区域，要积极推动其利用好平台和"企业码"，实现政策兑现，切实提高企业获得感。

浙江省各地也根据各自的具体条件建立了自己的特色服务。这就使得浙江企业不仅能够享受浙江省的一般服务，而且能够在省内各地享受不同的便捷服务。截至2020年6月1日，浙江已建成2个市级专区（金华市、德清市）和1个县级专区。① 浙江省金华市推出"金名片+服务赋能"计划，向40多个优秀的企业提供了数字化"金名片"，以及6种特殊的"智慧改造咨询"。浙江省德清市通过"码上融资"功能，实现了"秒级"授信和3天内放款到户。"企业码"的功能开发与完善始终是以企业需求为导向，未来发展方向还需要着力于拓展数据来源，加强涉企数据的开放与共享力度，强化多维数据的企业画像运用，以及提升数据驱动应用能力。此外，政府部门还需要致力于服务资源的集聚，以数据驱动为手段，持续开发和整合服务资源，解决企业的迫切需求，提供更多高频公共服务事项。与此同时，"企业码"的构建和推广安全问题值得重视，建立"企业码"的安全使用规范十分必要，还需要落实管理流程控制、强化数据级别安全监管等，构建"企业码"安全保障体系。②

（二）"浙农码"

"浙农码"③利用二维码、NFC、RFID等技术作为识别工具，通过数字

---

① 省经信厅：努力实现10月底前浙江企业全部领取企业码［EB/OL］.（2020－06－02）. https：//www.zjwx.gov.cn/art/2020/6/2/art_1694817_44615384.html.

② 【助力中小企业发展】浙江"企业码"：打造数字化驱动服务中小企业新模式［EB/OL］.（2022－02－26）. https：//new.qq.com/rain/a/20220226A02V2400.

③ "浙农码"获2021数字农业农村优秀案例［EB/OL］.（2021－06－15）. https：//tech.china-daily.com.cn/a/202106/15/WS60c86624a3101e7ce9754ee0.html.

孪生，为全省涉农领域的人、物、组织建立统一的数字身份，为万物互联提供身份保障。同时在统一接入、信息归集和关键数据沉淀三个层面上进行了创新建设，以精准化的数据管理为基础，提供"一站式""一对一"的信息聚合和功能服务。"浙农码"的对象主要有主体、农产品、生产要素和乡村。通过打造多跨场景应用，顺利延伸到数字乡村。"浙农码"实现了对于农户的精准数字化管理，助力打造丰富和扩展农技培训、乡村治理、阳光村务、便民服务、信用体系建设等不同应用场景，布局数字农业新基建，数字农业的"全民时代"正式开启。2021 年，"浙农码"认证的安吉白茶正式投入市场，为春季茶叶的采收和农民增加收入提供了便利。在茶城交易场景中，将安吉白茶交易系统与"浙农码"平台相连接，高效实现了码上查询、码上监管、码上交易等应用功能。安吉白茶在通过赋码认证以后，价格要比普通白茶高 100 元左右，全县白茶产值在 2020 年至 2021 年从 27.59 亿元增加至31.13 亿元，品牌价值也从 41.64 亿元提升至 45.17 亿元，同时全县农民也增收至 8600 元/人。[①] 这是安吉白茶数字化应用场景的全新实践，也是浙江省全面贯彻实施全省数字转型的总体要求，是一项切实的惠民举措。2021 年，赋码用码总量高达 1200 万余次，日均用码服务 10 万余次，被评为全国"2021 数字农业农村新技术新产品新模式优秀案例"。[②]

当地县级政府可以通过"浙农码"应用平台，将全市涉农部门的信息资源整合起来，通过二维码扫码联动，实现码上查询、码上直办、码上营销、码上监管、码上服务、码上融资、码上信用等，形成主体一码、一事一码、一码动态管理的方式，为农民提供包括生产、加工、流通、贷款、保险、销售等在内的全链条服务。"浙农码"为农户提供专业产业指导、生产决策、市场营销等服务，为企业的基层治理工作提供现代化的工具，帮助企业达到精细化管理的目的，对进一步推进农村数字化信息化建设，提高农村治理水平，具有重要的现实意义。同时，"浙农码"还能集成整合各类社会资源，

---

① 浙江安吉县：被人民网·人民数据授予"乡村振兴百强示范县"［EB/OL］. (2021 – 09 – 28). https：//zj. chinadaily. com. cn/a/202109/28/WS6152de64a3107be4979f0588. html.

② 浙江启动"浙农码"赋能公用品牌行动［EB/OL］. (2023 – 06 – 28). https：//cs. zjol. com. cn/kzl/202306/t20230628_25911952. shtml.

从"帮"向"兴",比如"低收入农户帮促码"可以整合医保、教育、残联等部门的信息,通过帮扶人员对于信息的研究和判断、低收入农户自诉,实现信息快速提交、后台及时受理、部门限时答复、干部线下帮扶、农户满意度评价等闭环服务。

(三)"贷款码"

"贷款码"是由人民银行杭州中心支行和浙江省市场监督管理局全国首创的新型融资服务模式,于2021年3月发布。信息不对称是贷款供需关系不匹配的根本原因。"贷款码"将浙江省企业信用信息服务平台和浙江省小微企业云平台互联互通,通过信用信息共享应用,打造出专属于小微企业和个体工商户的线上科技平台和渠道。从贷款的需求方,也就是企业一方来说,贷款码的操作方式十分便捷。企业通过扫描二维码,就可免注册登录平台。只需使用手机"扫一扫"填需求,"贷款码"后台则自动匹配电子营业执照等信息,并将企业的融资需求精准推送到金融机构,实现"发布、对接、受理、审核、反馈"一站式服务。从贷款的供给方,也就是金融机构来说,"贷款码"则拓宽了获客渠道,助力业务量增长。浙江金融机构实行"135贷款响应机制",也就是说在1日内受理客户申请,3日内对接客户实时交流,符合条件的原则上5日内发放贷款。[①] 同时,"贷款码"的出现降低了银行获客的成本,并正向加深银行线上金融的发力程度。"135贷款响应机制"对于银行的线上金融服务提出了更高要求,即简化客户的融资服务流程,提高客户的获贷率。与此同时,金融机构作为普惠金融的推动者,"贷款码"也可作为优化小微企业金融服务的有力抓手,将普惠金融服务重心下沉到群众中去,成为金融机构践行社会责任担当和树立良好社会形象的有效渠道。"贷款码"畅通贷款渠道,激发市场活力的功能有助于缩小地区差距、城乡差距和收入差距,从而助力共同富裕。于政府一端而言,发挥好金融在收入分配、社会保障中的引导作用至关重要。

在众多的企业之中,小微企业和个体工商户是创造就业、保障民生的重要载体,且一直存在融资难的问题,而这些主体又占到浙江全省市场主体的

---

① 浙江"贷款码"让小微个体"码"上融资 [EB/OL]. (2021 – 08 – 31). https://news. hang-zhou. com. cn/zjnews/content/2021 – 08/31/content_8043463. htm.

95%之多。"贷款码"服务模式，为小微融资提供增信服务，扩大信用贷款投放，从更广更深的层面解决了小微企业和个体工商户"怎么贷"和"在哪贷"的难题，提高了市场主体的融资便利度和满意度。例如，广大小微企业共同面临的一个难题就是"首贷难"，通常是因为没有可抵押资产、无银行过往贷款记录，或者是因为对贷款程序有陌生畏难情绪等。"贷款码"的出现解决了线下贷款手续麻烦、审核周期长、担保人等问题，帮助小微企业寻求融资走出第一步。

"贷款码"上线以来，浙江省金融系统和市场监管部门双向联动，通过公众号、手机银行 App、企业开办、年报公示等官方渠道提供"贷款码"扫码入口，并在地方权威媒体、报纸、短视频等多渠道开展宣传。浙江省金华市有着全球最大的小商品市场——义乌小商品市场，当地金融机构线下进行"贷款码"进市场的暖商推广行动，推动"贷款码"进驻 20 家重点专业市场，实现企业"一次都不用跑"的目标。[①]

在此基础上，"贷款码"也在不断升级、拓展应用场景，助力个性化贷款服务。比如，人民银行杭州中心支行通过"贷动小生意，服务大民生"专项线上融资服务模式支持个体工商户发展，拓展"贷款码"应用场景，构建"一码对接、一步授权、一秒授信、一键获贷、一库管理"的线上融资服务路径，推出"浙微贷"等简单、方便、快捷的线上融资方式。"浙微贷"是以"贷款码 + 信用积分"为基础，为个体工商户提供融资等金融服务的融资产品，不用准备资料、不用跑银行、不用担保人、不用签字，助力小店、商铺、个体工商户等主体线上信用贷款发放。

二、全面提升益农信息社服务

（一）农民信箱

浙江"农民信箱"是专门为农民、农技人员、涉农企业和相关人员开设

---

① 浙江"贷款码"让小微个体"码"上融资［EB/OL］.（2021 - 08 - 31）. https：//news. hang-zhou. com. cn/zjnews/content/2021 - 08/31/content_8043463. htm.

的免费电子信箱，包括系统信箱和普通电子信箱两个部分，是农民网上交互的信息化平台，使农民能够借助电脑和手机短信进行网上交流，快速、便捷、免费地获得各种技术信息、市场信息、农产品买卖信息和系统提供的其他服务，打破信息不对称的壁垒，节约营销成本。

浙江"农民信箱"具有以下几大功能：一是网上推销和网上采购，每个农民信箱内设有一个买卖农产品的摊位，注册用户可登录信箱在网上摊位发布农产品的供应信息，以此推销农产品，当然，也可以发布对于农产品或其他产品的采购需求。发布之后，政府和有关组织会跟进提供相应的服务促使农产品买卖成交。二是网上联系与交流功能，农民信箱相当于一个邮件系统，使农民远距离联系联络更加便捷，并且免费开放，只需要注册成为农民信箱用户即可。三是网上信息获取功能，农民信箱中会提供关于农业生产技术的指导，以及实时气象消息和农产品市场信息等。四是网上统计考核功能，所有在农民信箱系统运行的数据都可追踪，主管部门基于数据与信息进行统计分析和考核，以便于优化农民信箱的相关功能。五是网上桥梁功能，也就是建立起政府与农民的沟通桥梁，让政府的信息与优惠政策能够快速及时地传递到农民手中，也为注册农户提供渠道向政府部门反映民情民意，以便政府及时掌握农民的需求。

有了农民信箱，农民可以足不出户买卖农产品。传统买卖农产品的方式是等客户来村里收购或自己四处去推销，而且价格还未必能达到预期，而农民信箱可以助力买卖信息发布。此外，农民信箱还创新建设了"网上农博会"，模拟真实展会的架构设计，分设粮食、畜牧、水产等多个展馆，每个展馆又按参展地区分为若干展区，展区又分为若干摊位展销农产品，其提供的网上平台有力促进了农产品的销售。农民信箱"每日一助"助农民增收。对于急售的产品，可向农民信箱管理员说明情况，由工作人员在农民信箱发布"每日一助"推送消息，影响范围扩大到市县级区域，助力销售。[1]

浙江农民信箱"就业信息专场"实现了企业用工与农民就业需求相对接，促进农民就业，帮助农民增收。例如，浙江省金华市武义县是"中国有

---

[1] 浙江农民信箱"每日一助"助力疫情防控农产品保供 [EB/OL]. (2020 – 02 – 20). http：// 12316. agri. cn/news/20200220/n73056093. html.

机茶之乡"，全县有茶园面积 11.51 万亩。① 由于近年来武义县茶叶产业不断做大做强，原有采茶工已经供不应求，许多茶叶基地都是到江西、安徽等地高薪聘请外地采茶工前来采摘茶叶。随着农村经济多元化发展，就业岗位增多，加上采茶工属于季节工，全年采茶期只有两个月左右，采茶对安徽、江西等地民工来说已缺乏足够吸引力，不少地方出现了茶工荒的现象，不少茶商利用农民邮箱进行招聘，如武义合众生态茶园、郁清香茶业等茶企就利用该平台解决了采茶工的短缺问题。该平台不但能够及时地为农户提供买卖信息对接、信息资源整合、网上信息调查等服务，还能实现农产品的零费用交易、与政府的零距离沟通、防灾的零时间预警，真正帮助农民致富，让农民得实惠。"稽东香榧"一件事集成应用系统便是"农民信箱"不断更新的范例。2022 年 6 月，绍兴市稽东镇打通"浙农码"、浙里兴村治社、古树名木保护管理等 6 套系统，构建 1 个数据仓、1 个小程序、1 个"浙政钉"应用，打造出"1 + 1 + 1"古榧一体化服务体系，为广大农民群众提供农事指导、灾害预警、智能问答、农资交易、专家咨询等 12 项香榧相关服务（周梦琪，2022）。

（二）信息入户*

农业产业信息化是推动农业高质量发展的一个关键因素。嘉兴市海盐县结合省市农业农村数字化改革要求和"三农"工作实际情况，以农业农村数字化改革为导向，加快农业农村现代化建设，自 2019 年起连续三年获评全国县域农业农村信息化发展先进县。2021 年，海盐县坚持"农业特色"，完成多个种养基地的数字化转型，并大力支持智能感知、智能分析、智能控制等数字化技术在农业生产领域的运用推广。例如，以主要种植"阳光玫瑰"葡萄的望海街道嘉嘉乐农庄为代表，其打造的数字化卷膜和灌溉系统、水肥一体化、智能温控、病虫害防治等新技术让葡萄总产值突破百万元。葡萄园后

---

① 茶、莲二重奏，金华武义唱响生态共富曲［EB/OL］.（2022 – 08 – 05）. http：//sthjt. zj. gov. cn/art/2022/8/5/art_1229588135_58932489. html.

* 该部分数据来源：海盐为农业产业插上"信息化"翅膀［EB/OL］.（2022 – 02 – 08）. http：// www. haiyan. gov. cn/art/2022/2/8/art_1512814_59372839. html.

期的管理也都可以在手机上操作完成，既精准又高效。

随着信息技术的发展，传统的农业逐步走向智能化。海盐县通过北斗智能化农业终端建设，对插秧机进行了安装无人驾驶系统的升级改造，对无人植保机进行推广，使得水稻耕种收综合机械化率高达85%以上。同时，海盐县还引入了一条智能的水稻育秧流水线，一季可为超过1万亩的土地提供水稻育苗社会化服务。海盐紧抓农业信息技术创新，打造"数智一体"工程，大力推动信息化管理。2022年，海盐县以于城镇为试点，全面推行农村集体"三资"管理数字化改革，实现了实时报账、审批留痕、有据可查、全程监管。与此同时，通过对"三农"数据的收集，建立了基层"数据仓"，实现了对700多个农户进行数字化、痕迹化监管，实时上传农产品质量安全快速检测、巡查检查等数据，实现主体信息、快速检测、巡查检查数据的互联互通，强化农产品质量安全。

以"数字延伸"为依托，海盐还将服务的信息化建设推向了新的高度。通过推进农村信息进村入户工程，建立了县、镇（街道）、村（社区）三级益农信息社，实现行政村覆盖率100%，公益服务、便民服务、电子商务和培训体验"四类"服务县域全面覆盖。2021年，农民邮箱共发布气象、疫情、农产品供求等方面的资料超过10万条，农产品交易额超过1200多万元。同时，海盐县还开展了"浙农码"赋码活动，消费者通过手机扫码即可获知产品、品质追溯等信息，截至2022年2月，已为全县农产品赋码12000余次，实现了农产品及其展示信息的可控管理。

三、完善"浙里办"数字"三农"专区

"浙里办"是一款基于浙江政务服务网一体化平台能力的App，里面有不同的专区，专区里还有多个版块，为民众提供多样的政府服务。"三农"专区是服务于农业、农村和农民的专区，助力于农民增收、农业发展、农村稳定。上述提到的"浙农码"已经在"浙里办"正式上线，全省与三农问题相关的主体均可下载"浙里办"App，进入"浙农码"应用。"浙里办"中专区和版块众多，因此应用场景与系统也很多，同时"浙里办"也在不断将各

部门各平台已开发的各种应用进行整合与归并，让民众更方便地在"浙里办"享受到"一站式"服务，不需要再下载各式各样的App应用了。也就是说，"浙里办"是在不影响原业务系统的使用情况下，根据不同场景系统提供统一的对接方案，融合不同信息系统的数据和功能，从而实现"一站式"和"一对一"的信息和功能的整合。例如，2021年，浙江省舟山市普陀区农业农村局牵头开发的"智游田园"应用在浙里办App上线，集成了票务、民宿、入园等预约以及开心农场等多重服务功能，整合了全产业链旅游要素资源，利用数字化技术让游客享受"一条龙"服务，满足多样化需求。同时，通过其中"开心农场"版块的视频监控，农产品的消费者可以在手机上查看其在普陀田园综合体认种的农田灌溉、施肥等情况，质量追溯的相关信息也一目了然，有助于农户打开产品销路（王梦倩，2021）。

2021年，浙江省衢州市余东村未来乡村服务端正式在"浙里办"App上线，这也是全省首个入驻"浙里办"的未来乡村服务端，可以在"数字社会"专区中"我的家园"版块找到该功能。余东村以"农民画村"而闻名，全村800多人之中就有300多人在从事农民画创作。这种创作氛围吸引了很多客商和游子，他们作为"新余东人"和"归乡人"在余东村生活。如何为他们提供便捷高质量的基本公共服务关系到他们是否能够在余东村扎根和常住。目前，余东打造的未来乡村服务端囊括了基本公共服务的方方面面，包括"智慧商圈""邻礼法庭""我要建房""E衢行""享优待""约服务"等10个应用，以及与民生相关的6个"关键小事"具体应用。其中，"享优待"和"约服务"是提供养老场景应用的相关服务，例如为村里老年人提供老年食堂预约点餐、居家智慧监护等服务；"E衢行"应用则是与市级掌上智能公交系统"衢州行"信息共享和对接，可实现实时查看公交班次运行情况的功能，为村民出行提供方便（赵璐洁，2021）。

政策性水稻种植保险根据国家强农惠农政策，按照"政府主导、商业运作、农民自愿、协同推进"的原则打造，利用保险兜底功能，防范水稻种植过程中的自然灾害与病虫害风险，提高灾后复产能力。保费主要由政府财政承担，农户只需承担极低费用，目标是保障全市粮食生产安全，促进农民持续增收。中国太平洋财产保险股份有限公司绍兴中心支公司农险团队以种粮大户应保尽保，散户整村参保、清单到户的方式，积极推进晚稻承保工作。此外，承保、理赔过程可以通过"浙农险服务直通车"在手机上操作。"浙农险服务直通车"是浙江农险体系的数字化改革应用平台，农户只需登录"浙里办"App上的"浙农富裕"应用，进入"农业保险"模块，就能轻松办理投保手续实现"一键承保"（谢兴财和徐潇潇，2022）。

四、健全数字、智慧、全链条的气象防灾减灾体系

对气象和水文进行精确及时的监测预报是防灾减灾的关键。浙江省气象局与水利厅等部门协同合作，基于气象水利监测网的建设，配合调度开发面雨量计算与应用，提供数字化产品实时服务，合力开展一体化数智气象水文监测预报服务，有力支撑更好地进行防汛防洪、水库调度等工作（张煜欢和胡懿娜，2022）。浙江省境内河道系统结构错综复杂，拥有钱塘江、瓯江和苕溪等八个主要流域，拥有34座大型水库、158座中型水库和4104座小型水库，建立高密度的气象观测数据是做好水库、流域服务的基础。然而，不同的产业之间存在着不同的标准、不同的质量和不同的算法，使得浙江省的信息服务利用并没有达到预期的效果。因此，多部门共享数据十分关键，例如气象部门如果能得到水文站的数据共享就可以消除监测盲点；水利部门若能利用到气象部门共享的数字网络预报应用，可使得洪水预见期的估报提前；若能将气象与水利部门双方雨量监测数据整合应用，共同建设面雨量计算和应用业务，会使得计算更加精准，应用更加统一规范。

2020年，浙江省气象局与水利厅联合出台《浙江省面雨量计算与应用规定（试行）》，共同规范了共享数据算法，是一次跨行业的合作（张煜欢和胡懿娜，2022）。2021年，浙江省气象局又牵头建立了行政和流域实时面雨量业务"一张图"，是基于1公里格点降水情况绘制成的（张煜欢和胡懿娜，2022）。在此基础上，通过对历史降雨数据的细致分析、评价，建立了省、市、县三级行政区域、省级重点流域的实时面雨量数据库和历史数据整编库（1961–2020年），有助于精准管控水库行洪蓄洪调度，更好地发挥水库蓄水、抗旱、水电生产等方面作用，最终达到提高防灾减灾和服务地方经济发

展的效率和效能的目标。为实现精细化预测，浙江省气象部门和水利部门组建了联合小组，对水文预测模型进行了深入研究，并在数字化气象预报的基础上，构建了精细化水文实时预报服务，为防洪工作提供了强有力的支持。以增强预测准确率，延长洪水预见期为目标，强化科研合作与协同创新，重点突破了水文气象耦合技术，并在时间和空间尺度上实现了降水信息场与水文模型之间的匹配问题，构建了"雨洪耦合洪水预报"的调度系统（张煜欢和胡懿娜，2022）。

另外，依据气象部门的智能网格预报，浙江省建立了流域监测、0～12小时短临预报、14天中短期预报、月季年等多个长期预报服务的系统，为省内12个大型水利用户提供高效、准确、及时的气象基础信息支撑和预报（张煜欢和胡懿娜，2022）。比如，2021年7月27日，杭州湾地区出现了"烟花"台风停滞少动，余姚丁家畈站过程雨量达到1048.2毫米的现象，创下了浙江的历史记录极值（张煜欢和胡懿娜，2022）。气象部门将气象、水文、地质灾害、流域等多种要素结合起来绘制成一张图，有利于水利部门抢在台风登陆前的窗口期，预泄大中型水库，调度所有水库全力拦洪错峰，同时加大河网预泄力度，使余姚地区的最低水位保持在0.89米。因提前预警及时，人员提前转移，采取了适当的防御措施，水库安全度汛，没有人员伤亡（张煜欢和胡懿娜，2022）。

五、推进"乡镇公共财政服务平台＋'一卡通'"建设

浙江省财政厅从2012年开始，负责组织和建立全省统一的乡镇公共财政服务平台管理系统，并在该平台系统中融入"一卡通"功能应用，将涉及农户个人的各类涉农补助和民生补贴财政资金，全部纳入该平台统筹管理，发放补助到人到户采用"一卡通"形式，实现惠民惠农财政补贴资金。以前农户需要依据不同的补助补贴类型分别申请一张银行卡来接受相应的资金支持，有时银行卡多达七八张。"一卡通"指的就是将多张卡进行整合和归并，各类到户、到人的所有财政性补助资金都将使用一张具有金融功能的市民卡来管理发放。"一卡通"的选取也尊重群众意愿，除了社会保障卡是主要的发

放载体，受益人可以自行选择一家银行办卡，该银行则作为代发财政补助资金的金融机构，从原来的"部门定卡"转变为"百姓选卡"。财政部门与大数据发展管理部门协商和对接，牵头召集民政、社保、残联、农业农村等部门，利用大数据共享方式，实现了补助人员信息的实时比对，提高补助资金发放的准确性、合规性，解决了以往数据获取困难、更新不及时、信息不准确等问题（郑培庚和周楷华，2020）。此外，补助发放也是以公开透明为前提的。除了例行常态化公开公示之外，该平台中还设有"同村查询"功能，并利用浙江政务服务网、浙里办、华数电视、微信公众号等多种应用平台对财政补助资金进行公开公示。政府补助资金相关政策文件、受益人的个人和家庭情况、补助项目名称和金额、代发金融机构名称、是否通过"一卡通"发放等基本资料，均通过乡镇公共财政服务平台集中存储形成数据库。另外，财政补助申报、审核、发放、监管等环节也均在该平台中进行。2023 年 2 月，"浙里基财智控应用"[①] 在浙江省全省上线，其中包括了对"乡镇公共财政服务平台 + 一卡通"进行迭代升级，围绕资金、资产、资源安全风险管控等重点，坚持治理端和服务端并重，打造"数据多源、纵横贯通、高效协同、监管闭环、服务便捷"的基层财政管理安全风险智控应用场景，全面提升基层财政监管数字化水平和便民服务能力，将进一步防范化解基层财政风险，全面激发基层财政运行活力，提升基层财政现代化治理水平，是浙江省财政厅倾力打造的数字化改革创新成果之一。

六、推进"互联网＋扶贫""互联网＋医疗健康""互联网＋社会救助"等体系建设

（一）互联网＋扶贫

党的十八大以来，中央网信办、工业和信息化部、国务院扶贫办等部门

---

① 数智赋能乡镇财政管理现代化，打通财政体系"最后一公里"——"浙里基财智控应用"全省上线［N］.（2023 - 02 - 13）. https://hzdaily.hangzhou.com.cn/hzrb/2023/02/13/article_detail_1_20230213A051.html.

认真贯彻落实习近平总书记关于实施网络扶贫行动的重要指示精神，充分激发互联网和信息化在精准脱贫中的潜力，扎实推动网络覆盖、农村电商、网络扶智、信息服务、网络公益五大工程向纵深发展。2016 年 10 月，中央网信办、国家发展改革委、国务院扶贫办联合印发《网络扶贫行动计划》，正式提出实施网络覆盖工程、农村电商工程、网络扶智工程、信息服务工程、网络公益工程。

第一，网络覆盖工程。宽带网络是信息时代的重要基础设施，是实现脱贫攻坚的有力支撑。"要想富，先修路"这句俗语足够体现出交通的重要性，而在现代社会，信息的交互传递也需要这样的路和桥梁，即"要发展，先通网"。网络覆盖工程推动网络设施延伸到贫困地区，让更多困难群众用上互联网，缩小数字鸿沟，为贫困人口建造连接世界、掌握信息、增收致富、改善生活的桥梁。例如，中国电信为四川省凉山州"悬崖村"安装网络，有了手机信号，村民通过手机与外界的信息传递明显增加；中国移动为云南省怒江州贡山县独龙族群众提供 4G 智能手机，独龙族成为全国第一个整族进入 4G 时代的民族，等等。①

第二，农村电商工程。近年来，电子商务发展势头强劲，成为产品销售的重要渠道。农村电商工程为扶贫插上"互联网 +"的翅膀，互联网助力农产品走出乡村，带动贫困地区农村特色产业发展，拓宽贫困地区农特产品网上销售渠道，帮助贫困人口增收脱贫。

第三，网络扶智工程。扶贫必扶智，治贫先治愚。不仅要富口袋，更要富脑袋。网络扶智工程通过"互联网 + 教育"等方式，加快提升贫困地区教育信息化建设水平和贫困群众网络素养，开足开好国家精品在线课程，让山沟里的孩子也能接受优质教育。

第四，信息服务工程。脱贫攻坚关键在于精准扶贫，精准扶贫离不开信息化、网络化、数字化的有力支撑。通过建立"一省一中心、一县一平台、一乡（镇）一节点、一村一带头人、一户一终端、一人一档案、一支网络扶贫队伍"的"七个一"信息服务体系，利用大数据等技术手段，整合各类信

① 独龙族将整族进入 4G 时代 ［EB/OL］. (2015 – 11 – 15). https：//www. chinanews. com. cn/sh/ 2015/11 – 15/7624129. shtml.

息资源和服务，促进扶贫开发相关部门的数据共享，为精准扶贫精准脱贫提供信息服务体系支撑。

第五，网络公益工程，是拓展社会力量参与扶贫的新渠道。随着数字技术的深入普及和广泛应用，网络公益日益成为开展扶危济困、促进公平普惠的重要力量。通过互联网营造人人参与扶贫的良好氛围，让全社会重视扶贫、参与扶贫，让网信企业和广大网民成为网络公益扶贫的参与者，例如，中央网信办会同各级网信部门组织100多家网信企业与国家级贫困县开展300多个结对帮扶项目。[①]

作为数字经济大省，浙江近年来一直致力于扶贫工作。首先，利用电商的优势，大力扶持农村电商人才，提高产业水平，为贫困人口"赋能增效"。通过电商的发展，促进农村人口与经济的增长，并通过电商扶贫，获得了脱贫以后的可持续发展（张璇和李平，2020）。以浙江义乌为例，在汶川和四川阿坝州进行了一次结对，义乌工商职业技术学院与阿坝师范学院联合创办了汶川电子商务学校，并于2019年5月正式启动并招生，开设直播电商，农村电商、跨境电商、新媒体运营、视觉设计等课程提高学生电子商务技能，为贫困地区培养一批乡村振兴的电商人才。在新冠肺炎疫情暴发之初，汶川的车厘子一度面临滞销，汶川电商学院的学生李昌磊和他的团队利用电商销售的方式只花了一星期就帮助汶川地区的农户卖出了500多公斤的车厘子。[②]此外，由于种种因素的制约，许多阿坝州的绿色产品不为外界所知。网络的扶贫模式推动了汶川以及其他地区的土特产在全国范围内的销售，助力更多贫困人群提高收入水平，进而实现共同富裕。

2017年12月，阿里巴巴成立了脱贫基金，围绕教育、健康、女性、生态、电商脱贫五大方向，探索"可持续、可参与、可借鉴"的互联网脱贫模式，助力国家脱贫攻坚战。2019年起，阿里巴巴选派资深员工作为"脱贫特派员"深入欠发达县域，将阿里巴巴的数字动能注入乡村。[③] 2021年，"阿里

---

① 脱贫攻坚网络展［EB/OL］. http：//fpzg. cpad. gov. cn/429463/430986/430997/index. html.

② 浙江电商扶贫赋能贫困地区脱贫致富［EB/OL］. (2020 - 07 - 21). http：//www. jjckb. cn/2020 - 07/21/c_139228237. htm.

③ 扎扎实实投入实实在在帮助：阿里巴巴助力乡村振兴"热土计划"全面启动［EB/OL］. (2021 - 05 - 17). https：//caijing. chinadaily. com. cn/a/202105/17/WS60a24ad5a3101e7ce974fe58. html.

巴巴脱贫基金"全面升级为"阿里巴巴乡村振兴基金"。① 阿里巴巴充分利用了当地的资源与优势，进行产业规划时坚持因地制宜的政策，充分发挥了市场和技术的力量，充分利用菜鸟产地仓及物流等基础设施，将互联网新思维融入当地的物流、产品和运营之中。通过更加规范化、制度化、市场化的扶贫协作，带动当地的产业扶贫，推动乡村产业振兴。例如，阿里巴巴脱贫基金总经理带领团队深入甘肃省渭源县。② 渭源县是一个典型的高寒阴湿冷凉区域，特殊的地理和气候环境很适合种土豆和其种薯的种植繁育，但当地也曾经历过"种了一大片，收了几担担，煮了一盘盘"的尴尬。为了改善这种状况，阿里巴巴脱贫基金帮助当地建立了一个快捷的网上销售网络，采用把土豆做成淀粉、主食等产品的方式拓展土豆的加工链条，提高了土豆的生产附加价值，同时，利用盒马以及商超的直销平台，把渭源的土豆销往了全国各地。

电商帮扶促进消费扶贫。产业项目走进去，扶贫消费引出来。2019年，阿里巴巴、网易、云集、贝店等浙江知名电商企业销售对口帮扶地区农特产品金额超1000亿元。③ 同样也是在2019年，阿里巴巴举办"电商扶贫浙里行"活动，以"网红＋县长＋直播"的模式推介对口帮扶地区的特色农产品，并通过"以买代捐、以购代帮"方式，助力脱贫攻坚和乡村振兴。2020年受新冠肺炎疫情影响，浙江省金华市商务局与四川省南充市商务局签订的对口协作协议，进一步加强"云上"对接，推进电商帮扶。具体来说，由南充商务局组织精选当地"四川扶贫"标识产品，组织稳定的供货渠道，金华市则为其进驻金华市区、义乌、武义等地的电商平台提供便利和帮助，开设南充"四川扶贫"标识产品销售专区。例如，金华市武义县与南充市嘉陵区联手开展直播带货促销，通过"武阳春雨"电商平台，推荐当地的耙耙柑、血橙、桑叶茶、桑葚酒、食用菌、藏香猪（腊肉）等20种特色农副产品。2020年1～5月，南充市通过多渠道向浙江市场提供优质农产品，货值达

---

① 阿里巴巴乡村振兴基金．乡村振兴—阿里巴巴公益基金会网站：http：//www. alibabafoundation. com/index. php？m = content&c = index&a = lists&catid = 6.

②③ 浙江电商扶贫赋能贫困地区脱贫致富［EB/OL］.（2020 – 07 – 21）. http：//www. jjckb. cn/2020 – 07/21/c_139228237. htm.

1827.47 万元，带动贫困人员 1400 余人。[①]

乡村振兴的脱贫攻坚战中，农村电商、电商扶贫发挥着不可估量的作用，浙江省电子商务促进会的会员企业一直都是走在"最前线"。阿里巴巴集团正是浙江省电商促进会的会员企业之一，开发不同项目促进乡村数字化发展。比如，开展了"农村淘宝"[②] 的战略，与地方政府进行深入协作，依托电商平台，建立了县村两级的电商服务体系，利用电商的力量，打破了物流、信息壁垒，起到了"网货下乡""农产品进城"的双重作用，实现了货物双向流通。2016 年 7 月 1 日，农村淘宝进行正式升级，与淘宝、天猫等电商网站实现了系统通、商品通、服务通，达到系统、商品与服务的融合。[③] 通过"三通"模式的实施，农村淘宝能够更好地融入到阿里巴巴的电商生态系统中，通过网络的优势，将大量的商品有效地下沉到农村市场，让农民们可以享受到和城市居民同样的消费、服务和生活。升级后的"农村淘宝"与"手机淘宝"合并，手机淘宝还针对农村地区增加了"家乡版"模式。

再如，阿里巴巴零售通与城市拍档（原城市合伙人）联手，开发并维持本地的线下零售门店，让商家们可以在零售通上进货，为商家小店提供挑选商品、整理商品和出售商品的咨询服务，从而带动零售业的销量。与此同时，也可以让零售商店更多地接触到支付宝、充值等附加功能，从而真正地完成零售业的转型。[④] 阿里巴巴零售通通过与世界各地的优质供应商建立紧密的联系，为各大超市、便利店、夫妻店、杂货铺等实体商店提供批发、进货、订货、手机充值、快递代收、智能收银等全方位的业务。"天猫小店"[⑤] 项目是为众多零售小店定制的"天猫"品牌合作计划，也是阿里巴巴零售业在新零售领域的一项重大战略。"天猫小店"的品牌授权，使线上线下的流量打

① 南充与金华签订对口协作框架协议 ［EB/OL］. （2020 - 06 - 28）. https：//www. sc. gov. cn/10462/10464/10465/10595/2020/6/28/6c5ee47998eb43a7ba2b65aa7c481eb9. shtml.

② 什么是农村淘宝？［EB/OL］. https：//www. taobao. com/markets/cun/gyct? spm = 5759. 69336. 295157. 1. 410b7adf99UIda.

③ 农村淘宝再升级开启农村电商新使命 ［EB/OL］. （2017 - 05 - 30）. https：//caijing. chinadaily. com. cn/2017 - 05/30/content_29547904. htm.

④ 城市拍档简介 ［EB/OL］. https：//lst. 1688. com/partner. html.

⑤ 天猫小店如何加入？ ［EB/OL］. https：//114. 1688. com/kb/detail/20742048. html? spm = a2693. 6879473. 1367447565. 3. wSRrxk.

通、商品结构优化、资源优先支持、新零售生意经等全方位的赋能，让小店的生意更轻松、更有利可图。

此外，2024 年 3 月，阿里巴巴达摩院与中国农业科学院国家南繁研究院、作物科学研究所联合发布了"智慧育种服务平台"，该平台覆盖育种数据处理全流程，实现了包括育种数据管理和分析、大模型大算力优化加速、人工智能算法预测亲本及优良品种的育种全流程整合，其数据容量、运行速度以及数据安全措施均达到世界先进水平，将成为革新生物育种的重要工具，助力农业科技、智慧育种领域的数字化水平提升，实现科技振兴。① 此外，还在 11 省落地"数字农场"②，通过 AIoT、区块链、AI、遥感等技术，将农田、作物、环境、种植、销售等信息进行数字化，探索科技在乡村落地。2021 年 5 月，阿里巴巴集团从科技振兴、产业振兴和人才振兴三个方向推出助力乡村振兴的"热土计划"，将 2017 年成立的"阿里巴巴脱贫基金"升级为"阿里巴巴乡村振兴基金"。

除了阿里巴巴集团之外，还有许多电商企业致力于乡村振兴工作。云集网，一个致力于为用户提供公允、详实、有效的评价信息的互联网社区，上线"云集微店"后，其中的"百县千品"项目创下 40 秒售空 2.5 万斤界首滞销土豆，1 小时售空 2.6 万斤富平柿饼等单品销售纪录。③ 云集于 2018 年 3 月宣布拨出 1 亿元专项扶持资金，用于推进"云集微店"④ 项目以及对新农人的创业扶持。浙江丽水被誉为农村电商发展"摇篮"，孕育了全国闻名的"遂昌模式""北山模式""丽水经验"等。⑤ 例如，2010 年，"赶街"最早开始探索农村电商，起步于浙江省遂昌县，2013 年浙江赶街电子商务有限公司成立，定位是连接乡村与城市的互联网平台，致力于实现乡村与城市之间资源共享、互通，其服务涵盖乡村消费电商、物流、金融等业务，形成"遂

① 从"会育种"到"慧育种"：数字化赋能农作物良种培育 [EB/OL]. (2024 - 03 - 21). http：//www. xinhuanet. com/tech/20240321/fb5a427b46db4d139f1a0be5cac9c9b3/c. html.

② 阿里云已在 11 省落地"数字农场" [EB/OL]. (2021 - 09 - 15). http：//tech. china. com. cn/roll/20210915/380850. shtml.

③ 云集去年成交额破百亿元，今年冲刺 300 亿元——这只独角兽，要做振兴乡村的助推器 [EB/OL]. (2018 - 04 - 17). https：//zjnews. zjol. com. cn/zjnews/zjxw/201804/t20180417_7047829. shtml.

④ 云集简介 [EB/OL]. http：//www. yunjik. com/.

⑤ 电子商务让乡村更美好 [EB/OL]. (2017 - 10 - 17). https：//zjnews. zjol. com. cn/zjnews/lsnews/201710/t20171017_5376375. shtml.

昌模式"。① "赶街"创办的原因就是因为单纯的网络营销模式并不适用于农村市场，农民对于互联网的认识、使用方式和习惯表明必须要有一个本地的代理商或一个网站来作为中介。此外，浙江讯唯电子商务有限公司是全国第一个市级农村电商服务中心的运营主体，在全国范围负责多个县域的电商公共服务中心运营。② 讯唯也是丽水市区域综合服务型电子商务龙头企业，在发展农村电子商务、改进发展创新区域电商公共服务模式的过程中起到重要的带头作用。讯唯与丽水松阳大东坝镇合作运营"共享小院"，利用村闲置房屋改造建设农村电商、政企服务中心，以"产品共享、数据共享、营销共享"为探索方向，以"会客厅""服务点""卖货铺""游驿站""创空间""乡课堂""宣传窗"为功能集成，打造乡村振兴共享服务中心。③

（二）互联网 + 健康

2020 年，"浙江省卫生健康委：构建全国首个集监管与服务为一体的互联网医院平台"入选国家卫生健康委办公厅第二批"互联网 + 医疗健康"区域服务典型案例。浙江省卫生健康委联合阿里健康、支付宝以及多家医院共同上线纯公益性服务的互联网医院平台，以用户和健康为中心，为患者提供在线医生专业咨询、常见病慢病网上复诊等服务，患者可以在线获得医疗处方，药品可直接配送到家或到医院、附近药店取药，非常便捷，整个过程实现足不出户。此外，平台还提供包括在线导诊、检查检验报告网上读取、预约检查、家庭医生网上签约服务、智能缴费等智能服务。在为入驻机构提供"云诊室""云医院"空间的同时，通过数据接入对所有提供互联网诊疗服务的机构进行监管，包括网上医疗机构及诊疗科目监管、对开展互联网诊疗的医疗机构及其医疗业务范围的监管；医生、护士、药师资质监管；医生在线开具处方的事前、事中、事后全面监管；诊疗内容监管。浙江省互联网医院

---

①　遂昌农村电商"赶街模式"助力精准扶贫 ［EB/OL］. (2021 – 03 – 31). http：//www. suichang. gov. cn/art/2021/3/31/art_1229370544_59818033. html.

②③　丽水松阳：搭建共享服务载体，打造数字化乡村公共服务赋能平台 ［EB/OL］. (2022 – 01 – 04). https：//town. zjol. com. cn/czjsb/202201/t20220104_23596461. shtml.

平台实现了"服务监管"一体化共享。浙江省成为全国首个上线并全面应用医疗机构、医师、护士电子证照的省份。①

近年来，随着经济发展、社会保障能力增强，以及医疗技术不断提高，"互联网＋医疗健康"应用模式已逐步深入人心。2020年，浙江大学医学院附属妇产科医院"基于三级判读的区域远程胎心监护信息平台"入选国家卫生健康委办公厅第二批"互联网＋医疗健康"医疗服务典型案例。家庭自我监护是预防发生母婴并发症，进一步提高围产期保健质量的重要措施。浙江大学医学院附属妇产科医院于2014年率先在浙江省开展了"'互联网＋'远程胎心监护"业务，并于2020年经浙江省卫健委批准，成立了"浙江省远程胎心监护判读中心"。同年，建设省域远程胎心监护信息平台，目前该平台已在省内推广应用。平台采用三级判读模式：一级，"智能判读＋医护人员复核"；二级，胎心监护人员对智能判读可疑结果复核；三级，副高以上职称医生对不正常和有疑问的结果进行复核并出具报告。该平台能够克服以往主观性大、一致性低、安全保障不足的缺点，推动远程监护的区域性推广。远程胎心监护打破了时间和空间的局限，大大提高胎儿监护的安全性和便捷性。在短短一年时间内，通过平台发现并通知需要来院及时检查的孕妇中，有23位因监测及时而得到了救助。目前，平台已向省内34家妇幼保健机构推广应用，通过浙大妇院的带动，实现全省中心化判读、出具判读报告，打造院内院外胎儿监护医疗健康服务闭环，为孕妇提供专业安全保障，对实现省域同质化、高质量管理等目标具有重要意义。②

2022年，国家卫生健康委又评选出100个数字健康典型案例，同时遴选了10个可复制推广的示范案例，具体分为全民健康信息平台建设应用、"互联网＋医疗健康"应用、健康医疗大数据应用发展、医学新兴技术智能应用、网络信息与数据安全五个专题。浙江省卫生健康委的"持续迭代健康大脑＋智慧医疗"与"集成办好看病就医一件事"同时入选典型案例和示范案

---

① 浙江上线全国首个"服务＋监管"互联网医院平台［EB/OL］.（2021－04－02）. https：//zjic. zj. gov. cn/ywdh/szfg/202104/t20210402_6494482. shtml.
② 通报表扬！浙大妇院入选国家卫生健康委"数字健康典型案例（第二批）"［EB/OL］.（2022－06－02）. http：//zdygb. zju. edu. cn/2022/0602/c34027a2586845/page. htm.

例。[①] 针对群众看病就医时遇到的挂号难、检查难、支付难、购药难等一直以来的难点问题，致力于提供一站式、智能化、全方位数智医疗健康服务。建设"健康大脑"省预约诊疗服务平台来专门解决"挂号难"的问题，此平台可以进行"一体化"诊前预约，针对老年人专门提供"适老挂号"服务，系统设置使得"黄牛贩号"操作困难，创新重建更加科学的"取号叫号"流程，针对基层设置"预留专号"功能。平台中的诊中结算"一码通"是专门针对"支付难"问题来创新设计的，聚合支付介质、创新支付模式，推进医疗电子票据应用全省覆盖。针对"检查难"问题，改革推进便捷检查"一件事"，检查时间一指预约、检查资料一站互认、检查结果一网查询。针对"购药难"问题，联动推进互联网医疗"一站式"，"互联网＋医疗"更便捷、"互联网＋监管"更放心、"互联网＋药事"更智能。[②]

"互联网＋"让老百姓看病变得越来越方便。例如，浙江大学医学院附属邵逸夫医院已上线"智慧药师"服务平台，慢病患者、离院患者能够在此平台上对自己的用药全过程进行科学化、个性化管理，例如可以设置用药提醒、用药打卡、语音播报等，也可以在平台上咨询用药、查询处方和药品说明书。[③] 此外，"互联网＋医疗健康"系统还能够及时关联来院患者的处方信息，并自动计算处方中的用药频次和周期，向离院的患者发起用药提醒。

数据的互联互通，逐一打破信息孤岛，让全周期生命健康服务体系更为完善。在浙江，设有产科的医院和行政服务中心均已开设"新生儿出生事项联办窗口"。[④] 相较于以往至少要提交6份申请表、10余次证件，如今新手妈妈只要在"出生'一件事'办理登记表"上填写"出生情况、户口申报、医保参保、社保卡申领、申请人员"等主要信息，便可以轻松一次性办理新生儿预防接种、出生医学证明、落户、参保登记、社保卡申领等出

①②　持续迭代"健康大脑＋智慧医疗"省卫生健康委集成办好看病就医"一件事"［EB/OL］.（2022－04－08）. https：//wsjkw. zj. gov. cn/art/2022/4/8/art_1650497_59016741. html.

③　科学用药有"帮手"浙大邵逸夫医院上线"智慧药师"服务平台［EB/OL］.（2020－09－02）. https：//zjnews. zjol. com. cn/zjnews/hznews/202009/t20200902_12264455. shtml.

④　只填一张表，办好出生"一件事"［EB/OL］.（2019－11－08）. https：//zjnews. zjol. com. cn/zjnews/zjxw/201911/t20191108_11331244. shtml.

生相关事项。

基层是医药卫生体制改革的突破口。浙江省全面推进"双下沉、两提升"工作和县域医共体建设，"互联网＋医疗健康"带来的好处不断逐级惠及基层群众，智慧就医正在从城市医院延伸到基层医疗卫生机构。信息化带来的便利体现在双向转诊平台。医生只需在双向转诊平台上，用鼠标点击"预约—门诊转诊申请"标签，就能为乡镇基层患者预约到市级医院的专家，上级医院50%的号源可以在转诊平台上提前10天预约，是医疗卫生服务领域"最多跑一次"改革的具体表现（陈宁，2020）。

（三）互联网＋救助

近年来，浙江省聚焦特殊群体和群众关切，利用互联网与数字化信息化平台，深化社会救助领域"放管服"改革，鼓励各地积极探索创新，推出便民举措，不断加大社会救助力度，不断增强人民群众获得感、幸福感、安全感。

利用互联网与信息化平台助力提高救助精准度。丽水市莲都区民政局依托浙江省大救助信息平台，严把救助复核审查关，建立系统审查异常线下复核和常态化随机走访制度，在网络平台公开低保、特困等救助清单，畅通举报途径，形成"线上线下核查＋随机抽查＋阳光救助"的救助对象审查模式。同时，出台《社会救助对象动态管理办法》，通过村社宣传、网格排查、入户调查实现应保尽保、应救尽救。截至2021年10月，已累计取消低保对象1837人，新增低保对象2072人，补全抽保对象604人。① 2018年以来，丽水市云和县打造"联连帮"智慧救助创新平台，着力提升社会救助的精准度和实效性。将全县各社会救助部门审批、资金发放情况等纳入"联连帮"智慧救助平台管理，自动生成帮扶群众个人"幸福清单"，明确每位受助对象的基本情况、帮扶部门、帮扶措施、帮扶资金等信息，由各乡镇（街道）以"一人一单"形式按季度将"幸福清单"发放至受助对象，让受助群众享

————————————————

① 丽水市莲都区民政局全力打造社会救助"保障网"［EB/OL］.（2021 - 10 - 09）. https：//mzt. zj. gov. cn/art/2021/10/9/art_1632804_58926604. html.

142

受政策更直观。① 杭州市西湖区出台《困难群众幸福探访实施方案》，聘请第三方机构开展困难群众家境调查，"幸福云"系统和民政微信公众号发布社会救助对象生活、健康、心理等方面需求，实现困难群众主动识别、有效对接，精准解困温暖民心。②

互联网与数字化平台助力提高救助办理效率。针对社会救助申请材料多、程序繁的机制弊端，浙江丽水市莲都区民政局依托大数据平台，创新工作模式融入"互联网＋"，民政、公安等 10 个部门的 39 项信息数据互联共享，实现"互联网＋社会救助"的有机融合，社救申请实现"一证通办"。申请时，申请人在授权读取家庭成员、收入和财产等信息之后，就可以进行"一键核对"，并且信息核对时间最多只需要 7 天，比原来 20 天的时长效率大幅提高，核实完成之后办理的时间也从 30 天缩短至 21 天。③ 又如浙江衢州市常山县，自 2018 年就开始创新实施"低保惠民联办"救助模式，通过精简材料、优化服务、重塑流程，实现低保对象享受政策"最多跑一次"甚至"一次不用跑"。具体来说，首先是精简材料，整合事项"一表办"。围绕解决低保惠民政策"申请难""易遗漏"等问题，各部门互联共享信息数据，共同形成"惠民服务共同体"，将 13 类惠民政策申请事项汇总到一张《低保惠民联办申请表》，申请人只需勾选政策，现场提供身份证即可申请，初步符合条件对象的信息自动上传浙江省大救助信息系统进行后台数据核查。再者，是重塑流程，搭好平台"网上办"。依托政府数字化转型成果，以"浙里办"App、"浙江政务服务网"和"一窗受理"云平台为基础，通过开发"低保惠民联办"受理模块和建立"低保惠民联办"办件系统等方式，增设网报途径、部门一网联动，进一步拓宽了低保惠民政策办理渠道、打通了部门间数据壁垒。同时，在"低保惠民联办"办件系统中设置数据比对模块，重点比对养老保障、医疗保险等普遍选项，防止因填报失误造成的政策保障不到位现象，确保政策不漏人，应

①② 浙江省创新智慧救助模式　实现困难群众享受政策"最多跑一次"［EB/OL］.（2020 - 12 - 09）. https：//mzt. zj. gov. cn/art/2020/12/9/art_1229203600_58923791. html.

③ 丽水市莲都区民政局全力打造社会救助"保障网"［EB/OL］.（2021 - 10 - 09）. https：//mzt. zj. gov. cn/art/2021/10/9/art_1632804_58926604. html.

享尽享。①

互联网与数字化平台实现社会救助多元化，社会力量解民困。杭州市西湖区引入社会组织参与到救助项目之中，例如心理疏导、职业技能培训等专业服务都可以由专业社工、其他具备专业资质的机构或者是个人经过培训以后提供。此外，还建设了社会救助服务线上"幸福银行"系统，通过增加救助服务供给、开展专业救助服务、建立积分激励机制，持续推进社会救助力量多元化发展，不仅救助对象能够从中受益，提供救助的企业也能从中获利。②

2022 年，全国首个大救助信息系统在浙江政务服务网"浙里办"App 全面上线，为困难群众提供一个全新的线上救助渠道。浙江省大救助信息系统简称"浙里救"，由省民政部门牵头，住房、医疗等 20 多个相关部门共同参加，救助对象包括低保、低保边缘特困人员，以及就业困难、住房困难人员等。浙江省已有 52 万困难户被列为探访关爱对象，建成县级"助联体"15家，为困难群众提供 1200 多个救助服务项目。今后，困难群众申请救助也无需跑乡镇（街道）或社区（村），只需一部手机，即可实现申请一步到位。"大救助"体系以困难群众为中心，实现社会救助一门受理、协同办理，申请人经济状况全省通核、高效准确。一方面，14 个救助事项"一件事"联办，群众申请救助更加便利；另一方面，尽量减少由于部门间信息不对称而造成被个别人"钻空子""捞便宜"现象（李剑平，2022）。

（四）互联网 + 教育

利用网络教育的"网络 + 义务教育"平台，将教育理念和方法传播给广大乡村地区的儿童，让他们能够感受到城市的教育，学在同一个屋檐下。浙江省在 2019 年实施"网络 + 义务教育"计划③，在 1000 所中小学开展"一对一"帮扶结对服务，使城市和农村的儿童都能共同享有更多的优质教育资

---

①② 浙江省创新智慧救助模式　实现困难群众享受政策"最多跑一次"［EB/OL］. （2020 - 12 - 09）. https：//mzt. zj. gov. cn/art/2020/12/9/art_1229203600_58923791. html.

③ 浙江省教育厅办公室关于印发《"互联网 + 义务教育 1000 所中小学校结对帮扶"民生实事工作方案》的通知 ［EB/OL］. （2019 - 03 - 18）. http：//jyt. zj. gov. cn/art/2019/3/18/art_1532973_31285711. html.

源。例如，洞桥镇 3 个教学点通过"互联网＋义务教育"连在了一起。同上一堂课，线上共同备课、教改和课研等，让教师们节省不少跑山路的时间。更为重要的是，城里的教学理念和经验、做法通过互联网即时传递到边远山区教学点的课堂上。同样，杭州市富阳区的学校利用互联网技术，通过城乡同步课堂、远程专递课堂、教师网络研修、名师网络课堂 4 种形式进行帮扶结对，已实现对乡村小学和乡村薄弱初中结对帮扶全覆盖（李剑平，2019）。

"十四五"规划纲要均提到了要加速数字化发展和数字中国建设。2022年 1 月，国务院印发了《"十四五"数字经济发展规划》提出，深入推进智慧教育，推动"互联网＋教育"持续健康发展。国家智慧教育公共服务平台也于 2022 年 3 月正式上线。平台提供的服务包括基础教育、职业教育、高等教育等数字教育服务，还包括大学生的就业服务，以服务学生全面发展，服务教师教书育人，服务社会全面发展为基本准则，将教育数字化融入人才培养、教学改革、教育管理和社会服务全过程。国家智慧教育公共服务平台促成优质教育资源汇聚，促进教育高质量均衡发展。建立健全的选拔制度，鼓励各地区、学校、教育单位积极投入高质量资源的开发，推动教育资源跨区域、跨城乡、跨学校流动，特别是对贫困地区、农村薄弱学校和教学点输送高质量资源，有利于缩小区域、城乡、校际差距，拓展教育资源的覆盖范围。比如，国家智慧教育公共服务平台的智慧高教平台中专门设立"慕课西部行"栏目，以线上线下结合、虚拟教研室等方式，系统性、专业化培训西部优秀教师，提高其教学水平和信息化素养，带动西部师资水平整体提升。"慕课西部行计划"实施 10 年来，东部地区高校累计面向中西部高校提供了19 万门慕课及在线课程服务，帮助中西部地区开展混合式教学 446 万门次，参与学习学生达 4.9 亿人次，西部高校教师接受慕课培训达 183 万人次，中西部高校慕课建设数量、用课学校数量、选课总人次都呈快速增长态势。① 截至 2023 年 6 月，教育部国家大学生就业服务平台面向 2023 届高校毕业生

---

① "慕课西部行计划"实施十年——以"小课堂"解决"大问题"［EB/OL］.（2023－09－22）. http：//www. moe. gov. cn/jyb_xwfb/s5147/202309/t20230922_1082107. html.

已制作播出 34 期公益直播课，累计观看人次超 1 亿人次。① 另外，平台也十分重视大学生的就业问题，通过打造 24 小时 365 天"全时化、智能化"平台，为大学毕业生和企业提供更加优质的服务。2023 届高校毕业生就业促进周期间，国家大学生就业服务平台密集举办 14 场线上招聘活动，参会用人单位 1.5 万余家，提供岗位信息 80 余万条。②

各级教育部门对推动数据开放共享给予了充分的关注和支持，构建了一个良好的发展环境。例如，江苏所有的教育行政事务都与"苏服办"应用管理系统对接，"苏服码"通过了统一的身份验证，所有未涉及机密的信息都可以 100% 上到云端。与此同时，将 190 多个项目 8430 万条信息汇总到省级大数据中心，协调推进教育监管、学生资助、安全防控等资源共建共享和发展，努力成为教育数字化建设的"快变量"。③ 从长远来看，数字经济的转型促进了我国教育高质量发展。唯有持续创新迭代、持续发展，才能不断催生出更加高效、灵活的新型教学环境。

七、推进乡村"互联网＋金融服务"，实现信贷、保险、担保更加优质便捷

浙江省不断推进"互联网＋金融"服务。2018 年，浙江农信在永康市推出"浙里贷"，标志着永康的乡村振兴、服务三农工作进入了互联网金融生态圈。作为浙江农信系统第一家纯线上信用贷款产品，通过"互联网＋大数据＋小额信贷"相结合的数字信贷方式，"浙里贷"为农户、个体工商户、小微企业主等提供了更便捷与高效的互联网金融服务。与传统小额贷款不同的是，通过"浙里贷"应用，客户只需登录"丰收互联"手机银行进行一键申请，系统自动评级，2 分钟内即可完成贷款申请，接着资金立马到账，无需担保，无需抵押，也无需面签，办理贷款"一次都不用跑"。"浙里贷"采

---

①② "互联网＋就业"新模式　为高校毕业生"云求职"插上翅膀［EB/OL］.（2023 - 06 - 14）. http：//www. moe. gov. cn/jyb_xwfb/gzdt_gzdt/s5987/202306/t20230614_1064342. html.
③ 深入推进教育数字化转型［EB/OL］.（2022 - 09 - 09）. http：//paper. ce. cn/pc/content/202209/09/content_260682. html.

用的是"1 + 2 + 3"的信贷模式，也就是通过手机银行"一键申请"，"两分钟"通过系统自动评级并且走完全部贷款流程，最高发放"三十万元"的小额信用循环贷款。通过人脸识别、移动支付等信息技术，贷款业务全流程都可以在"浙里贷"应用上进行线上办理、自主操作、随借随还，客户"一次不跑"就可享受到便捷服务，对于边远山区和农村百姓来说是非常不错的金融选择。客户可以选择体验方便快捷的线上操作，也可以在永康农商银行的各个网点、丰收驿站等线下渠道得到面对面交流互动的线下服务，满足不同群体的差异化服务体验需求（沈超和陈敏，2018）。

2020 年，为了帮助全国人民抗击疫情带来的影响，让用户不用出门就能享受到所需要的金融服务，浙江永康农商银行借助数字化技术和大数据，推出了一款"浙里贷—公积金贷"的线上信贷产品。用户可以在任何时间、任何地点使用"丰收互联"App 进行自助申请贷款，最高可贷 30 万元，贷款过程基于纯信用，无需担保，随借随还，可循环使用（陈秀巧，2020）。又如，金华成泰农商银行聚焦小微企业、个体工商户、农户等普惠金融客户群体，助推数字普惠金融。金华成泰农商银行与发改委、税务局、市场监管局、公安局、老干部局、农业农村局等各政府部门协同合作，推出"帮帮 e 贷""信义金 e 贷""金税 e 贷"等数据驱动贷款产品，也就是所谓的"政银合作"。其中，金华成泰农商银行与税务部门合作实现"银税互动"，以纳税数据为基础推出"金税 e 贷"，在 34 家"金税 e 站"里 140 多种涉税业务可实现"自助式、一站式"办理，截至 2023 年 11 月，共为 1268 户小微企业发放贷款 8.71 亿元[①]，后续金华成泰农商银行又在"金税 e 站"基础上新推出"税转贷"贷款，主要帮助部分在缴税时遇到临时性资金周转困难的企业获得贷款，最高信用额度 100 万元，专款专用，资金打入公司账户就实时转为企业税款划转到税务部门，用于企业缴纳税款。实现银行信用与纳税信用的双向融合，用银行信用维护好纳税信用，切实缓解小微企业融资压力（王献炉等，2023）。

---

① 数字赋新能，金融惠万家［N/OL］.（2023 - 11 - 17）. http：//zjrb. zjol. com. cn/html/2023 - 11/17/content_3699394. htm？ div = - 1.

第四节　未来发展方向与政策支持

一、聚焦"持续"服务与数字化的关系

公共事务中的大数据通常是指将公共部门主动收集的高度结构化的行政数据与持续自动收集的结构化和非结构化的实时数据相结合的大数据，这些数据通常是被动地由公共和私人实体通过其互联网互动而收集来的。一般来说，公共事务中的大数据包括：（1）由公民个人创建，通过他们在网上彼此互动（例如，社交网络）形成的媒体数据；（2）由传感器自动生成的在线传输数据，例如来自建筑物、汽车和街道上的传感器的数据；（3）由公共实体在课程中自动收集他们的行动而形成的数据。公共部门组织可以利用政务收集来的非结构化的、互联网产生的数据，提升政务运作效率和公共服务供给水平。大数据的目标会不断变化。现如今大数据提供了诸如一般在线偏好、能源消耗、运动等方面的平均分布的深刻洞察。然而，未来大数据的发展方向可能将是通过纯粹的规模性和全面性分析去研究小群体、极端结果或罕见事件，也就是具备分析"分布的尾部"的能力。随着设备的使用、互联网的参与，我们能够借助互联网来构建社会科学工具以提升收集数据的能力，因此，随着时间的推移，我们应该有能力对那些小型的、难以发现的小众群体进行研究（Mergel et al.，2016）。

二、协同设计：从专家到用户的公共服务设计理念

一般服务行业专注用户的需求，因此用户协同设计是一种很有前景的服务创新方式。协同设计是共同创造实践的具体范例，让用户成为设计团队的"经验专家"，也就是说用户们组成了一个具有不同背景、不同兴趣的团队，从原本专家设计转变到利用集体创造力（Trischler et al.，2019）。例如，英

国设计委员会已经把共同设计作为一种实践，以此来了解人们在设计过程中的早期需求。但是在公共服务领域中，协同应用也面临挑战，能否参照协同设计的模式让居民、企业等积极参与到公共政策与服务的设计与实施之中，也是当前公共管理研究与实践中广泛讨论的话题。这是因为公共服务设计项目通常涉及敏感或不太引人注意的话题（如卫生服务、毒品和酒精教育、性别平等），又或者是涉及易受攻击的用户群体（如儿童、边缘化用户群体等）。处于这些情境下的用户可能并不愿意参与到服务创意当中，或者认为自身不适合参与（Trischler et al.，2019）。所以，尽管公共服务与数字化技术的结合愈发紧密，但最终还是得关注使用者的需求。比如，浙江省的"企业码"，就是为了满足企业的需要，帮助解决企业融资困难、对税收优惠政策不了解等问题。数字技术是推动和提升公共服务的一种手段，但公共服务的设计理念仍应保留其初衷。

三、学习国际经验，依据中国特色打造中国方案

学习世界各国政策及实践，可以有助于提升公共服务数字化水平，但也需要结合实际情况，打造适合中国的方案。就拿基本公共教育服务来说，欧美推进未来教育的集中代表是美国。美国一直致力于利用信息化技术和平台重塑教育基础设施、课程与教学，并持续深入进行核心素养理论与实践研究。通过信息化推动教育升级迭代，从 1996 年开始，美国联邦政府以四到五年为一个周期发布"国家教育技术计划"，系统性地推进教育基础设施建设，目前最新一期"国家教育技术计划"对开展个性化学习、推进技术支持教学、提升教育信息化领导力都做了全面规划。德国于 2021 年开始逐步建设"国家教育数字化平台"，该平台也是德国教育现代化的重要项目之一，目的是为创新型教师教学和学生学习提供更广泛的数字接入及支持服务（赵章靖和张珊，2022）。我国也有这样的国家智慧教育公共服务平台，于 2022 年 3 月正式上线，目标是实现各类优质数字资源共享，但同时对于进一步提升教育行业在重大疫情、自然灾害等突发情况下的应对能力具有重要作用，特别是疫情防控期间，全国各级各类学校积极落实"停课不停学"要求，取得显著成

效，为维护全国抗疫大局做出贡献。此外，我国也积极参与各种国际交流大会，例如国际教育信息化大会、国际人工智能与教育大会、世界慕课大会等，并且通过发布《慕课发展北京宣言》等积极发声，打造和推广中国品牌，为各国提高教育数字化水平提供中国经验、贡献中国智慧（徐向梅，2022）。

四、财税政策支持

（一）财政补贴

合理的财政补贴能够有效促进公共服务领域的进步与发展。例如，对数字技术应用的补贴。中国的移动支付相当发达，但在其他国家发展相对来说较慢，例如日本政府会为企业购买无现金支付设施提供补贴，包括信用卡和其他智能卡的终端，以方便外国游客在 2020 年东京奥运会期间使用卡式支付。基于此，我国可以参考和借鉴这种方式，通过采取财政补贴的手段来大力推动公共服务的数字化进程，让公共服务能够在数字化的助力下实现更好的发展和提升。

（二）税收激励

同样的，有关税收激励的国际经验也为我国推断公共服务发展提供了经验借鉴。爱沙尼亚通过其电子居留计划向外国人开放其数字基础设施，允许他们申请与本国公民相同的电子身份证，并获得电子服务。电子身份证（e-IDs）使公民能够在线获取 99% 的国家服务，如支付账单、报税和获取医疗记录，免去了文书工作和线上到访的时间成本。电子签名的普遍使用每年为爱沙尼亚节省约 2% 的 GDP。其中，对于外国投资者来说，拥有这样的电子身份证可以实现无缝商业注册，当中小企业将公司利润再投资到公司时，可以享受 0% 的公司税（Lovelock，2018）。可见，爱沙尼亚在税收激励与数字基础设施利用等方面的举措取得了显著成效，其成功经验值得我们深入研究和借鉴。

（三）提高政府能力与协同度

除了常见的财政补贴和税收激励政策，财税部门也应当积极参与公共服务数字化建设。比如，税务局可以提供企业注册登记信息、纳税信息，助力小微企业贷款服务。还是以浙江省为例，浙江省小微企业中有贷户占比约为30%①，因此金融机构拓展首贷户的首要任务就是精准识别出有融资需求的无贷户，但这项工作极具挑战性。人民银行杭州中心支行依托"贷款码"作为拓展"首贷户"的重要手段和渠道，利用大数据，将小微企业贷款信息与注册登记信息、纳税信息进行全量匹配，梳理识别出全省小微企业无贷户100多万户，同时推进"贷款码"服务下沉到基层，帮助一线金融机构精准拓展客户。同时，其他部门也需要参与协同建设，例如市场监管部门可以在各企业登记注册和年报公示环节识别出他们的融资需求，特别是潜在的首贷户企业，精准推送"贷款码"相关政策信息，促进金融资源普惠化，向从未贷过款或从未有过票据贴现记录的无贷户拓展，促进小微金融服务从"增量扩面"转向"扩面增量"。曼萨（Mensah，2020）提出政府能力和政府绩效都是决定电子政务服务感知有用性的重要因素。由于政府能力也可能带来积极的电子政务绩效，因此提高政府能力与各部门的协同度可以提高公共服务数字化水平。

---

① 浙江首创"贷款码"超10万家小微主体实现"码"上融资［EB/OL］.（2021 - 08 - 26）. https：//www. nbd. com. cn/articles/2021 - 08 - 26/1890437. html.

第七章

健全完善数字经济治理体系

数字经济治理是对数据资源、现代信息网络、信息通信技术融合应用及数字经济相关主体、活动、环境的综合治理，是数字时代宏观经济治理的重要内容，也是国家治理体系和治理能力现代化建设的新要求和新挑战。国务院印发《"十四五"数字经济发展规划》，从全局和战略高度，对健全完善数字经济治理体系做出了系统部署，对于培育健康繁荣的发展生态，促进我国数字经济持续、高效、安全发展具有重要意义。《"十四五"数字经济发展规划》提出健全完善数字经济治理体系，主要包括以下三方面。

第一，强化协同治理和监管机制。规范数字经济发展，坚持发展和监管两手抓。探索建立与数字经济持续健康发展相适应的治理方式，制定更加灵活有效的政策措施，创新协同治理模式。明晰主管部门、监管机构职责，强化跨部门、跨层级、跨区域协同监管，明确监管范围和统一规则，加强分工合作与协调配合。深化"放管服"改革，优化营商环境，分类清理规范不适应数字经济发展需要的行政许可、资质资格等事项，进一步释放市场主体创新活力和内生动力。鼓励和督促企业诚信经营，强化以信用为基础的数字经济市场监管，建立完善信用档案，推进政企联动、行业联动的信用共享共治。加强征信建设，提升征信服务供给能力。加快建立全方位、多层次、立体化监管体系，实现事前事中事后全链条全领域监管，完善协同会商机制，有效打击数字经济领域违法犯罪行为。加强跨部门、跨区域分工协作，推动监管数据采集和共享利用，提升监管的开放、透明、法治水平。探索开展跨场景跨业务跨部门联合监管试点，创新基于新技术手段的监管模式，建立健全触发式监管机制。加强税收监管和税务稽查。

第二，增强政府数字化治理能力。加大政务信息化建设统筹力度，强化政府数字化治理和服务能力建设，有效发挥对规范市场、鼓励创新、保护消费者权益的支撑作用。建立完善基于大数据、人工智能、区块链等新技术的统计监测和决策分析体系，提升数字经济治理的精准性、协调性和有效性。推进完善风险应急响应处置流程和机制，强化重大问题研判和风险预警，提升系统性风险防范水平。探索建立适应平台经济特点的监管机制，推动线上线下监管有效衔接，强化对平台经营者及其行为的监管。

第三，完善多元共治新格局。建立完善政府、平台、企业、行业组织和社会公众多元参与、有效协同的数字经济治理新格局，形成治理合力，鼓励良性竞争，维护公平有效市场。加快健全市场准入制度、公平竞争审查机制，完善数字经济公平竞争监管制度，预防和制止滥用行政权力排除限制竞争。进一步明确平台企业主体责任和义务，推进行业服务标准建设和行业自律，保护平台从业人员和消费者合法权益。开展社会监督、媒体监督、公众监督，培育多元治理、协调发展新生态。鼓励建立争议在线解决机制和渠道，制定并公示争议解决规则。引导社会各界积极参与推动数字经济治理，加强和改进反垄断执法，畅通多元主体诉求表达、权益保障渠道，及时化解矛盾纠纷，维护公众利益和社会稳定。

"十三五"以来，我国数字经济发展取得长足进步，对经济社会发展的牵引带动作用日益凸显，但与数字生产力加速进步相适应的数字经济治理体系尚不健全，适应数字经济发展的规则体系亟待完善。国家发展和改革委员会对《"十四五"数字经济发展规划》进行了解读①，强调了充分认识加强数字经济治理的重要性和紧迫性，主要包括以下三个方面。

第一，加强和完善数字经济治理，是促进数字经济行稳致远的关键举措。伴随以数字化为代表的新一轮科技革命和产业变革持续深化，我国数字经济持续快速发展，规模体量已经稳居全球第 2 位，新业态、新模式不断涌现，

---

① 《"十四五"数字经济发展规划》解读丨鼓励公平竞争　健全完善数字经济治理体系［EB/OL］.（2022－01－21）. https：//www. ndrc. gov. cn/xxgk/jd/jd/202201/t20220121_1312589. html？code =&state = 123.

在移动支付等一些领域全球领先。"十四五"时期，为促进数字经济从快速成长转向深化应用、规范发展、普惠共享的新阶段，宏观政策重点需要主动顺应新形势、新规律和新要求，加强发展与规范并重，在鼓励继续发展壮大的同时，系统排除隐患和风险，统筹发展与安全，确保数字经济行稳致远。

第二，加强和完善数字经济治理，是促进数字社会稳定和谐的重要保障。数字经济是以数据资源为关键要素，以现代信息网络为主要载体，以信息通信技术融合应用、全要素数字化转型为重要推动力的新经济形态，对生产方式、生活方式和治理方式变革均具有重要影响，具有很强的渗透性、融合性和引领性。第52次《中国互联网络发展状况统计报告》显示，截至2023年6月，我国网民规模达10.79亿人，互联网普及率达到76.4%，网络支付、网络视频、网络购物、在线办公用户规模分别达到9.43亿人、10.44亿人、8.84亿人、5.07亿人。数字化显著提高了人民生活品质，但也诱发了网络沉迷、网络犯罪、人工智能伦理等新问题。加强和完善数字经济治理，进一步缩小数字鸿沟，更好地保护公民权利和公共利益，是促进社会公平与经济效率更加统一的重要途径。

第三，加强和完善数字经济治理，是提升国家治理体系和治理能力现代化水平的重要举措。随着经济社会数字化转型的不断深入，国家治理的目标、对象、范围、手段等也需要与时俱进地变革。加强和完善数字经济治理已经成为完善数字时代国家治理的基本内容，网络空间治理成为当前国家治理的新热点、新疆界和新挑战，推动实现网络空间、物理空间和人类社会空间治理多元协同成为基本趋势。数字经济治理作为国家治理的前沿领域，新问题和新挑战不断涌现。智慧城市、数字乡村、智能交通等既是治理的新场景，也为治理提供了新手段。加强和完善数字经济治理，健全平台经济治理体系，有利于提高国家治理的智能化、全域化、个性化、精细化水平。

本章将通过分析数字经济面临的挑战，以及数字化经济所引发的诸多社会问题，从数据治理、现代信息网络、信息通信技术融合应用及政府在数字经济活动中的综合治理能力角度出发，分析我国数字经济治理体系的建设方向，并且为健全完善我国数字经济治理体系提供财税政策支持分析。

第一节　数字经济面临挑战

数字经济对于社会发展意义重大，影响深远。数字技术的正面效应持续释放，通过助力产业转型、社会服务和政府治理促进社会经济发展。但与此同时，数字技术也在政治安全、经济秩序和社会文化方面带来负面冲击，因此技术应用的负面效应对于数字经济治理能力带来挑战。[①]

首先，在经济层面，数字经济的发展对于传统经济形态和模式冲击巨大。例如，网络购物的应运而生，致使线下实体店趋向萧条并大量关闭，传统零售业的生存空间也在逐渐被挤压；网约车的出现对传统出租车使用产生负面冲击。其次，在社会层面，不擅长运用智能技术的群体，诸如老年人以及受教育程度较低的人群等，在学习使用网络化服务时面临困难，使数字鸿沟愈发凸显。此外，数字技术的发展也对伦理道德带来挑战，诱发网络沉迷、网络犯罪、人工智能伦理等新问题。加强和完善数字经济治理，进一步缩小数字鸿沟，更好地保护公民权利和公共利益，是促进社会公平与经济效率更加统一的重要途径。

进一步聚焦数字经济对税收领域带来的挑战，蔡昌和李为人（2022）总结出数字经济发展对税收造成的八大冲击，包括税基估值难以确定；税收属地原则难以适用；课税对象界限模糊；税率无法合理确定；纳税主体认定困难；常设机构认定不明；税收治理存在缺陷和问题；税收收入归属确定有难度。杨洪和张梓桐（2023）也探讨了数字经济带来的税收不确定性挑战：第一，数字经济行业呈现的多业态融合特征模糊了传统业务模式范围，也影响了税目和税率的选择与适用；第二，不同于传统产品的定性，数字化产品的收入定性将成为税法修订的一个难题；第三，无形资产价值确定和分配目前未能达成一个共识方案，征税对象和税源的确定和划分阻碍重重，数字交易的无形性和隐蔽性致使税务机关难以确定交易存在，且税源的跨地域性与传

---

① 全球数字治理白皮书（2022）［R/OL］. http：//www.caict.ac.cn/english/research/whitepapers/202303/P020230316588821905367.pdf.

统税收管辖区域确定性特征相冲突，难以判定所得来源地和利润归属地，传统税收征管原则无法解决这一难题。此外，面对数字经济新模式下的纳税主体隐蔽性、客体无形性、业务融合复杂性等特征，税务机关受制于传统税收规定，全方位获取涉税信息的目的难以达成，并且涉税数据的采集和利用缺乏明确法律依据。基层税务部门囿于数据获取能力不足和组成人员专业水平参差不齐，无法把握业务庞大复杂的跨国数字企业经营状况和税源状况。

数字经济的健康发展，需要现代化的财政治理手段促进效率与公平的统一。新技术的运用会提高生产效率，但同时也会在其发展过程中带来公平性问题（刘尚希、王文京，2021）。也就是说，数字化可以推进技术进步、提高资源配置效率，在某种程度上可以缓解经济发展不充分的矛盾，但是由于自然资源、人力资本等初始禀赋的差异，在劳动力、地区、行业之间仍然存在数字化鸿沟现象，给整体经济的协调发展带来挑战（王志刚、金徵辅，2022）。因此，财税政策应当发挥积极作用，统筹兼顾效率与公平。第一，在劳动力市场方面，AI、深度学习等数字技术对简单劳动具有强替代作用，因此会对简单劳动产生挤出作用，即让市场出现结构性或技术性失业。因此，政府可以通过财税手段加大对劳动力的数字教育投入，提升劳动者的数字素养与技能，使现有劳动者能够适应数字化时代的新要求，促进生产技术结构与人力资本结构相互匹配。第二，数字经济发展主要集中在拥有良好基础设施、较高人口密度的地区，带来地区间的发展不平衡问题，因此政府应对数字经济落后地区加大转移支付力度，促进欠发达地区的数字基础设施建设，促进地区间数字经济公平发展。第三，我国第三产业的数字化程度是最高的。中国信息通信研究院的调查数据表明，2022 年数字经济第三产业内的渗透率高达 44.7%，而第一二产业渗透率分别为 10.5% 和 24.0%。[①] 因此，为促进产业上下游间的协同发展，财税政策可以发挥积极作用，例如在行业间采取不同比例的税收优惠、财政奖补，助推企业"上云用智"，进而激励全产业链的数字化转型。通过让数据链、资金链、人才链、政策链融合在一起产生合力，助推数字经济高质量发展（王志刚、金徵辅，2022）。此外，王岭

---

① 中国数字经济发展研究报告（2023 年）［R/OL］. http：//www. caict. ac. cn/kxyj/qwfb/bps/202304/P020230427572038320317. pdf.

（2024）提出数字经济对我国政府监管带来挑战，寡头竞争型市场结构、平台数据的权属问题、产品或服务新型外部性、数字技术应用以及新时代政府监管体制改革，迫切需要推动中国政府监管转型。

第二节　数字经济治理重要议题

从治理议题看，数字治理重要议题主要分为四个层次[①]：信息网络的治理、数据要素的治理、数字平台的治理、技术应用的治理。完善我国的数字治理体系，确立我国的数字治理框架，基于数字全球化的内在特征，从这四个层次出发，有助于我国把握和引领全球数字规则主导权。

一、信息网络的治理

信息网络既包括海陆缆、光纤、基站、计算中心、空天通信等通信和算力基础设施建设，也包括互联网基础资源分配、技术标准协调等，全球信息网络的互联互通、开放稳定和高速通达是实现数字全球化的基石。

互联网基础资源建设是推动互联网行业高质量发展、维护国家网络安全稳定的重要基石。目前，我国域名总数超 3000 万个，国家顶级域名".CN"数量近 2000 万个，IPv4、IPv6 地址规模位居全球第二，其中 IPv4 地址分配数量 3.92 亿个，IPv6 用户超过 7.7 亿，位居全球第一，IPv6 活跃终端连接数超 16 亿，移动网络 IPv6 流量占比超过 55%。[②] 当前，ICANN（互联网名称与数字地址分配机构）对 IPv6 地址的分配方法仍然沿用 IPv4 的方式。我国应积极推进 ICANN 改革，优化 IPv6 地址分配机制。[③]

国际互联网工程任务组（IETF）设定的统一核心标准是全球互联网互联

① 中国信息通信研究院，全球数字治理白皮书（2022）[R/OL]. http：//www. caict. ac. cn/english/research/whitepapers/202303/P020230316588821905367. pdf.
②③ 互联网基础资源如何夯实 [EB/OL].（2023 – 12 – 15）https：//digital. gmw. cn/2023 – 12/15/content_37031146. htm.

互通的基础（姚健康，2022），这是因为互联网的目的是互联互通，联网者遵循一定的规则，使用同样的方法或算法进行编码或解码。就像生活中，我们与人沟通，只有懂的相同的语言（例如普通话、英语等），沟通才能顺利进行。姚健康（2022）指出互联网的基础资源管理目前是以自愿者方式的多方治理模式为主，也就是说大家共同参与，所有人都有平等的发声机会。通常，互联网的技术和政策组织遵循自下而上和多利益攸关方（例如技术专家、企业、学者、民间社会、政府和其他利益攸关者）的模式进行组建与运行。多方治理模式能够有效抵御单边决策，防止一家独大，维护了全球公共利益。

杨磊等（2020）对涉及大数据、云计算、物联网、宽带互联网等方面的通用关键技术标准的国内外现状进行了总结。例如，宽带互联网的全球标准制定和产业发展主要由一些国际性的 IT 企业来主导。在移动互联网方面，第四代移动通信（4G）时代以欧洲长期演进技术（频分双工，LTE - FDD）和中国长期演进技术（时分双工，LTE - TDD）为主要标准；中国成为第五代移动通信（5G）标准研制的重要力量。物联网国际标准的研究机构主要有国际标准化组织（ISO）、ITU - T、第三代合作伙伴计划（3GPP 和 3GPP2）、电气和电子工程师协会（IEEE）。2021 年，工业和信息化部与国家标准化管理委员会联合编制了《工业互联网综合标准化体系建设指南（2021 版）》，旨在充分发挥好标准对推动工业互联网高质量发展的支撑和引领作用。截至2024 年 3 月，中国电子工业标准化技术协会信息技术服务分会公布的信息技术服务标准①包含：14 项基础领域标准、6 项咨询设计领域标准、6 项集成实施领域标准、11 项运行维护领域标准、16 项服务管控领域标准、13 项服务外包领域标准、6 项云服务领域标准、7 项数据服务领域标准、5 项智能服务领域标准、13 项治理领域标准、8 项数据管理领域标准、6 项数字化转型领域标准、6 项行业和领域应用标准。

---

① 信息技术服务标准［EB/OL］. https：//www. itss. cn/web/itss/c/xxcx/bzcx.

二、数据要素的治理

我们在日常生活和使用电子产品时，其实是产生了大量数据的。例如，我们网上购物的购物记录和浏览记录，利用 App 和运动手环追踪体育锻炼活动，利用地图 App 选择驾车路线，又比如用语音控制智能家居电器，或者仅仅是把手机就这样放着，我们就能制造出大量的数据。当前数据的传播超出了我们的认知和预期，并且常常不知不觉地就发生了。这引发了一系列关于数据归属问题的讨论。

一些学者，诸如拉尼尔（Lanier，2014）认为，政府和企业应该将这些数据归集到个人身上，或是归集到电子设备或者服务的使用者那里，也就是说我们对自己的个人数据拥有所有权，应该将自己的个人数据如同其他财产一般来对待。然而，蒂斯内（Tisné，2018）提出了不同的看法，他认为每个人所产生的数据本身的作用是较为有限的，只有将成千上万个人的数据汇总起来进行分析才具有意义。比如，司法部门倾向于利用算法生成的"风险系数"来预测一个人未来犯罪的可能性，也就是说假如此人与其他罪犯在某些人口统计学特征方面相似，那么这样的算法可能会提示此人的犯罪可能性较高，进而导致他们可能遭受不公平的对待。换句话说，在这种情形下，即便此人拒绝同意使用"他们的"数据，司法等政府部门也能够使用其他人的数据来进行统计推断，从而对个人产生影响。在这种情况下，没有人能够真正拥有自己的人口统计数据的所有权或拒绝自己的犯罪记录被录入法律系统。

再者，仅仅确保数据所有权，并不能必然致使数据使用变得更为公平。例如，错误或者不合适的算法会推导出带有偏见的结论。倘若依据这种扭曲的结论对一个人进行了错误的分类，就会引发不必要的影响。此外，还存在这样一种情形，即便这个人与其他罪犯在人口统计特征方面极为相似，但他实际上为人正直，根本不会出现犯罪行为。因此，蒂斯内（2018）认为最为重要的并非要清晰地划分数据的所有权，而是要对个人数据如何被其他组织或政府部门加以使用进行规定和规范。

此外，数据流动同时也伴随信息流动，对个人信息保护和公共安全提出了挑战。2021 年 6 月，《中华人民共和国数据安全法》出台，2021 年 9 月正式实施，为开展数据安全监管和保护工作提供了法律依据和根本遵循，其中明确工业和信息化部承担工业、电信行业数据安全监管职责，并对数据处理者的安全保护义务提出了相关要求。工业和信息化领域是数字经济发展的主阵地和先导区。2022 年 12 月，工业和信息化部印发《工业和信息化领域数据安全管理办法（试行）》，2024 年，工业和信息化部关于印发《工业领域数据安全能力提升实施方案（2024—2026 年）》。

在全球数字经济治理议题中，数据要素的跨境流动乃是开展跨国数字经济活动的关键核心所在。推动数据要素能够安全且自由地流动，这是各方所共同关注的要点。但是对于数据治理的定义目前还没有统一的一个说法。国际数据治理研究所（Data Governance Institute，DGI）给出定义：数据治理是一个借助一系列信息相关的过程来实现决策权和职责分工的系统，而这些过程是依据达成共识的模型来予以执行的。该模型清晰地描述了谁（Who）能够依据何种信息，在什么样的时间（When）以及何种情况（Where）下，运用何种方法（How），来施行什么样的行动（What）。①

亚布拉汗等（Abraham et al.，2019）基于各类文献进行了概括与总结指出：数据治理意味着针对数据实施管理并行使权力与进行控制。数据治理明确规定了一个跨职能的框架，用于将数据当作企业战略资产来加以管理。在此过程中，数据治理对一个组织针对其数据的决策权以及责任做出了规定。此外，数据治理正式地确立了数据政策、标准以及程序，并且对其合规性予以监测。数据治理的目标在于提升数据的价值，最大程度地降低与数据相关的成本与风险。亚布拉汗等（2019）针对数据治理的定义涵盖了六个部分。第一，数据治理属于一项跨职能性质的工作，能够达成跨职能部门以及数据主题领域之间的协作。第二，数据治理乃是一个框架，为数据提供了结构化与正规化的管理。第三，数据治理重点关注的是作为企业战略资产的那些数据。数据是以不同形式呈现的事实表达。第四，数据治理明确规定了一个组织针对其自身数据的决策权与责任，决定了需要针对数据做出什么样的决策，

---

① Definitions of Data Governance［EB/OL］. https：//datagovernance. com/the – data – governance – basics/definitions – of – data – governance/.

怎样做出这些决策，以及在组织当中谁拥有权利来做出这些决策。第五，数据治理对数据政策、标准以及程序予以制定。这些工作应当与组织的战略相互契合，促使数据在使用过程中达到最佳效果。第六，数据治理对合规性进行监控，涵盖了实施相关控制以确保数据政策和标准得以被遵循。这一定义还体现出作者对于数据治理与数据管理的区分。数据治理意味着明确需要做出什么样的决策以及由谁来做出这些决策，而数据管理则是把这些决策当作数据治理政策在日常执行中的一部分。

三、数字平台的治理

数字平台是融合技术、聚合数据、赋能应用的机构数字服务中枢，以智能数字技术为部件、以数据为生产资源、以标准数字服务为产出物。[①] 数字平台能够使机构业务创新和高效运营，助力机构数据管理和价值挖掘，降低机构技术运营和技术管理复杂度。数字平台能够对外提供可调用、松耦合、弹性的标准化数字服务，通过数字服务横向链接产业链上下游，纵向链接企业各机构部门，为其提供快速、灵活的数字化服务。例如，2019年，华为面向企业市场正式发布数字平台参考架构和全新品牌名"沃土"。华为打造的沃土数字平台构建在云基础设施之上，整合了 IoT、AI、大数据、视频、融合通信、GIS 等多种新 ICT 能力，实现技术与业务、IT 与 OT、多样化数据的深度融合。沃土数字平台的特点可以概括为积淀、融合、开放和高效，且已实现在智慧城市、智慧园区和智慧交通多个行业场景的落地实践和规模商用。华为期望通过"沃土"这个数字平台，成为数字世界的底座。[②]

数字平台是数字经济新的组织方式，在提高资源配置效率的同时，加剧了信息内容、数据资源和产业结构的集中，带来虚假信息、经济垄断等问

---

① 拥抱变化，智胜未来. 数字平台破局企业数字化转型 [R/OL]. https：//static. ltdcdn. com/up-loadfilev2/file/0/485/199/2023－05/16854271456317. pdf.

② 华为正式发布"沃土数字平台"汇聚万亿级数字化产业 [EB/OL]. (2019－09－15). https：//www. huawei. com/cn/news/2019/9/huawei－horizon－digital－platform.

题。① 这是因为大量数据通过数字平台聚集在一起，使得大型数字平台具有市场垄断地位，具体表现在滥用其市场支配地位进行价格歧视、掠夺性定价、数据接入共享限制等方面（郭天序，2021）。因此其他潜在市场进入者无法获得充足的数据，从而限制其进入市场，导致市场缺乏有效竞争（杨东、臧俊恒，2021）。就以数据接入共享限制问题来说，由于国内平台竞争激烈，各平台可以基于用户端的实时通信系统，通过技术端口的流量，限制对其他平台的不同产品数据的公开与分享，从而影响了对于数据价值的评价，低估了数据的贡献度。在各大平台之中，社交平台是最大的数据流量入口。这是因为使用移动互联网进行社交是一种最基础的通信需求，在线时间与数据流量成正比。因此，当社交平台拥有巨大的移动数据流量入口时，即时通讯行业发挥其天然的垄断性的特征，各社交平台能够从数据中发现供求关系，从而拥有独特的竞争力限制竞争甚至制定竞争规则，最终导致垄断和资本的无序扩张（杨东和高一乘，2022）。

当我们探讨数字平台垄断这一议题时，还需要明晰数字平台垄断相较于传统垄断存在着特殊性，而这种特殊性是由数字技术以及数字经济的特征所引发的（刘戒骄，2022）。具体来说，数字平台可以把多边市场中诸如买方、卖方、广告商、软件生产商以及用户、辅助服务提供商等相互依存的各类参与者聚集到一起，特别是数字平台能够触及规模极为庞大的数据集，能够将广泛的数字服务捆绑到数据驱动的产品和服务之中，将业务拓展至邻近市场，从而达成外部生产者、内容提供商、开发者与消费者之间的高效互动，这改变了传统垄断的基础。因此，目前的数字平台的前沿问题集中体现在以下四个方面：其一，市场过度集中的态势难以得到扭转；其二，守门人平台对各参与者相互间的访问与交易的控制引发了不公平竞争；其三，过高的切换成本致使用户难以达成多归宿的状态；其四，数据垄断及其自我强化机制加剧了反竞争行为（刘戒骄，2022）。

与此同时，数字平台垄断隐含诸多风险行为，具体表现在三个方面（郭天序，2021）。第一，个人风险行为，与公民的隐私紧密相关。比如，把用户

---

① 中国信息通信研究院. 全球数字治理白皮书（2022）［R/OL］. http：//www. caict. ac. cn/english/research/whitepapers/202303/P020230316588821905367. pdf.

的隐私数据纳入各类算法以及模型之中，进而出现"大数据杀熟"的行为，这属于多种价格歧视的典型案例。除此之外，某些平台为了自身利益而不顾隐私保护条例，对用户隐私数据进行出售，致使用户个人隐私被垄断经营者非法利用的风险大幅增加。第二，金融风险行为。譬如，数字经济的发展催生了数字平台在金融服务方面的应用。数字金融平台的运营成本处于可控状态且通常要低于传统金融机构，再者大型金融机构具备更高的风险控制效能，这是由于数字平台所提供的服务和产品无需经历再生产过程，这一经济规律有效地减少了社会中的重复劳动，降低了人工成本，普遍提升了服务水平。然而与此同时，因资本金不足所导致的数字金融平台金融风险行为也逐渐显现出来。因此，2020 年 11 月《网络小额贷款业务管理暂行办法（征求意见稿）》第十二条明确规定了对外融资的杠杆率范围，即"经营网络小额贷款业务的小额贷款公司通过银行借款、股东借款等非标准化融资形式融入资金的余额不得超过其净资产的 1 倍；通过发行债券、资产证券化产品等标准化债权类资产形式融入资金的余额不得超过其净资产的 4 倍"。同时还规定"可以对经营网络小额贷款业务的小额贷款公司对外融资余额与净资产的比例限制指标进行调整"。第三，社会风险行为，其主要由企业获取暴利引发。数字平台的所有者依据多维度数据对使用者的价值进行挖掘，并提供精准的差异化服务，或者是运用大数据与技术实施价格歧视，最终将这些直接或间接地转化为超额利润，这在客观上拉大了贫富差距（郭天序，2021）。

因此，平台经济领域的反垄断问题变成了议题的焦点，需要切实有效地化解平台权力集中的风险，妥善地进行数字红利的分配。① 故而，数字平台治理的关键要点在于，既要全面充分地利用数字技术将数据要素最大限度地进行聚合、转化，并且充分地利用数据要素，挖掘出数据的价值，同时还要避免大型数字平台对市场竞争形成限制（杨东、臧俊恒，2021），从而推动数字平台在公平竞争的环境中健康有序且高速地发展。

2021 年 2 月，国务院反垄断委员会发布《关于平台经济领域的反垄断指南》，依据《中华人民共和国反垄断法》的框架和原则，针对平台、平台经

---

① 中国信息通信研究院. 全球数字治理白皮书（2022）［R/OL］. http：//www. caict. ac. cn/english/research/whitepapers/202303/P020230316588821905367. pdf.

营者、平台内经营者以及平台经济领域经营者等基础概念予以界定，提出在对平台经济实施反垄断监管时应当秉持保护市场公平竞争、依法科学高效监管、激发创新创造活力以及维护各方合法利益的准则。这为强化平台经济领域的反垄断监管提供了科学有效、针对性极强的制度规则，有益于反垄断执法机构统一执法标准、提升执法透明度，推动各类市场主体深化对《中华人民共和国反垄断法》的理解与认识。

杨东、臧俊恒（2021）强调在针对数字平台实施反垄断规制时，有必要在价格竞争以外融入其他非传统的反垄断考量要素。我国平台经济领域的反垄断法治建设正在积极稳步地向前推进。比如在 2018 年，《中华人民共和国电子商务法》正式出台，其中规定电子商务经营者由于其自身的技术优势、用户数量、对相关行业的控制能力以及其他经营者对该电子商务经营者在交易方面的依赖程度等因素而拥有市场支配地位时，不得滥用市场支配地位来排除、限制竞争。国家市场监督管理总局分别在 2021 年颁布了《网络交易监督管理办法》，以及在 2023 年出台了《禁止滥用市场支配地位行为规定》，增设了有关数字平台市场支配地位认定依据的规定，并且进一步针对平台、数据、算法等元素制定了具体的条款，以此来回应平台经济给反垄断分析框架和权衡因素所带来的挑战（杨东、臧俊恒，2021）。

四、技术应用的治理

人工智能、大数据、区块链、量子计算等新兴技术的应用范畴日益广泛拓展，需要积极开展合作以确保数字技术的应用符合伦理规范，进而增进人类的福祉。与此同时，由于数字技术的通用性、数字化转型的普遍存在以及数字技术发展走向的不确定性，数字治理的四个维度之间存在着繁杂的关联效应，并且还有可能伴随着数字技术的发展与应用而持续产生新的治理对象。

我们以人工智能为例展开讨论。人工智能是一个将计算机科学与强大的数据集相结合以解决问题的领域。人工智能当中还涵盖了机器学习和深度学习这样的子领域，其由人工智能算法构成，目的在于构建专家系统，依据输入的数据来进行预测或者分类。人工智能借助机器学习技术能够达成一定程度的自主性，甚至可以完全具备自主性。经典的或者"非深度"的机器学习依靠人为的干预来进行学习。确切地说，需要依赖于结构化较强的数据作为训练集，由人类专家来明确特征的层次结构以了解数据输入之间的差异，进而实现预测或分类。"深度"机器学习能够利用被标记的数据集（也被称作监督学习）来为其算法提供信息，而且并不一定非要标记数据集。

深度机器学习能够采集诸如文本、图像等呈原始形式的非结构化数据，并且能够自动确定用以区分不同类别数据的特征层次结构，和机器学习有所不同的是，它在处理数据时无需人为的干预。① 因此，人工智能在第四次工业革命中占据着至关重要的地位，正在改变我们的生活，改变着我们沟通、社交、娱乐、工作、生产以及提供服务的方式，其影响遍布家庭、企业、学校，乃至公共场所。比如，人工智能深入自动驾驶技术领域，推动能源效率不断提高、帮助人们应对气候变化，同时也深入到医疗服务领域，以便帮助年轻人和老年人获取更优质的医疗资源以及照料服务，其能够对诸如老龄化、环境保护等这样的全球性难题起到一定的缓解作用。又例如，在公司治理领域，人工智能变成了收集信息的有力手段，被用于生成以及监测可持续性指标，从而便于内部和外部的参与者做出更为优良的财务决策以及其他非财务决策。

人工智能能够帮助解决某些极为紧迫的社会问题，然而同时也给政府和社会带来诸多挑战，像是难以揣测的"黑匣子"算法、对数据不道德的使用、数据的滥用以及可能挤出潜在就业机会等（Escribano，2022）。除此之外，在前面所提及的公司治理领域中，人工智能或许会对实体董事会成员产生支持、替代的效应，甚至有完全取代的可能。因此，在现有的法律框架制度下，关于是否允许董事被人工智能系统所取代的问题始终存在争议。埃斯克利巴诺（Escribano，2022）提出了关于董事会和治理机构应如何应对人工智能和相关技术给组织内的战略、风险管理和控制所带来的问题的一点看法。董事会需要确保他们的组织具备一个能适应新竞争环境的治理结构，将现实和虚拟方面加以结合。尽管人工智能系统正在逐渐取代部分原本由人类执行

---

① 什么是人工智能（AI）？ ［EB/OL］. https：//www.ibm.com/cn－zh/topics/artificial－intelligence.

的决策工具和过程，但是当企业决定运用自动化系统来辅助决策时，应该了解该体系的工作原理，并要对人工智能系统所产生的影响承担责任（Vestager，2017）。

在当下这个人工智能技术已然渗入经济与社会之中的时代，怎样去制定政策、构建制度框架以引导人工智能的发展，如何确保人工智能技术对整个社会是有益的，这些问题非常值得去深入思考。OECD 对各国政府予以支持，包括对人工智能技术及其应用给经济和社会带来的影响展开评价与分析，并和所有的利益相关者进行沟通交流，从而便于找到最佳的公共政策实践。[①] 此外，世界经济论坛也对技术治理保持密切关注，提出人工智能和机器学习乃是未来技术治理的关键所在。[②] 世界经济论坛指出，越来越多的人意识到人工智能对社会的潜在负面效应。在世界各地已经制定出了 160 多套各不相同的人工智能伦理原则[③]，尽管这些原则的侧重点以及文化背景存在差异，然而它们都围绕着一个核心原则和共识，即尊重隐私、透明、可解释、人类控制以及减少偏见。当下所面临的挑战在于如何以最理想的方式将这些原则广泛地付诸实践并强制推行。例如，许多原则都极为笼统，需要历经大量的工作才能将其转化为日常实践。又比如，有些原则在实施过程中可能会相互冲突，也就是说尽管在原则的名称上或许存在普遍的共识，但其具体的解释和含义会因背景和文化的不同而产生差异。故而，迫切需要进一步推进国际合作，制定出互利且具有建设性的人工智能伦理原则操作办法。

2021 年 9 月，国家新一代人工智能治理专业委员会发布了《新一代人工智能伦理规范》（以下简称《伦理规范》），针对人工智能对实体经济发展的影响趋势，制定了 6 条人工智能各类活动应遵循的基本伦理规范，具体体现在增进人类福祉、促进公平公正、保护隐私安全、确保可控可信、强化责任担当、提升伦理素养等方面。与此同时，《伦理规范》还制定了 18 条人工智能特定活动应遵守的伦理规范，具体内容涵盖管理规范、研发规范、供应规

---

① OECD AI Principles overview［EB/OL］. https：//oecd. ai/en/ai – principles.
② Artificial Intelligence［EB/OL］. https：//intelligence. weforum. org/topics/a1Gb0000000pTDREA2? tab = publications.
③ Artificial Intelligence：Can AI Overcome its Limitations?［EB/OL］. https：//intelligence. weforum. org/topics/a1Gb0000000pTDREA2/key – issues/a1Gb00000017LCyEAM.

范和使用规范。《伦理规范》旨在将伦理道德融入人工智能全生命周期之中，为从事人工智能相关活动的自然人、法人和其他相关机构等提供伦理方面的指引。2022 年，联合国教科文组织出版了《人工智能伦理问题建议书》，对关于人工智能技术和应用的共同价值观与原则进行了定义，用于指导构建必要的法律框架，确保人工智能能够良性发展，推动该项技术为人类、社会、环境以及生态系统服务，同时预防潜在风险。2023 年 7 月，同济大学上海市人工智能社会治理协同创新中心发布《人工智能大模型伦理规范操作指引》，旨在提供具有可操作性和普遍性的技术导向和伦理导向，以助力 AI 科研机构与企业在发展的过程中，能够兼顾社会责任和伦理要求。

第三节 政府数字化治理和服务能力建设

2022 年 6 月，国务院发布《国务院关于加强数字政府建设的指导意见》，强调加强数字政府建设是适应新一轮科技革命和产业变革趋势、引领驱动数字经济发展和数字社会建设、营造良好数字生态、加快数字化发展的必然要求，是建设网络强国、数字中国的基础性和先导性工程，是创新政府治理理念和方式、形成数字治理新格局、推进国家治理体系和治理能力现代化的重要举措，对加快转变政府职能，建设法治政府、廉洁政府和服务型政府意义重大。以数字政府为中心，充分发挥政府公共数据资源的作用，在发展和数据共享的同时要保证数据安全，发挥好各主体的协同作用，协同社会各个层面的力量做好数字共治，推动数字政府的发展。

对于政府而言，运用大数据以及信息技术正逐渐成为进行有效治理的基石。公共部门借助对数据的管理、运用以及共享，改变了公共政策的设计制定流程、公共服务的供给模式以及相应的监管模式。因此，数据可以看作是一项战略性的资产，成为了政府提升公共部门决策能力的关键。范奥伊金等（van Ooijen et al.，2019）提出数据驱动下的公共部门需意识到，数据与信息技术的发展给社会经济发展带来了巨大变革，对科研、教育、工业等诸多行业形成了冲击，与此同时也对公共部门自身的运行造成了一定影响，因此必须重新审视公共治理，并对政府在数字时代所发挥的作用予以反思。总的来说，公共部门需要明确清晰地认识到数据于数字政府建设以及公共部门数字化转型之中的关键重要性，应当充分且有效地利用好数据和信息技术来提升决策水平以及公共服务能力，以确保出台的政策和提供的公共服务具备包容性、可信赖性，并且有利于长期的可持续发展。

一、公共部门数据

公共数据是指由国家机关和法律、行政法规授权的具有管理公共事务职能或者提供公共服务的组织，在履行公共管理职责或者提供公共服务过程中收集、产生的涉及公共利益的各类数据。其管理主体包括国家机关、事业单位、经依法授权具有管理公共事务职能的组织以及供水、供电、供气、公共交通等提供公共服务的部门。[1] 公共部门所掌握拥有的是哪些类型的数据，以及应当如何去规范地使用这些数据，是值得进行探讨的。范奥伊金等（2019）提出了数据类型和数据用途的相关问题：究竟是数据类型决定了数据的可能用途，还是潜在用户决定了数据能否被加以使用呢？对于这个问题的答案目前仍不明确。公共部门所掌握数据的来源和获取途径多种多样。政府机构、公民、企业以及其他社会利益相关者，无论是有意识还是无意识的，都在为数据的产生贡献着力量。这些数据其中有些是公开的，有些则是有限制或是非公开的，数据的规模也各不相同，呈现出结构化或是非结构化的特性，其中包含着个人信息或是非个人信息。

经合组织数字经济安全和隐私权工作组（Security and Privacy in the Digital Economy，SPDE）对数字经济的广泛属性予以关注，致力于拟定有关政府等公共部门数据管理与使用的政策，在涉及数据驱动下的公共部门（data-driven public sectors）的优先事宜时，着重探讨了三种数据类型，分别为：开放数据、大数据以及个人数据。首先，开放数据又被称作公开数据，即任何人都能够自由地进行使用、再次使用以及发布的数据。当然，使用者必须遵

---

[1] 公共数据运营模式研究报告 ［R/OL］.（2022 – 05 – 30）. https：//dsj. guizhou. gov. cn/xwzx/gnyw/202205/t20220530_74436679. html.

循数据使用的规范，举例来说，使用者基于数据所获得的成果是可以进行公开发布或共享的，但是在公开或共享的同时必须标注数据来源，也就是表明分析结果是基于公开数据得出的。政府部门公开数据，意味着具备这些属性的数据要么是归政府所有，要么是由政府所产生的。其次，关于大数据。鉴于信息技术的发展，数据集持续地扩大，数据的形式愈发多样化，数据产生的速度也更为迅速，具有这种特性的数据通常被命名为"大数据"。信息内容逐渐数字化、对人类活动的更多监测以及物联网的广泛普及，这些都是产生大数据的关键推动力量。最后，个人数据指的是与已经被识别或能够被识别的自然人（即"数据主体"）相关的任何信息。所谓可识别的自然人，即能够直接或间接地被识别出来的个人，特别是通过名字、识别号（诸如身份证号、纳税人号等）、位置数据或者与身体、生理、遗传、心理、经济、文化或社会认同相关的一种或多种特定因素，便能够对个人进行识别。2022年12月，中共中央、国务院发布《关于构建数据基础制度更好发挥数据要素作用的意见》将数据分为公共数据、企业数据和个人数据，并提出推进实施公共数据确权授权机制，为公共数据的使用确定了基本方向和模式。

《公共数据运营模式研究报告》依据公共数据的来源主体进行了分类：第一类是政务数据，也就是政务部门（如党委、人大、政府、政协、法院、检察院等）在依法履行职责的过程中采集、获取到的数据；第二类是那些具有公共职能的公共企事业单位，在提供公共服务以及公共管理的进程中所产生、收集、掌握的各种类型的数据资源，例如教育医疗数据、水电煤气数据、交通通信数据、民航铁路数据等；第三类是由政府资金所资助的专业组织在公共利益范畴内所收集、获取到的具有公共价值的数据，诸如基础科学研究方面的数据；第四类是公共企事业单位以及数据专业组织的数据，是具有公共管理和服务性质的社会团体所掌握的与重大公共利益相关联的数据；第五类则是涉及公共服务领域的其他数据来源，比如其他社会组织和个人借助公共资源或公共权力，在提供公共服务的过程中所收集、产生的涉及公共利益的数据。

公共部门在获取数据之后，应当对数据予以有效利用以展开分析，通常我们将其称作数据分析。数据分析能够划分为四大类别：其一，描述性分析，即运用数据来对已发生的事情进行描述。在对复杂政策问题展开分析时，从数据中归纳出描述性的事实和现状，这对后续的进一步分析是有所助益的。其二，诊断分析法，也就是更深入一步，借助数据挖掘以及对数据进行三角测量来阐释特定政策问题产生的缘由，探寻出其根本原因，并归结出潜在的结构性趋势。其三，预测性分析，也就是凭借数据和算法对最有可能出现的情形进行预测，通常是通过机器学习等技术来达成的。其四，规范性分析，也就是提出相关建议，比如应当采取哪些措施来促使或阻止某些事情的发生。

二、政府数据价值周期

范奥伊金等（2019）总结得出政府数据价值周期的技术路线图（见图 7-1），这能够帮助政策制定者以及政府部门人员提升工作效率。具体而言，理解政府数据价值周期，把数据（原始的、孤立的以及非结构化的数据集）转变为信息（明确数据之间的关系）和知识（掌控这些关系），充分释放政府数据的价值，这样可以增强政策制定者对于现有政策问题以及不同利益相关者的洞察力，协助他们对经济社会发展的新趋势和需求进行预测、做出创新决策和调整决策，对现有社会经济活动以及已实施的政策进行监管，对财政支出、时间、人力物力等资源进行管理和调度。

提升公共部门的信息传达效率以及创造公共价值并非是在一个单一方向的价值链中得以实现的，而是经由一个涵盖了整个价值创造过程中流动方向的循环来达成的，正如图 7-1 所展示的那样，具体涵盖了数据收集与生成，数据存储、管理以及处理，数据共享、呈现与发布，数据使用与再利用四个过程。然而，数据能够为决策过程提供信息并对最终决策产生影响，而决策过程又会致使产生和收集不同或者更多的数据。比如，一种疾病的传播或许会使决策者将数据收集的工作聚焦于该疾病以及其传播的缘由。如此一来，便能够制定出针对病因及其传播的预防举措，同时对疾病展开持续的监测，以明晰这些措施对于病因和疾病的有效性。故而，借由数字驱动政府决策的产出以及过程都获得了优化。

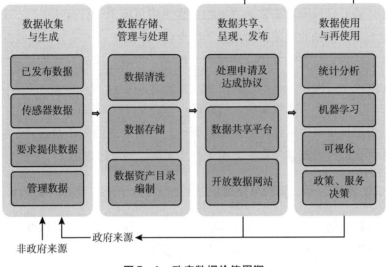

图7-1 政府数据价值周期

以下，我们将从政府数据价值周期全过程展开，介绍数据收集与生成，数据存储、管理与处理，数据共享、呈现、发布，数据使用与再利用四个具体过程以及政府面临的挑战。

（一）数据收集与生成

数据收集与生成涉及几类数据，其中包含已发布的数据（诸如公开数据），也涵盖由传感器所收集到的数据（例如马路上监控视频的数据），被要求提供的数据（比如要求公租房申请者填写表格以提供相应信息），以及管理数据（像医保支付记录等）。在数据收集的进程中，政府需要着重关注数据的可用性，也就是说要保证能够对数据进行收集、获取，并且数据是明确的、有价值的，只有这样的数据才能够辅助公共部门进行决策以及提供公共服务，尤其对预测性的政府管理和治理起到支持作用。

就数据的可用性而言，我们来进行系统性分析，具体包含以下三个方面：其一，数据要能够被获取，举例来说，那些生活在农村地区或者低收入的人群可能较少运用网络和进行在线互动，所以在公共部门依靠数据建模来进行决策时，有可能由于这部分人群的数据不足，从而导致出现偏误。其二，数据质量必须要有保障。在数据收集的过程当中可能由于标准不一致，致使数据质量不高，常见的问题诸如关键字段为空、字段信息不完整、数据不一致，业务数据的含义、表示方式以及代码不统一，等等。因而对数据质量的把控是工作的重点，数据质量的界定取决于数据使用的目标。其三，数据必须具有相关性。政府不可能收集所有的数据，一定要与政策目标紧密相关。例如，在利用传感器收集中风患者的运动数据时，最为合适的做法是在设计阶段就考虑所收集的数据能够在哪些方面对护理人员起到帮助作用。

（二）数据存储、管理与处理

数据的存储、管理与处理具体涵盖了数据清洗、数据存储以及数据资产目录编制。首先，数据清洗聚焦于原始数据的字段来源、收集生产的过程、取数赋值的逻辑以及计算逻辑等。要对原始数据予以清洗，准确地选取并运用每一个基础字段，通过加工计算得出所需的更多衍生字段和指标。其次，数据存储的方案需要依据数据量、存储方式、读写方式、索引方式等不同的需求来进行设定。最后，就数据资产目录而言，2017 年 6 月 30 日实施的《政务信息资源目录编制指南（试行）》明确指出，政务信息资源目录乃是达成政务信息资源共享、业务协同以及数据开放的基础，也是各政务部门之间信息共享以及政务数据向社会开放的依据。政务信息资源目录指的是通过对元数据的描述，依照特定的分类方法对政务数据进行排序与编码，其目的在于实现政务数据资源的快速定位以及精准获取。有效的数据管理过程能够让各公共部门得以良好地管理他们负责收集到的数据，同时也能够实时监控数据的变化过程。

因此，范奥伊金等（2019）提出建议政府专门设立一个部门，用于负责判别哪些数据是可用的，以及这些数据可能随时间变化而出现的条件，把不同的来源汇总成一个可用数据的目录或者索引，以保证服务团队、政策设计者以及政府供应商可以随时找到这些数据，进而将最大限度地实现数据的价值。

（三）数据共享、呈现、发布

数据需要得以实现共享。换句话说，某个公共部门在完成数据收集之后，必须确保数据不但在其自身内部能够被运用和流通，而且还需要强化数据在其他公共部门之间的可用性与互操作性。互操作性在国家和地区层面都属于一个关键问题，以此来保证公共部门能够从整体上考虑处理问题并最大限度地发挥出数字政府的潜力。伴随着各国对于跨境服务的探索，跨越国际边界的数据共享也变得愈发重要。数据共享、呈现与发布能够通过开放数据网站得以实现，现有的开放数据来源涵盖新闻媒体、政府、国际组织等。

世界银行构建开放数据库[①]，其目的在于培育公有意识，和众多的利益攸关方构建起伙伴关系，吸引各方参与到减轻贫困等世界发展问题当中。再如，世界卫生组织设立全球健康观察站数据库[②]，提供 194 个成员国卫生相关的统计开放数据，涵盖死亡率和疾病负担等一千多个指标，旨在提升全球人民的健康水平。再例如，部分 OECD 国家的政府决定开发共同平台，将其作为共享资源的一种途径，以此来确保在政府范围内能更高效地运用技术和数据，避免出现重复劳动的情况。英国在 2012 年颁布了《政府数字化战略》，并于 2014 年推行了《政府数字包容战略》，这一系列的举措取得了颇为显著的成效，比如英国取消了多个机构的网站，创建了单一的政府域名 GOV. UK，其显著效果体现在 2014～2015 财政年度节省了 1.05 亿英镑（张晓、鲍静，2018；范奥伊金等，2019）。随后在 2015 年，英国政府启动了"数字政府即平台"计划，旨在提供能够重复使用的技术和资源，以满足数据、支付以及信息披露等领域的共同需求。采用"政府作为一个平台"这样的模式能够整合各类信息与技术，有利于实现互操作性以及避免重复工作。

（四）数据使用与再使用

数据的使用和再利用需要获取公众的信任，赢得公众的支持。故而，政

---

① World Bank Open Data，https：//data. worldbank. org/.
② The Global Health Observatory，Explore a world of health data，https：//www. who. int/data/gho/.

府务必要保证以透明、负责以及安全的方式来对数据进行管理和运用，并且要与社会的预期收益相契合。政府应当按照法律、道德以及社会规范来使用数据，尤其在使用个人数据时更是如此，不然就会降低公众对政府的信任程度。具体来讲，包括以下几点。

第一，当政府意欲借助数据来辅助设计政策以及施行政策时，往往需要专业数据分析师的帮助。然而专业数据分析师并非政策决策人，他们只是依据数据对问题进行探寻，提供可能的解决办法以辅助决策者做出最终的决定。所以，数据分析师从数据中获取的信息与结论或许会和某一政策领域中出于政治动机的潜在方案产生冲突。在这种情况下，政府必须营造条件，使得所有各方，不管是政策决策者、专业人士、政治家还是公民，都坚信数据的运用是为公共利益而服务的。

第二，要对公民隐私予以保护，涵盖空间上的隐私、活动隐私以及信息隐私。众多公共部门所收集、处理以及控制的数据是能够识别到个人的。尽管通过收集大量包含个人信息的数据能够帮助政府设计出更具针对性的政策和公共服务，然而这却有可能涉及对个人活动与信息隐私的侵犯。与此同时，将个人数据出售给私人公司也是政府个人数据滥用的一种可能情形。美欧主导"政府获取私营部门所持个人数据"这一议题，推动原则的制定，为达成政府的"可信访问"，G7 承诺支持经合组织数字经济政策委员会（CDEP）启动原则起草小组。在 2022 年 12 月的 CDEP 部长级会议上，38 个经合组织成员签署了该领域的首份政府间协议——《关于政府访问私营部门所持个人数据的宣言》。[①] 针对执法数据的跨境调取，美国加快了在执法领域数据调取方面的协调，在 2022 年 10 月，美英数据访问协议正式生效，美澳云法案协议也在 2022 年底生效。另外，美国还积极地与加拿大、欧盟就相关问题展开谈判。

第三，信息的公开透明与数据所有权方面，比如政府应当明确告知公众数据将会被保留的具体时长以及在何种情形下会被删除。在数据能够达成各部门共享之时，荷兰在保证数据共享透明度这一方面提供了实践经验。荷兰

---

① Declaration on Government Access to Personal Data Held by Private Sector Entities，https：//legalin-struments. oecd. org/en/instruments/OECD – LEGAL – 0487.

创建了"个人记录数据库",只有具备公共或社会职能的组织才能够访问个人记录数据库中的数据。而且拥有权限访问个人记录数据库的组织均对公众公开,并且还必须符合查阅规则才能够对数据进行访问,同时各组织仅仅能查看其工作所需要的数据。由此,对个人数据的访问是受到保护的,为避免数据被滥用,任何查看或更改数据的人员以及行为都会被记录在案。①

机器学习等数字技术属于数据挖掘和数据分析的工具。公共部门的工作人员应当提升自身的数字技能。然而人员技能的提升也离不开数字分析工具的支撑。因此,在数字政府的建设进程中不能忽视对数据分析工具的投入。尽管我们讲技术并非万能的,技术仅仅只是分析和解决问题的手段,可是与传统的数据收集方式(诸如大规模调查)相较而言,数字技术的发展能够为大数据管理服务提供助力,使得分析和解决问题的过程更为有效。不过,部分数据分析工具本身价格不菲,还有一些工具则需要特定的、具有针对性的培训,这对于政府而言也是一笔相当巨大的投入。政府在做出是否购买数字技术工具的决策时需要多方面进行考量,政府可以通过成本效益分析以确定是否要对数据分析工具进行投资。另外,政府部门应当充分与私营部门合作,从私营部门获取人力和技术资源方面的支持,以应对政府部门在处理数据时存在的知识、工具以及基础设施有限等状况。政府可以把一部分公共服务的提供以及数据的收集工作进行外包,这也便是我们通常所讲的政企合作。然而,在与私营部门的供应商开展合作时,政府应当明晰其对于数据的所有权,涵盖原始数据以及服务运行过程中产生的数据,如此一来,便能够随时将这些数据移交给新的合作企业供应商,从而在数据使用和再利用中为政府创造价值。那么,究竟什么样的政府数据相关运营服务可以被外包出去呢?这通常是由政府的预算、制度以及法律环境所决定的。最后,数据的再利用具体体现在基于数据所做出的决策过程会再度导致生产和收集不同或者更多的数据,进而进入到下一个数据价值周期。

---

① Personal Records Database (BRP), https://www.government.nl/topics/personal-data/personal-records-database-brp.

第四节　数字经济治理体系建设

习近平总书记指出，"要密切观察、主动作为，主动参与国际组织数字经济议题谈判，开展双多边数字治理合作，维护和完善多边数字经济治理机制，及时提出中国方案，发出中国声音。"①

一、数字技术与多元治理相结合

中国信通院发布《中国数字经济发展报告（2022 年)》强调了数字化治理，其内容包括但不限于多元治理，以"数字技术＋治理"为典型特征的技管结合，以及数字化公共服务等。例如，刘辞涛、向运华（2022）对数字技术治理在农村互助养老服务中的应用进行了探讨。农村互助养老的可持续发展面临着两大挑战：其一是互助合作难以形成，其二是老年服务形式从娱乐向照料转变较为困难。该文章着重强调将数字技术融入农村互助养老服务当中，这有利于提高互助养老模式的运行效率，因为数字技术能够增强数据集成处理以及信息分析匹配的能力，并且能够实现将远程数字视频等功能嵌入农村互助养老合作生产的过程之中。数字平台的建设、可量化互助积分系统的构建、数字视频技术的提升等，这些都属于能够推动互助照料得以落实的方式，能够重塑互助合作生产的流程，提升互助服务供需配置的效率，实现互助养老的精准化与可持续发展，构建起多元互助主体协同共治的格局，为农村互助养老合作生产注入崭新的活力。比如，北京市推出了公用充电设施数据服务平台——e 充网，其借助数据共享能够及时地向车主传递相关信息，车主可以通过移动客户端去查看这些设施的分布状况、占用状态以及实时的充电情况，还能够在线预订充电车位，并且通过利用大数据以及算法，来进

---

① 习近平著作选读：第二卷［M］. 北京：人民出版社，2023.

行错峰充电引导等操作①，从而实现了公共充电桩的相互连通与交互，为绿色低碳高质量发展提供了助力（韦欣，2022）。孟庆国等（2023）指出了政府、企业、社会组织以及公众等各方参与合作的多元协同治理模式于数字社会治理中所具有的核心地位。具体而言，政府主要承担数字基础设施的建设以及提供技术支持的职责，企业负责数字产品与服务的开发，社会组织主要提供公益服务以及治理经验，而公众参与到数字化治理当中并对过程进行监督。多元主体的数字社会治理是全方位的，对全体社会成员予以关注，包含了政府、企业、社会组织和个人，其目的在于推动社会各方面达成智慧共治，实现共赢以及可持续发展。

二、转变政府治理模式

2022 年 4 月，习近平总书记主持召开中央全面深化改革委员会第二十五次会议强调"加强数字政府建设"②。2022 年 6 月，国务院印发《国务院关于加强数字政府建设的指导意见》。2023 年 2 月，中共中央、国务院印发《数字中国建设整体布局规划》强调要发展高效协同的数字政务，加快制度规则创新，完善与数字政务建设相适应的规章制度。在数字政府建设与推进公共服务均等化的时代需求之下，政府面临着诸如公共资金匮乏与技术短缺、数字化建设以及数字化运营知识欠缺等实际情况。因此，政企合作至关重要（韦欣，2022）。政企合作是基于公共部门和企业之间通过合同协议来进行采购以及提供公共服务进而构建起的一种合作方式。政企合作的模式通常体现为服务合同、运营合同和管理合同、租赁合同、"特许经营和建设—经营—转让"合同等（韦欣，2022）。一般来说，政府数据运营有以下几种模式（张会平等，2021）。

第一，政府数据开放许可授权，是指政府数据开放不但要在技术层面确保数据集的开放性，还要在法律层面保障数据的开放性。政府数据开放的法

① e 充网发布 2019 北京充电设施建设及充电行为浅析报告 [R/OL]. https：//www. bsia. org. cn/site/content/5558. html.

② 习近平主持召开中央全面深化改革委员会第二十五次会议强调加强数字政府建设 推进省以下财政体制改革 [EB/OL]. (2022 - 04 - 20). http：//politics. people. com. cn/n1/2022/0420/c1024 - 32403208. html.

律保障是通过许可授权机制来实现的，其主要方式为制定政府数据开放许可协议。

第二，政府数据有偿开放，这种模式是为了实现政府对数据的收益权、降低行政成本、提升政府部门开放数据的动力以及保障政府开放数据的质量。政府数据有偿开放所面向的对象是那些从事数据商业化开发利用的市场主体，而市场主体付费以获取政府开放数据同样需要遵循政府数据开放许可授权的要求。

第三，关于政府数据开放的市场化运营，具体来说还可分为几种情形：一是为引入技术企业参与到政府数据开放平台或者相关系统设施的建设之中——通过财政资金来采购技术服务或者建设工程；二是对企业进行激励以使其对已开放的政府数据予以充分开发——鼓励市场主体针对政府已开放的数据展开商业利用，从而优化企业的数据经营结构与模式；三是专门针对政府数据"开放"这一过程，引入市场力量来对政府数据进行专门的开发，为社会提供更多的增值服务，其实质就是对政府数据的市场化运营。数据开放具体还能够划分为"契约式开放"与"孵化式开放"：契约式开放指的是吸引企业参与进驻大数据加工清洗基地，依据契约的约定对政府数据进行再加工、建模以及应用；孵化式开放则是通过搭建大数据开放平台，为创客提供优质的数据资源，等到创客所开发的产品获取收益之后，再引入数据交易来实现收益的分成。

第四，关于政府数据资产化运营与管理，在国内，较早对政府数据资产化运营展开探索的是贵州省，其于2014年11月成立了云上贵州大数据产业发展有限公司。该公司的定位为政府数据运营企业，其主要职能涵盖了政府数据的汇聚、政府数据的共享以及政府数据的开放三个方面。

除了以上四种政府数据运营模式之外，2024年2月，中国信通院发布《数字政府一体化建设白皮书（2024年）》还强调构建"政企合作、管运分离、定向授权"的运营模式。具体来说，也就是通过管运分离的模式来促进数字政府可持续发展。在这种运营模式下，政府依旧保留管理职能，但同时将平台建设、日常维护等职责剥离至企业，解决政府技术人员匮乏、技术手段落后等问题。截至 2024 年 1 月，全国已有超过 23 个省①成立省级数字政府运营公司。与此同时，合作规则不完善、资产运营路径不明确、企业商业模式欠成熟等问题依然是数字政府建设过程中所面临的挑战。故而，需要完善政企合作运营的标准规范，通过对数字政府基础设施、数据、应用等对象实施差异化的运营策略，实现政企合作运营的商业闭环。《数字政府一体化建设白皮书（2024 年）》提出推广"以运营代运维"这一新模式，即要在保证依法合规、安全可控的前提下，将政务数据运营权、共性组件运营权开放给运维公司，通过资源置换，以政务资源运营收益来抵扣运维支出或者回收收益。成都市政府已经展开了实践探索，建设数字资产交易中心，对"原始数据不出域、数据可用不可见"的交易模式进行探索，也对开展政府数据授权运营进行探索②，将数据运营权集中授权给市大数据集团，其经济收益以国有资产运营收入的形式进入地方财政，以此减轻庞大运维费用所带来的压力。

三、国际经验借鉴与全球合作

欧盟始终倾力于提升个人数据保护水平。2018 年 5 月 25 日，欧盟颁布了《通用数据保护条例》（General Data Protection Regulation，GDPR），且在当时的 28 个成员国中予以施行，并于 2018 年 7 月 20 日将实施范围拓展至欧洲经济区。③ GDPR 乃是欧盟隐私保护法规的一次重大变革，它着重强调维护自然人的基本权利与自由，尤其是对其个人数据权利的维护，同时还制定出在处理个人数据时保护自然人的相关规则以及个人数据自由流动的相关规则。《通用数据保护条例》的背后蕴含着欧盟立法者基于历史与现实的双重考量。

---

① 广西、山西、河南、河北、陕西、福建、甘肃、云南、内蒙古、湖北、上海、浙江、北京、广东、西藏、贵州、黑龙江、青海、重庆、安徽、江西、海南、新疆。来源《数字政府一体化建设白皮书（2024 年）》，http：//www.caict.ac.cn/kxyj/qwfb/bps/202402/P020240206380527518999.pdf.
② 市委、市政府印发《成都建设践行新发展理念的公园城市示范区行动计划（2021—2025 年）》［R/OL］.https：//cddrc.chengdu.gov.cn/cdfgw/fzggdt/2022 – 05/25/content_c5241cc334ac42d3b77aaa0d6308cb4c.shtml.
③ 《通用数据保护条例》2020 年度审查.https：//itp.cdn.icann.org/zh/files/government – engagement – ge/ge – 003 – 07may20 – zh.pdf.

一方面，鉴于历史因素，欧盟极为注重对公民数据隐私的保护，把公民对自身个人数据的掌控提升到了基本权利的层面。另一方面，由于欧洲在全球数字竞争中长久以来处于失利状态，难以抵御美国互联网巨头在本地区的全面渗入，所以，欧盟在开展数据领域的顶层设计时，把个人数据保护的价值层级置于数据流通利用之上。[①]

欧盟于 2020 年出台了《数据治理法》（Data Governance Act）[②]，并在 2022 年先后发布了《数据法（草案）》（Data Act）[③]、《数字市场法》（Digital Market Act）[④] 和《数字服务法》（Digital Services Act）[⑤]。夏菡（2023）对欧盟数据治理立法的发展历程进行了深入研究，总结出欧盟通过数据立法改革，在个人信息保护、数据自由流动监管和数据保护国际合作机制三个方面构建了较为完善的法律体系。这为我国构建具有中国特色的数据治理体系以及积极参与数据治理的国际合作提供了宝贵的经验借鉴。同时，夏菡（2023）也强调了国家间和跨区域的数字服务法律规制协调与合作的重要性。

数字治理的法律体系不断发展完善。2024 年 2 月 17 日，欧盟《数字服务法》正式在全部网络平台生效[⑥]，该法案旨在加强对数字服务平台的监管，其适用范围涵盖了网上购物、社交网络、内容共享平台、应用程序商店，以及在线旅行和住宿平台等多个方面。《数字服务法》致力于制定明确且适用的规则，以维护和保护消费者在网上的基本权利，营造公平开放的网络平台环境，并防止网上非法和有害活动以及虚假信息的传播。

---

① 欧盟数据治理的新发展. https：//www. chinacourt. org/article/detail/2022/11/id/6994275. shtml.

② Proposal for a Regulation of the European Parliament and of the Council on European data governance （Data Governance Act）. https：//eur‒lex. europa. eu/legal‒content/EN/TXT/PDF/？ uri = COM：2020：767：FIN.

③ Data Act. https：//digital‒strategy. ec. europa. eu/en/policies/data‒act.

④ Digital Market Act. https：//digital‒markets‒act. ec. europa. eu/index_en.

⑤ Regulation （EU） 2022/2065 of the European Parliament and of the Council of 19 October 2022 on a Single Market For Digital Services and amending Directive 2000/31/EC （Digital Services Act） （Text with EEA relevance）. https：//eur‒lex. europa. eu/legal‒content/EN/TXT/？ toc = OJ% 3AL% 3A2022% 3A277% 3ATOC&uri = uriserv% 3AOJ. L_. 2022. 277. 01. 0001. 01. ENG.

⑥ The Digital Services Act. Ensuring a Safe and Accountable Online Environment. https：//commission. europa. eu/strategy‒and‒policy/priorities‒2019‒2024/europe‒fit‒digital‒age/digital‒services‒act_en.

四、在实践中发出中国声音

中国持续增强数字治理体系的整体韧性，着力提升全球数字治理参与方案的吸引力。数据基础制度建设对于国家的发展以及安全大局而言至关重要。2022 年 1 月，国务院办公厅颁布了《要素市场化配置综合改革试点总体方案》，以推进要素市场化配置改革向纵深发展。该方案针对数据要素明确提出要探索"原始数据不出域、数据可用不可见"的交易模式，实现数据使用"可控可计量"，进而推动数据分级分类安全保护制度的完善。

在数据跨境流动监管方面，2022 年 7 月颁布的《数据出境安全评估办法》把数据细分为重要数据、关键信息基础运营者所处理的数据以及一定数量的个人信息三类，并且在对"重要数据"的概念予以解释的前提下，规定这三类数据的出境都必须进行评估。2022 年 12 月 19 日，《中共中央 国务院关于构建数据基础制度更好发挥数据要素作用的意见》（以下简称为"数据二十条"）向外界发布，从数据产权、流通交易、收益分配、安全治理等层面构建数据基础制度，提出了 20 条政策举措。"数据二十条"的出台，充分发挥了中国海量数据的规模优势以及丰富的应用场景优势，激活数据要素的潜能，做强做优做大数字经济，增强经济发展新动能。另外，2023 年 3 月，中共中央、国务院印发了《党和国家机构改革方案》，提出组建国家数据局，负责协调推进数据基础制度建设，统筹数据资源的整合共享和开发利用，统筹推进数字中国、数字经济、数字社会的规划和建设等，由国家发展改革委进行管理。2023 年 10 月 25 日，国家数据局正式挂牌成立。数字新基建和数据要素市场建设乃是国家数据局的两项重点工作。在 2023 年 9 月 28 日，国家互联网信息办公室发布了《规范和促进数据跨境流动规定（征求意见稿）》，进一步明确了产业数据出境的条件。

2021 年 9 月，国家新一代人工智能治理专业委员会颁布了《新一代人工智能伦理规范》，其目的在于将伦理道德全面融入人工智能的整个生命周期，从而为从事人工智能相关活动的自然人、法人以及其他相关机构等提供伦理方面的指引。2021 年 12 月，中国发布了《关于规范人工智能军事应用的立场文件》，呼吁各方遵循国家或地区的人工智能伦理道德准则。在瑞士日内瓦举行的联合国《特定常规武器公约》2022 年缔约国大会上，中国向大会递交了《中国关于加强人工智能伦理治理的立场文件》，该文件结合了中国在科技伦理领域的政策实践，并参考了国际社会的有益成果，针对国际社会的广泛关注提出了如下主张：其一，人工智能治理应当坚持伦理先行，通过制度建设、风险管控、协同共治等方式来推进人工智能的伦理监管；其二，应当强化自我约束，提升人工智能研发过程中算法的安全性与数据的质量，减少偏见与歧视；其三，应当倡导负责任地使用人工智能，防止误用、滥用以及恶用，加强对公众的宣传教育；其四，应当鼓励国际合作，在充分尊重各国人工智能治理原则和实践的基础上，推动形成具有广泛共识的国际人工智能治理框架和标准规范。

2023 年 10 月 18 日，于"一带一路"十周年论坛期间，我国集中发布了高质量共建"一带一路"八项行动、《全球人工智能治理倡议》以及《数字经济和绿色发展国际经贸合作框架倡议》等一系列关乎参与国际数字治理合作的重磅政策，国际合作机制以及议程设置的水平在持续提高。这些重大政策的颁布，展现出我国数字治理体系动态化完善、能够随时对数字经济发展以及数字治理重大问题予以回应的特点，这有利于从战略高度不断提升顶层设计，强化国内各部门政策的统一性与协调性，增进对外谈判能力以及数字治理议程设置能力。

第五节　财税政策支持与制度优化

一、平台经济税收治理

数字经济引发了一系列税收不确定性的挑战。蔡昌、郭俊杉（2023）通过构建契合平台经济特征的演化博弈模型，立足于政府与平台企业互动博弈并共同参与决策的视角，系统探讨了政府与平台企业的博弈演化逻辑。该文章指出，在平台经济处于不同的发展阶段时，税收激励政策的效果并不完全相同，而且税收激励政策的效果还与政府的监管水平存在关联。具体而言，在平台经济发展的初期阶段，政府针对平台企业的监管水平相对较低。在此种情况下，平台企业作为一种新兴的商业模式，不但能够享受到政府的税收激励政策，还有可能会展开无序的扩张，而这种扩张通常呈现出低门槛、低成本以及低风险的特征。由于政府实施了税收激励政策，平台企业的效用会在短期内迅速增加，在达到峰值之后，又会因政府监管不力等因素而急剧下降。平台企业效用的损失是由税务方面的问题、大数据杀熟、垄断竞争、隐私泄露以及虚假宣传等现实状况所引发的。与此同时，政府的效用也会在短期内持续下降至低谷，随后会逐渐回升。在这个时候，提升政府的治理水平和加强监管显得尤为重要，同时，平台的自治水平也需要不断地提高。经过市场一段时间的"优胜劣汰"，政府治理与平台自治的水平持续提高，政府监管对平台企业所产生的正效应也在不断显现。此时，平台企业步入了平稳发展的阶段，政府的税收激励和税收监管政策都将会发挥出其应有的效应。除此之外，文章还指出，政府给予平台企业税收激励政策应当是一个持续进行的过程，必须避免"朝令夕改"的情况出现，只有这样才能够为平台企业营造更为优良的营商环境，不会由于税收激励的取消而致使平台企业面临财务困境，进而导致平台企业的利益受到损害。

平台零工经济属于数字经济时代的一种崭新用工模式。孙正等（2022）针对零工需求方、平台企业、零工就业者以及税务部门这四方主体在税收治理领域所面临的冲击与挑战展开了讨论。零工经济下的用工模式和传统的用工模式存在差异。在传统用工模式中，劳动关系在就业者的人格、经济、组织等方面都呈现出从属性，企业承担着保障劳动者合法权益的义务，雇佣流程通常具备严谨性和完备性。然而，在平台企业的零工经济模式之下，零工需求方通常会采用业务外包的用工模式，并与平台企业签订服务外包协议。因此，平台企业充当着第三方的角色，依据零工需求方的要求，以更为灵活、更为多元化的方式去匹配适宜的零工就业者，无需需求方和零工就业者直接进行接触，这种关系并非典型的劳动关系三角结构，而是一种短期的合作关系（蔡昌等，2022）。孙正等（2022）指出，零工需求方与平台企业通常都是已经进行了工商登记和税务登记的单位，若税务机关监管得当，征税就相对清晰明确，所以在此环节中由零工经济所带来的虚增收入成本、虚开发票的风险要比下游环节小。而零工就业者与用工单位之间的关系认定以及税款缴纳问题，取决于平台企业是否介入到零工需求方与零工就业者的交易关系之中，简单来说，就是平台企业是否仅仅发挥居间撮合的作用。在该环节，相较于传统用工模式，只是将业务从线下转到线上或者由线上转而利用平台企业来进行用工匹配，零工需求方在税收治理方面面临着相对可控的冲击与挑战。

2021年，中共中央办公厅、国务院办公厅印发的《关于进一步深化税收征管改革的意见》明确提出"加快推进智慧税务建设"，打造"体系 + 工具 + 平台"的新时代智慧税务大数据平台，坚持"信用 + 风险"的精准监管，以实现对市场主体干扰的最小化以及监管效能的最大化，这也是现阶段税收大数据以及智慧税务建设的目标。在现实社会中，智慧税务作为一个协同共治的生态系统，必须从经济环境、社会环境、制度环境以及技术环境等角度去构建一个立体型的动态平衡系统，以数字化、智能化手段来驱动智慧税务协同共治生态系统的博弈与演进。智慧税务属于高级阶段的税收治理，其集中体现为数字技术为税收治理的演进提供了源动力（蔡昌、郭俊杉，2023）。

智慧税务建设乃是数字政府建设的关键构成部分。截至2023年6月，全国统一规范的电子税务局已初步建成且上线试点，全面数字化的电子发票也在稳步推广，智慧税务的"四梁八柱"已基本构建成形。① 国家税务总局税收科学研究所在《2023年税收工作亮点扫描》里汇报了2023年度有关智慧税务的建设状况，着重强调要深入贯彻落实《关于进一步深化税收征管改革的意见》，一体化推进智慧税务建设，通过税费征管的数字化升级以及智能化改造，健全以动态"信用 + 风险"为基础的新型税务监管体系，依法严厉打击涉税违法犯罪行为，有效维护公平有序的市场经济环境。其中，智慧税务建设的成效主要展现在税费征管效能的进一步提升上，具体表现为深化拓

---

① 奋力推进税收现代化服务中国式现代化开新局建新功 ［EB/OL］. （2023 – 06 – 14）. https：//www.chinatax. gov. cn/chinatax/n810219/n810724/c5205345/content. html.

展 31 项税收征管改革措施，修改完善《税收征管操作规范》，从而形成了全国统一的操作标准。持续深入推进全面数字化电子发票试点等工作，逐步建成了涵盖纳税人端、税务人端、决策人端"三端一体"的智能应用平台，与 24 个部门建立起"总对总"的常态化数据共享机制，实现了税费数据的智能归集，税收服务于国家治理的能力得到了进一步增强。①

二、数字财政改革

数字财政指的是以财政大数据价值为基础，以财政大数据应用作为支撑，通过运用现代化信息技术，将财政数据的采集、整合、分析与运用作为手段，进而实现优化收支结构、提升效率、促进公平以及更好地实现公共利益的财政活动（王志刚，2020；谢易和等，2021）。数字财政并非单纯的"数字 + 财政"，即并非在原有的财政形态基础上简单地运用数字化技术来解决财政运行、管理过程中的部分问题，而是在数字化技术的支撑之下，涉及财政资源配置、财政运行、财政管理、财政监督等全方面的理念与方式的变革和创新（谢易和等，2021）。王志刚、金徵辅（2022）着重强调生产系统建设与大数据应用推广乃是数字财政建设的重点。具体而言，他们着重指出要通过构建统一的中央、省、市、县、镇五级的预算一体化管理系统，从而达成对预算管理全流程的覆盖以及财政资金项目全生命周期的管理。数据端口的统一和规范，能够推动预算管理中的基础信息管理、项目库管理、预算编制、预算批复、预算调整和调剂、预算执行、会计核算、决算和报告这 8 个部分实现一致性账表的精细化管理。在财政工作的施行过程中，建立起以中央级数据库为核心、各省级数据库为辅助的数字财政系统，能够进一步增强相关的统计分析、预测预警以及决策支撑等现代化政府管理能力。

同时，在大数据应用的推广方面，由于我国地区之间的经济发展存在较大差异，财政大数据的应用设计需要根据具体情况因地制宜、因时制宜，并且应当注重宏观、中观以及微观等多个方位的发展。在宏观层面，要聚焦于

---

① 高质量推进中国式现代化税务实践的生动诠释——2023 年税收工作亮点扫描［EB/OL］. (2024 – 02 – 06). https：//www. chinatax. gov. cn/chinatax/n810219/n810724/c5221224/content. html.

对宏观经济的分析，通过构建"财政－税务－经济"数理模型，为政策调控提供科学可信的实验场所；在中观层面，应当注重数字财政的应用在生产部门中的推广，依托大数据等数字技术在部门、产业和地区等维度实现对财政资金全过程、全口径的智能化监管；在微观层面，应当注重对财政资金的全天候实时管理和对微观主体的资金使用效果的及时评价与反馈，从而提升财政资金的使用效率。

随着数据市场建设的持续深入推进，政府数据运营成为了热门议题。政府数据抑或公共数据运营依靠基础制度的指引，并且由于数据要素作为生产要素，涉及流通与使用的各个层面，需要其他领域的相应制度予以匹配，其中财政作为国家治理的基础和重要支柱，在政府数据运营当中起着不可或缺的作用。谢波峰、朱扬勇（2023）着重强调了数据财政的重要性，指出当前数据领域的财政模式不具有可持续性，这是因为现有的数据财政仅仅注重于对公共数据运营的投入，而对公共数据运营所产生的收益以及收益分配过程关注不够，各地普遍存在的情况是一般预算缺口难以支撑现有的公共数据运营模式。因此，数据财政是与数据要素流通和使用相匹配的财政制度，科学地制定相应制度需要依据数据要素流通和使用的具体业务，而并非只是在表面上探讨与数据要素相关的财政支出和收入。从财政制度的视角来审视，需要予以关注的是数据价值产生的流程，涵盖数据资源化生产、数据服务化开发以及数据价值化利用等整个数据价值链，实现从数据到数据资源、数据服务以及数据价值的转换。另外，谢波峰、朱扬勇（2023）还指明数据财政的目的在于推动公共数据运营形成良性循环，也就是说数据资产所产生的收益能够转化为财政收入，数据财政的收入反过来用于支持数据财政建设，同时也用于补贴数据产品的使用者，将"蛋糕"做大，让公共数据要素助推数据要素市场的发展，促进数字经济不断做强做优做大，构建起实体经济和数字经济深度融合的高质量发展格局。

三、数字经济市场反垄断

数字平台具备垄断性的关键依据在于交叉网络效应理论。这一理论指出平台存在买方和卖方的双边市场，当平台里的消费者数量增多时，会促使更多卖家进入该平台展开经营，反过来，越多的卖家进入该平台，又会吸引更多的消费者进入平台进行交易。在这样的交互作用之下，买卖双方的用户规模得以迅速提升，并且能够借此积累起海量的数据，平台企业从而能够快速发展，甚至成长为超大型平台，所以平台经济呈现出"赢家通吃"、易于获取垄断地位等特性（冯振华等，2023）。同时，值得注意的是交叉网络存在外部性。赵驰等（2023）指出平台企业会付出更大的努力去吸引网络外部性更强的一方（通常来说是买方），一旦买方在线下直接与卖方进行联系的搜寻习惯和购买习惯被改变，在交叉网络外部性的影响下，卖方也会选择加入平台并对平台形成黏性和依赖。平台有可能对卖方产生纵向控制，通过与用户垄断类似的情况，平台吸引用户以及改变用户购买习惯的能力越强，那么平台就越有可能成为买方购买卖方产品或服务的唯一途径，从而形成用户锁定效应。

平台对于那些依赖于买方需求的卖方的控制力越是强大，平台就越有可能成为买方势力的汇聚之处，施行用户垄断行为，破坏卖方市场的有效竞争，增加最终消费者支付的价格，从而对消费者形成双重加价。在传统的定价模式里，消费者的私人边际效用等同于社会收益，所以当边际消费者的保留效用和企业的生产边际成本相等时，就表明边际成本定价达到了社会最优状态，此时的价格也被称作社会最优价格。然而，在数字经济模式中，我们必须要考虑到交叉网络的外部性，此时社会最优的定价水平并不等于边际成本。这是由于消费者决定自身是否加入某个市场，仅仅受到其个人的效用以及成本（也就是平台所收取的接入费）的影响，而不会去考虑其对另一市场中其他用户所产生的影响。政府需要针对企业或行业制定补贴政策，或者实施反垄断等规制政策，以抵消平台一边的消费者对另一边的消费者所创造的外部贡献，进而将交叉网络外部性内部化，每个市场用户所受到补贴的程度应当等同于其对另一个市场用户的效用贡献。

▌第八章▐

着力强化数字经济安全体系

当前，数字经济已加速成为世界经济增长的新动力，数字化也日益成为我国经济供给侧结构性改革的重要抓手。通过新的经济增长点拉动内需，数字经济被赋予了重要使命。确保数字经济安全有序，构建数字经济安全体系堪称发展过程中的重中之重。2022年1月12日，国务院发布《"十四五"数字经济发展规划》，明确了"十四五"时期推动数字经济健康发展的指导思想、基本原则、发展目标、重点任务和保障措施。其中，该规划提出，要着力强化数字经济安全体系，并围绕增强网络安全防护能力、提升数据安全保障水平、有效防范各类风险三方面部署了具体任务。

事实上，在数字经济生态的发展过程中，切实有效防范各类风险事关国民经济平稳、有序发展。强化数字经济安全风险综合研判，防范各类风险叠加可能引发的经济风险、技术风险和社会稳定问题显得尤为重要。此外，数字技术的快速发展也进一步拓宽了数据治理的领域，与之相伴的数据安全问题在个人权利、社会发展、经济利益和国家安全等多个方面持续涌现。因此，如何在数字经济背景下，建立健全数据安全治理体系，依法依规加强数据安全保护，做好数据开放和社会化利用的安全管理，是未来急需面对和解决的课题。

第一节　数字经济新业态与新挑战

数字经济的发展是基于不断升级的网络基础设施与智能机等信息工具以

及互联网、云计算、区块链、物联网等信息技术迭代更新的过程，以使用数字化的知识和信息作为关键生产要素，以现代信息网络作为重要载体并以信息通信技术的有效使用作为效率提升和经济结构优化的重要推动力，使得数字经济具有区别于以往经济形态的鲜明特征。其一为虚拟性。数字经济中的电子商务、交付服务甚至对价给付等均以数字化的形态存在，不同于工业产品一样必定会有实物产品相对应，其更不需要实物货币给付的形式。其二为开放性或分散性。依托互联网、5G、数据中心等信息网络，以区块链技术为基础的数据交互与数据安全、版权、支付结算、税收等去中心化业务模式更是将交易行为开放程度提高到前所未有的高度。其三为高附加及高增值性。与传统经济不同，数字经济具有很高的价值附加性，并且越是高科技产品，其附加价值越高。此外，数字经济还具有高渗透性、边际成本递减、外部经济性等特征。但凡事皆有利弊两面，这些数字经济与生俱来的特征使得其在规模不断扩大的进程中将越来越多的问题也摆到监督管理者面前。现阶段，以数字经济为代表的科技创新成为催生发展动能的重要驱动力。随着大数据、云计算、人工智能、区块链、物联网等数字科技快速发展，数字经济新模式与新业态层出不穷。本部分通过观察"央行数字货币"以及"数字服务税"两个领域的发展情况，从而对数字经济发展过程中不断涌现的新业态及随之产生的潜在风险进行介绍。

一、央行数字货币

（一）全球央行加速数字货币研发抢夺新赛道

自 2009 年 1 月比特币诞生以来，其所使用的一系列技术极大地拓展了人们对货币形态的认知，引发了后续全球数字货币的创新热潮，也对各国金融科技（FinTech）创新以及中央银行发行新型法定货币"央行数字货币"带来了启发。数字货币是目前区块链技术的最热门应用，也是一个创新机遇和风险挑战共存的全新领域，包括以比特币、稳定币为代表的私人数字货币和各国央行发行的央行数字货币。实际上，比特币等加密货币的发行大多依赖算法，并不控制在一个机构手中，也不依赖一个中心化的服务器（即"去中心化"），但其缺乏价值支撑、价格波动剧烈、交易效率低下且能源消耗巨大。同时，加密货币多被用于投机，存在威胁金融安全和社会稳定的潜在风险，并成为洗钱等非法经济活动的支付工具。针对加密货币价格波动较大的缺陷，一些商业机构推出"稳定币"，试图通过与主权货币或相关资产锚定来维持币值稳定。但是，从追溯发行者的角度来看，无论是比特币还是稳定币，背后所代表的均是私人信用和私人承诺。而央行数字货币（Central Bank Digital Currency，CBDC），则特指中央银行借鉴区块链技术，采用密码学、分布式账本等技术，以数字化形态发行和交易的法定货币，与央行发行的纸币、硬币具有同等的法定清偿地位。

当前，全球各主要经济体均在积极推进央行数字货币的研发与试点。根据国际清算银行 2022 年对全球 81 家央行的调研，其中九成有参与央行数字货币工作。除了研究工作之外，26% 的央行已经设计了央行数字货币，62% 在验证央行数字货币。[①] 根据 CBDC Tracker 的统计，到 2022 年 11 月，已至少有中国、乌拉圭、沙特、阿联酋、加拿大、法国等十个国家或地区开始试行央行数字货币。[②] 美联储也在 2022 年 1 月发布报告，讨论了数字美元的可能性。虽然各国央行数字货币概念的提出普遍受到比特币的启发，但各国央行对比特币和区块链的兴趣，多源于去中心化的结算等特性，即对比特币和区块链在结算环节去中心化所带来的效率提升感兴趣。[③] 但由于 CBDC 作为法定货币的特殊属性，其非中心化程度普遍比资产支持型的稳定币更低。

在 CBDC 领域，中国是全球率先展开相关业务的国家之一。经国务院批准，中国人民银行早在 2017 年就开展了中国版 CBDC 的研究与实验，后来立项命名为中央数字货币电子支付（Digital Currency Electronic Payment，DC/EP），简称为"数字人民币（e – CNY）"。目前，我国数字人民币主要定位于

[①] Chen, Sally, Tirupam Goel, Han Qiu, Ilhyock Shim. CBDCs in Emerging Market Economies [C]. BIS Working Paper, 2022.

[②] 可参考：https://cbdctracker.org/.

[③] 比特币"彻底"实现了"非中心化"，在所有业务环节中，包括发行、支付、清算结算，都摆脱了中心化服务器。比特币的发行依赖于算法，并不控制在一个机构手中，也不依赖一个中心化的服务器。比特币通过非对称加密签名结合共识机制实现了点对点的交易，实现了点对点环境中的自由支付，支付即清算结算。

流通中的现金（M0），旨在创建一种以满足数字经济条件下公众现金需求为目的、数字形式的新型人民币。值得注意的一点是，综合考虑支付效率和离线支付的普惠需求，数字人民币并未直接采用区块链底层技术。具体而言，数字人民币采用"中央银行＋运营机构"的双层投放模式，央行不直接为终端用户提供服务，而是仍然由运营机构（主要是商业银行）通过为客户开设"数字人民币钱包"来提供服务。在发行环节，央行的中心化数据库通过额度控制和管理，对商业银行发行数字人民币，而商业银行则通过货币发行系统和额度管理系统，执行数字人民币对用户的发放。在终端客户之间的支付完成后，交易提交到商业银行的交易库，完成数字人民币的转移过程，从而实现最终清算结算。实际上，数字人民币的"去中心化"主要体现在支付环节。数字人民币通过直接移动数字人民币加密字符串进行价值转移，并不需要银行系统中心化服务器对账户做余额相应增减。此外，数字人民币具有双离线支付功能，即收付双方的设备都不联网，也不与银行的服务器进行通信，在两台设备之间通过近场通信就可以完成支付。

中国人民银行数字人民币研发工作组 2021 年 7 月发布的《中国数字人民币的研发进展白皮书》显示：2019 年末以来，人民银行在深圳、苏州、雄安、成都以及 2022 北京冬奥会场景开展数字人民币试点测试。2020 年 11 月开始，增加上海、海南、长沙、西安、青岛和大连 6 个新的试点地区。到目前为止，数字人民币试点省市基本涵盖长三角、珠三角、京津冀等不同地区。截至 2022 年 1 月 1 日，数字人民币试点场景已超过 808.51 万个，覆盖生活缴费、餐饮服务、交通出行、购物消费、政务服务等领域。累计开立个人钱包 2.61 亿个，交易金额 875.65 亿元。[①]

（二）基于央行数字货币的跨境支付

2022 年 11 月，国际清算银行（BIS）等联合发布关于《货币桥项目：央行数字货币助力经济体融合互通》的报告。报告显示，由国际清算银行（香港）创新中心、香港金融管理局、泰国中央银行、中国人民银行数字货币研

---

① 人民银行：数字人民币试点场景已超过 808.51 万个 [EB/OL]. (2022 – 01 – 18). http://finance. people. com. cn/n1/2022/0118/c1004 – 32334235. html.

究所和阿联酋中央银行联合建设的多边央行数字货币桥（mBridge）项目取得积极进展。"货币桥"项目最早起源于 2019 年中国香港金管局与泰国央行发起的 Inthanon-LionRock 跨境多边央行数字货币项目。2021 年，该项目进行到第三阶段，在中国人民银行数字货币研究所、国际清算银行创新中心、阿拉伯联合酋长国中央银行加入后，该项目改名为"货币桥"项目。

"货币桥"项目尝试使用基于分布式账本技术（Distributed Ledger Technology，DLT）的公共平台进行跨境支付，多个中央银行可以在该平台上发行和兑换各自的央行数字货币。"货币桥"项目旨在打造一个高效率、低成本、可通用的数字货币平台，为中央银行和商业参与者提供直接的联系网络，以大幅提升国际贸易流动和跨境支付效率。为此，中央银行特别设计开发了一个原生区块链——mBridge Ledger，作为央行灵活执行多货币跨境支付的专用平台。平台设计特别关注功能模块化和可扩展性，遵守不同司法管辖区特定的政策、法律法规与治理要求，同时确保"货币桥"遵守支付与市场基础设施委员会（CPMI）、国际清算银行（BIS）创新中心、国际货币基金组织（IMF）以及世界银行向 G20 提交的报告中所强调的"CBDC 五项总体原则"：不伤害，提效率，增弹性，确保与非中央银行数字货币系统的共存和互操作性，以及增强金融包容性。

2022 年 8 月 15 日至 9 月 23 日，来自中国、阿联酋和泰国的 20 家商业银行参与了为期六周的"货币桥"项目试运行。上述商业银行使用各自央行在 mBridge 平台上发行的数字货币，代表其企业客户进行了支付和外汇同步交收（PvP）交易，这意味着多边央行数字货币桥项目成功完成了基于四种央行数字货币的首次真实交易试点。该项目使得银行能够直接在平台上为企业客户进行真实结算，进一步推动了多边央行数字货币（multi-CBDC）交易试验。期间，该平台共发行超 1200 万美元，促进逾 160 笔跨境支付和外汇 PvP 交易，交易总额达 2200 万美元。①

与传统的跨境支付系统相比，"货币桥"存在三个方面的主要特点：一是不依赖美元支付体系。根据国际清算银行发布的"货币桥"项目报告，参

---

① 多边央行数字货币桥项目：以央行数字货币连接经济［R/OL］.（2022-10-28）. https://www.mpaypass.com.cn/news/202210/28094051.html.

与项目的各国央行依托"走廊网络"（corridor network），进行存托凭证（depository receipt）与数字货币的互换，而这种存托凭证实际起到了一种中介"货币"（如美元）的作用①。二是效率提升。根据 Inthanon – LionRock 项目第二阶段的实验结果，央行数字货币跨境支付完成时间减少了80%。② 相比于现在国际支付系统 3 ~ 5 天的支付完成时间，国际清算银行预计"货币桥"项目有潜力将支付时间缩短至 2 ~ 10 秒。三是成本降低。根据世界银行的统计，当前个人跨境汇款的平均成本是汇款总额的 6.01%③，而通过"货币桥"项目，跨境支付的清算成本、操作成本、外汇成本、合规成本都将降低。Inthanon – LionRock 项目实验的结果显示跨境支付成本是当前国际支付系统的 50%。④

（三）央行数字货币的安全性

虽然包含数字人民币在内的 CBDC 是当前国际上的一个研究热点，并且其发行存在中央银行的信用背书，但是发行 CBDC 也面临一些风险。整体而言，数字货币安全一般具有两个方面的含义：一个是数字货币本身的安全，主要表现在实现数字货币形态及特性所必须采取的安全技术，包括密码、安全芯片、系统安全、网络安全、数据安全技术等；另一个是数字货币带来的货币制度或者金融体系的安全，其中包括法律、监管、合规、风险管控等，例如金融监管通常所涉及的用户实名、反洗钱以及反恐怖主义融资等。

值得关注的是，央行数字货币具备数字化的特征，过分强调与实物货币同等水平的匿名性，将会产生极大的风险。金融行动特别工作组（FATF）⑤曾在其研究报告中指出，"与现金相比，央行数字货币可能带来更大的洗钱和恐怖融资风险。因为央行数字货币可以提供给公众以零售付款或作为账户使用，并且在理论上允许匿名的点对点交易。在这种情况下，央行数字货币

---

① 可参考：https：//www. bis. org/publ/othp59. htm.
②④ 可参考：https：//www. bis. org/publ/othp40. htm.
③ 可参考：https：//remittanceprices. worldbank. org/.
⑤ 金融行动特别工作组（Financial Action Task Force，FATF）是西方七国为专门研究洗钱的危害、预防洗钱并协调反洗钱国际行动而于 1989 年在巴黎成立的政府间国际组织。

能够提供接近现金的流动性和匿名性，又因为使用者不需要随身携带现金，因此较现金更具有便携性。由于央行数字货币会得到其司法管辖区的中央银行的支持，因此有可能被广泛接受和使用。匿名、便携性和广泛使用的结合对于以洗钱和恐怖融资为目的的罪犯和恐怖分子极具吸引力。"[1] 这是因为，利用现金进行违法交易的成本很高，大额的现金交易需要经过运输、清点、交付等环节，同时存在盘点错误、损毁、丢失、假币等风险。随着现金交易金额的增加，其成本的增长是非线性的。而在数字化时代，无论交易金额大小，其交易的成本基本相同。可见，现钞不便于携带的特点反而对洗钱和恐怖融资等行为增加了摩擦，所以对现钞的匿名性的容忍度也相对较高。而央行数字货币收集的用户信息少于传统银行账户和电子支付，较实物现金又更为便携，如果提供与现钞同样的匿名性，将为不法分子提供新的犯罪土壤，大量的非法交易将从电子支付流入央行数字货币，央行数字货币极易沦为电信诈骗、网络赌博、洗钱、毒品贩卖甚至恐怖组织犯罪的工具。

基于上述风险情况考虑，我国数字人民币在设计上遵循"小额匿名、大额依法可溯"的原则。到目前为止，数字人民币采用分级限额模式，根据客户身份识别强度的不同，可开立五类不同级别的数字钱包[2]，以满足公众不同的支付需求。此外，各类钱包实名程度、认证方式、限额管理等也各不相同（见表 8 –1）。

表 8 –1　　　　　　　　　　　不同级别数字人民币钱包对比

钱包分类	Ⅰ类钱包	Ⅱ类钱包	Ⅲ类钱包	Ⅳ类钱包	Ⅴ类钱包
钱包属性	实名	实名	实名	匿名	匿名
认证方式	银行面签、人脸识别、身份证件、手机号、银行账户	远程认证、人脸识别、身份证件、手机号、银行账户	远程认证、人脸识别、身份证件、手机号	远程认证、手机号/邮箱	远程认证、手机号/邮箱

---

① 参见：The Financial Action Task Force：FATF Report to the G20 Finance Ministers and Central Bank Governors on So-called Stablecoins，2020，P26.

② 目前，数字人民币试点银行中，有的将数字人民币钱包账户分为四类，有的分为五类。其中，一至四类钱包的分类标准，比如钱包实名强度、认证方式、每人开户数量限制、限额等，各试点银行的规定都是统一的。而交通银行除了一至四类钱包以外，还另外设置了五类账户，即专门针对外籍人士的非实名钱包。

续表

钱包分类	I类钱包	II类钱包	III类钱包	IV类钱包	V类钱包
开户数量	一人同一机构限一个	一人同一机构限一个	一人同一机构限一个	一人手机号/邮箱同一机构限一个	一人手机号（含境外手机号）/邮箱同一机构限一个
绑定账户	绑定本人I类借记卡	绑定本人I类借记卡	不可绑定任何账号	不可绑定任何账号	不可绑定任何账号
余额上限	无	50万元	2万元	1万元	1000元
单笔限额	无	5万元	5000元	2000元	500元
日累计限额	无	10万元	1万元	5000元	1000元
年累计限额	无	无	无	5万元	1万元

可以发现，I类和II类钱包需绑定银行账号，用户身份需经过银行的尽职调查，本质上是银行的客户。III类钱包虽不绑定银行账号，但需验证身份证件，只是实名程度较弱，但客户不一定是银行的客户。IV类钱包和V类钱包属于非实名钱包，通过手机号就能开立，不绑定银行账号，不验证身份证件，尽管是可控匿名，但相较于I至III类钱包，客户身份识别难度较大，银行无法掌握客户年龄、户籍、住址、职业等关键要素。对于使用购买、租借的手机号开立IV类、V类钱包的情形，更是无从知道钱包的实际使用人。目前在实践中，公安机关已陆续破获多起利用数字人民币进行洗钱的案件。此外，在跨境支付方面，前述"货币桥"项目的试运行也让人们认识到，诸如mBridge一类的多边央行数字货币跨境支付平台，均涉及一系列政策、法律和监管考量。要将央行资金直接提供给外国参与者，并在"共享账簿"上进行交易，还需进一步探讨政策、数据隐私和治理等因素。这样一种新的数字货币形式和多边CBDC平台还将在各个司法管辖区遇到不同的法律问题和挑战。这可能需要依据各区现行的规则与条例，进行相应的监管改革，使法律明确、清晰。

二、数字服务税

在目前数字经济已经成为全球经济社会发展新引擎的背景下，越来越多的跨国科技企业凭借强大的创新能力、用户资源和平台效应，在为企业自身以及全社会创造着巨大的商业价值的同时，也对基于传统经济模式构建的全球税收体系形成巨大的冲击和挑战。对此，一些国家和地区掀起了对大型科技企业征收数字服务税的热潮，欧盟、G7、OECD等也将数字服务税议题纳入政策议程中，数字服务税成为全球数字经济发展的热点议题。其背后是对当前全球数字经济产业链、供应链、创新链以及利益竞争格局的反映。

（一）出台背景与最新动向

数字服务税（Digital Services Tax，DST），也称数字税，其核心要义是"如何对数字经济征税"。2022年，测算的51个国家数字经济增加值规模为41.4万亿美元，同比名义增长7.4%，占GDP比重的46.1%。产业数字化持续成为数字经济发展的主引擎，占数字经济比重的85.3%。从规模看，美国数字经济规模蝉联世界第一，达17.2万亿美元，中国位居第二，规模为7.5万亿美元。从占比看，英国、德国、美国数字经济占GDP比重均超过65%。从增速看，沙特阿拉伯、挪威、俄罗斯数字经济增长速度位列全球前三位，增速均在20%以上。[①] 相较于传统经济形态，数字经济主要特征包括：一是在某市场具有一定营业利润，但在当地不存在任何显著或实质的商业活动；二是高度依赖无形资产；三是用户对价值创造的贡献增加，数据成为新的收入来源。

在全球数字经济快速发展的背后，跨国科技企业主导着全球数字经济高速增长。截至2022年底，全球价值超百亿美元的互联网平台共有70家，价值规模约9.2万亿美元。较2020年数量增加6家，价值规模增加1.35万亿美元。[②] 在数字经济时代，基于传统经济构建起的税收规则和国际税收体系面临巨大冲击和挑战。具体来看，支撑国际税收规则的核心概念——联结度和利润分配遭受重大压力，主要表现为以下几点。

[①] 全球数字经济白皮书［R/OL］.（2024 – 01 – 09）. https：//www. bita. org. cn/newsinfo/6744037. html.

[②] 平台经济发展观察白皮书［R/OL］.（2023 – 10 – 03）. https：//h5. drcnet. com. cn/docview. aspx？version = integrated&docid = 7178640&chnid = 6801.

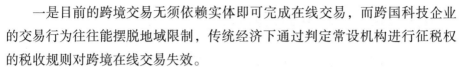

一是目前的跨境交易无须依赖实体即可完成在线交易，而跨国科技企业的交易行为往往能摆脱地域限制，传统经济下通过判定常设机构进行征税权的税收规则对跨境在线交易失效。

二是数字经济价值的创造有别于传统经济，更多地依赖于无形资产和用户参与，导致纳税地和价值创造地错位。如果企业在用户价值创造地没有设立常设机构，虽然用户参与为企业创造了价值、带来了利润，但依据现有的税收规则，用户所在国对该企业没有税收管辖权，无法对其利润征税。

三是即使一些企业在用户所在地设立了常设机构，则仅在限定范围内（即仅根据该常设机构的利润）向该国家或地区缴税，并没有充分考虑用户参与所创造的价值。例如，根据欧盟此前的税收规定，跨国企业可选择在欧洲总部所在地一次性交税。而大部分在欧洲开展业务的美国跨国科技企业，都会采用"双层爱尔兰—荷兰三明治"（Double Irish Dutch Sandwich）结构进行避税，即在欧洲税率较低的国家申报企业所得税。也正因为如此，爱尔兰、卢森堡因其低税率等原因成为美国跨国科技企业注册总部的热门地点。根据欧盟委员会的相关报告估计，数字公司在欧盟地区的平均有效税率为9.5%，而欧盟传统公司的有效税率为23.2%。2017年，谷歌在丹麦纳税仅约420万丹麦克朗（约合62万美元）；2015年脸书在欧盟支付的税收仅占其利润的0.03%。

因此，现有的国际税收规则已经落后于快速发展的数字经济形态，各国政府正面临着"双螺旋困境"：即在鼓励创新与深挖经济潜力的同时，如何避免市场分裂并保证竞争公平。因此，如何构建一个适用于数字时代优化营商环境需要的税制，实现国际税基的合理分配成为迫在眉睫的问题。当前，全球数字服务税征收方式主要集中体现为三种类型：一是以新加坡、澳大利亚等为代表的对非居民企业征收其向本国用户提供相关数字服务的商品与服务税（Goods and Services Tax，GST）或增值税；二是以经济合作与发展组织为代表的国际税制改革；三是以法国、英国、意大利等欧洲部分国家为代表基于特定数字服务收入门槛而设立的新税种。近年来，特别是在欧洲地区，数字服务税的最新动向集中在后两种类型趋势。

（二）数字服务税所伴生的问题与风险

从目前来看，多个国家开始探索并实施的单边数字服务税收政策也将带来诸多问题：一是数字服务税条款制定存在客观限制。数字服务税中，对常设机构的判定不再仅仅依赖于企业的物理存在，提供数字服务的企业在用户所在国取得的收入、拥有用户的数量以及签订的商业合同数量等也是判定常设机构的标准。但这些标准的判定需要追踪用户的 IP 地址，这项工作不仅使提供数字服务的企业在缴纳数字服务税时产生较大的合规费用，还可能会带来用户数据安全、隐私泄露等问题，而匿名用户的存在使税务部门在税收核定过程中难以追踪其真实位置，增加了税收征管的难度。此外，在以价值创造作为征税权划分基础的共识下，由"价值创造"引申出的"用户参与创造价值"成为开征数字服务税的主要依据，但对"用户参与创造价值"目前还没有一套科学客观的评定方法。以不确定的标准分配征税权，无疑会增加税制的复杂性和国际税收协作的难度。

二是数字服务税的征收，将给数字企业带来较高的合规成本。一方面，针对新的数字服务税规则需要技术投入。对跨国科技公司来说，数字服务税不仅使利润缩水，也意味着相关运作模式的改变。亚马逊表示，计算所欠税款需要花费数百万美元重新编程其系统并跟踪用户数据，以确定法国产生的数字收入；而谷歌则提出用虚拟专用网（VPN）掩盖位置时难以跟踪的问题。另一方面，目前以欧洲部分国家为代表所实施的单边数字服务税政策是过渡性的，这种不确定性给企业运营带来了巨大的风险和挑战。根据 OECD 关于共识发展状况的公告，几乎没有任何领先提案与 DST 相呼应，这意味着科技公司可能会急需花费数百万美元来遵守 DST 的合规要求，且正在实施、提议或者考虑采取单方面措施的不同国家政府均采用了不同的 DST 征收标准，这将导致科技企业的合规成本可能成倍增加。

三是单边措施破坏全球税收规则。现行的国际税收规则旨在通过协调不同国家的税收利益分配关系，以尽可能消除因一国国内税收政策的溢出效应而导致的国际税收冲突，从而维护公平的国际税收环境，保障全球经济的平衡和可持续发展。伴随着数字经济的快速发展，部分国家出于自身利益的考量，在当前全球缺乏共识性改革良方的前提下，率先开征了数字服务税，打破了现有的国际税收规则。这种单边行动的危害是各国各自为政，导致对某些企业或市场侵害性征税的同时还会出现税负不平衡，甚至出现规则漏洞从而引发有害税收竞争，增加国际税收规则的协调和统一难度。

四是可能引发贸易保护主义风潮。当前，以法国为代表的单边征税模式有被其他国家效仿的趋势。各国开征数字服务税，在防止跨国大型科技企业避税的同时，也有利于减轻本国中小型数字企业的负担。但与此同时，数字服务税成为了跨国贸易谈判中施压和要价的武器，即部分国家利用新型"非关税壁垒"打击数字贸易，影响他国数字企业海外发展。数字经济强国与数字经济较弱国家有关数字服务税的较量，实际上是双方保护自身数字产业优势，但衍生出的政治、经济利益冲突，也将进一步加剧数字经济发展地缘政治化。

当前，数字服务税的征收将对谷歌、脸书等大型数字平台企业带来直接影响。未来，随着中国数字经济高速发展以及"一带一路"建设加快推进，以阿里巴巴、腾讯、今日头条等为代表的越来越多的中国科技公司进军海外市场，也将不可避免地面临日益严苛的海外监管与不确定的市场风险。

第二节 数字经济时代的数据安全风险

当今世界已进入数据时代，海量数据的产生与流转成为"新常态"。随着数据价值的不断提高，数据安全风险也与日俱增。近年来，我国高度重视数据安全治理工作，陆续出台了《中华人民共和国网络安全法》《中华人民共和国数据安全法》《中华人民共和国个人信息保护法》等一系列数据安全治理的法律法规、政策文件和标准规范。然而，由于我国在数据治理领域起步较晚，当前依然存在立法体系不够完善、数字技术研发创新能力薄弱、国际合作不足、治理乏力等问题。相较于数字化和网络化阶段的传统数据安全，当前的数据安全问题在个人权利、社会发展、经济利益和国家安全等多个方面持续涌现。

一、个人数据隐私泄露风险

在数字经济快速发展的背景下，数据已经成为战略性经济资源以及重要的生产要素。其中，个人数据蕴含的商业价值愈加凸显的同时，也滋生了个人数据隐私泄露的风险。一方面，由于部分数字平台为了攫取数据红利，存在过度采集用户各类个人信息的行为，而其在未经数据主体同意或授权的情况下采集到的个人数据，往往会架空个人"知情同意"的规则，使得数据主体监管权利减弱；另一方面，前沿科学技术的发展和应用，使得个人隐私边界日益模糊，技术对数据的高度依赖性也使得新类型的隐私侵权行为方式不断涌现。此外，数据主体的保护意识不足、数字平台获取用户数据的隐秘性、数据共享与个人隐私的冲突，皆加剧了个人数据隐私泄露的风险。

近年来，随着金融交易数字化的发展，得益于光线活体检测、肢体动作和唇语检测等新技术的引入，数字身份认证技术日趋成熟并被广泛应用于各类金融业务场景中。① 数字身份认证技术的应用，延伸了金融服务的时间、地点、渠道，但是数字身份认证仍然不可避免地存在信息安全风险。由于数字身份认证基于互联网技术环境，可能存在黑客攻击、技术漏洞、未经授权使用等情形，缺乏有效的网络安全防范和信息安全保障机制，可能造成个人身份信息尤其是隐私信息大面积泄露，给个人和相关机构带来一系列风险隐患和财产损失。例如，犯罪集团可以从事身份盗窃业务，生成大量合成数字身份证等。此外，如果生物识别技术产生的数字身份一旦泄露或被盗用，将无法通过重置方式来保护，属于不可逆的风险。

从永安在线（Ever. Security）② 数据资产泄露检测平台 2020 年的检测结果来看，当前数据资产泄露事件涉及证券、银行、保险、电商、社交、快递、短视频、政府、教育等生活中的各行各业。而这其中，金融、互联网行业的

---

① 数字身份，指通过数字化信息将个体可识别地刻画出来，也可以理解为将真实的身份信息浓缩为数字代码形式的公/私钥，以便对个人的实时行为信息进行绑定、查询和验证。数字身份不仅包含出生信息、个体描述、生物特征等身份编码信息，也涉及多种属性的个人行为信息。

② 永安在线为国内专注于业务反欺诈和应用程序编程接口（Application Programming Interface, API）安全的产品和服务供应商。

个人隐私数据泄露事件分别占总数的41%和28%。这些数据说明，金融和互联网行业仍为个人隐私数据泄露的重灾区。从个人隐私数据泄露的常见类型来看，针对个人财务数据的泄露事件占比高达37.04%，针对用户真实身份的数据泄露事件以29%的占比排名第二，购物数据、登录凭证分别以10.05%和8%分列第三位和第四位。从涉及的人群来看，针对网贷用户的个人隐私泄露事件数量占比高达29%，是排名第二的股民数据泄露事件数量的两倍。造成此类情况的原因除了近几年中小型互联网贷款平台纷纷爆雷倒闭，相关业务数据被"内鬼"泄露，同时也是因为网贷群体与股民在消费特征上都具有"高附加值用户"这一特征，继而引发相关数据的大规模传播。此外，"大学生、女性、宝妈、车主、酒店入住人员、家长"等细分用户特征同样因其具有一定的"附加值属性"可被黑色产业链利用进行针对性攻击，导致相关信息被持续泄露和贩卖。

二、政府数据开放与共享过程中的风险

一般而言，政府数据开放与共享是指政府数据资源内部生成、协同共享和开放利用的过程。标准化、规范化的数据开放与共享，有助于充分挖掘和开发数据资源价值，使其更好地服务于经济社会的发展。近年来，随着数字政府的推进，政府数据开放与共享的重要性进一步凸显。《中华人民共和国数据安全法》中针对政务数据开发利用特设专章，要求省级以上人民政府应当将数字经济发展纳入本级国民经济和社会发展规划，提升数据服务对经济社会稳定发展的效果。

复旦大学数字与移动治理实验室"中国开放数林指数"① 网站所发布的《中国地方政府数据开放报告——省域/城市》显示：截至2021年10月，我国已有193个省级和城市的地方政府上线了数据开放平台，其中包含省级平台20个（含省和自治区，不包括直辖市和港澳台），城市平台173个（含直

---

① "中国开放数林指数"是我国首个专注于评估政府数据开放水平的专业指数，由复旦大学数字与移动治理实验室联合国家信息中心数字中国研究院制作出品，自2017年首次发布以来，定期对我国地方政府数据开放水平进行综合评价。

辖市、副省级与地级行政区）。开放数据集覆盖市场监督、资源能源、财税金融、气象服务、生态环境、信用服务、交通运输、教育文化、城建住房、医疗卫生、科技创新、公共安全等多个场景领域，并且基本提供数据查询、数据下载和接口调用服务。政府数据开放平台俨然已成为各地数字政府建设的"标配"。

然而，政府数据开放与共享领域依旧面临数据安全风险。第一，在当前数据资源即"权力"和"财富"的发展形势下，数据大量产生与集聚，因其涉及民生相关的重要数据和个人敏感隐私，数据价值极大，本身就更容易招致攻击。第二，数据在多部门、组织之间频繁交换和共享，常态化的流动使数据安全的责权边界变得模糊，权限控制不足，存在数据超范围共享、扩大数据暴露面等安全风险和隐患，如果发生安全事件难以追踪溯源。第三，由于相关数据往往具有体量庞大、类型丰富、流动频率高等特征，一旦在法律法规、技术保障水平以及安全管理机制或数据主体保护意识等方面出现欠缺和疏漏，就会带来严峻的安全风险。

三、数字平台数据垄断与数据权属问题

近年来，数字平台企业之间屡屡出现恶性竞争行为，这不仅使用户权益沦为利益扩张的牺牲品，而且也引发了一系列数据安全问题。从危害表现形式来看，一方面，数字平台企业特殊的市场行为产生的"数据杀熟""数字卡特尔""掠夺性定价"等成为平台形成数据垄断的重要手段，或导致市场支配地位滥用，引发一系列诸如破坏行业生态、扰乱市场竞争秩序、压制创新、侵犯个人隐私等数据安全问题；另一方面，数据自身具备的多重属性以及复杂权利责任关系，使得难以统一数据权属层面的标准，进而导致数字企业平台之间产生数据权属界定不清晰、配套规则缺失、数据类型划分难等问题，加剧了数据安全治理的难度。

四、国家数据主权与数据跨境流动问题

数据基于网络媒介在各主权国家之间的跨境流动与存储已经成为常态，然而数据的跨境流动也孕育着各类潜在的数据安全风险。第一，从数据管辖权的视角看，数据的跨国界流动造成了数据来源地与储存地的割裂、数据控制者与所有者的分离以及数据管辖权与治理权的模糊，进而引发各国在数据管辖权以及确认目标数据所在地方面的矛盾。例如，"微软离岸邮件数据授权案"的争议焦点就在于一国政府对本国企业在域外的数据是否享有控制权或管辖权（参见专栏8.1）。第二，从数据隐私保护的视角看，由于各国数据安全和隐私保护水平不一致，当用户数据从保护水平较高的地区流向保护水平较低的地区时，可能会因为立法不足、保护技术或管理能力有限，导致存在数据泄露的风险。第三，从国家安全的视角看，在数据作为重要生产要素、社会财富和战略资源的背景下，当前部分国家奉行"数据霸权主义"也会造成巨大影响。例如，在数据资源的获取上，美国对他国数据实行"长臂管辖"，美国可按国内相关法律强制要求其企业提供在任何国家境内采集和存储的数据，但其他国家如欲调取美国境内数据，则将受到层层加码的限制。此外，数据霸权除了表现为长臂管辖式立法、双边或多方协议，还表现为单边或联合性制裁、恶意管制等形式。对数据深度分析将衍生出远超数据本身的价值，甚至能发挥极大的操控作用。支配数据的权力不仅涉及大数据、人工智能、5G、物联网以及云计算等科技发展，还包括对个人隐私、社会动态甚至国家机要信息等的综合利用。这些信息一旦被一国垄断后将产生对他国财富的攫取、意识形态的控制，甚至政权的颠覆等不可估量的影响。

专栏8.1

微软与美国司法部围绕云计算服务器海外存储隐私权展开争论

美国联邦政府曾于2013年申请获得一张搜查令，要求微软提交一名涉嫌

使用电子邮箱账户进行毒品犯罪活动的客户的电邮信息。微软随后提交了部分存储于美国设备上的账户识别信息，但不予提交实际的电邮讯息，称这些调查所需的邮件存储在微软位于爱尔兰首都都柏林的服务器上。值得一提的是，微软在40个国家拥有100个数据中心，是第一个对调查海外存储数据的美国本土搜查令提出挑战的美国公司。除此之外，苹果、谷歌等其他数据存储服务提供商均在其位于世界各地的服务器上存储来自全世界的信息。

微软与美国政府争论的焦点是1986年通过的《电子通讯隐私法案》（Electronic Communications Privacy Act）。在该法案通过的时候，电子邮件、即时通讯和基于互联网的社交网络尚未得到普及，它的目标是保护用户隐私。但是，该法案并未预见到申请搜查令获取海外数据的情况。微软方面认为，上述法案已经过时，不适用于当代的互联网基础设施及云计算服务。美国政府不应单方面要求获取这些信息而不考虑别国利益，这可能会造成国际间的紧张和混乱。而美国执法部门则认为，科技公司拒绝移交云数据，损害了对犯罪行为的调查。执法部门合法获得美国服务提供商存储在美国境外的信息，可以应对愈演愈烈的威胁公众安全的刑事威胁或国家安全威胁。

这起在联邦政府与微软公司之间展开的诉讼，是科技公司与执法部门围绕消费者数字信息进行的更广泛较量的一部分。为了解决此类问题，美国国会考虑以两党立法的形式修改1986年推行的《电子通讯隐私法案》。2018年，美国国会通过了《澄清境外合法使用数据法案》（Clarifying Lawful Overseas Use of Data Act），该法案的直接目的是解决上述"微软离岸邮件数据授权案"中跨境调取数据问题，赋权美国政府要求电子通信和远程计算服务提供商披露所掌控的用户境内外数据。而深层目的则是扩大了美国对数据的司法管辖权范围，拓展美国对境外数据的获取权。其后，美国司法部根据新法获得了新的搜查令，以取代其最初在2013年获得的搜查令，微软随即将司法部要求的电子邮件予以上交。

资料来源：网络公开渠道收集整理。

第九章

有效拓展数字经济国际合作

数字经济强调信息的获取、传输和交换，具有开放的属性，因此国家间平等合作是数字经济的题中之义。然而，一些国家、企业和组织将霸权主义搬进了虚拟世界，侵占了他人的权益。国际合作也成为了遏制单边主义，推动建立网络空间新秩序，形成国际互联网治理机制的重要手段。我国工业和信息化部发布的《"十四五"大数据产业发展规划》列举了推进国际合作的具体措施，其中明确指出"积极参与数据安全、数字货币、数字税等国际规则和数字技术标准制定"。这表明涉及财税领域的国际协调和合作是数字经济国际合作的重要组成部分。本章首先概述数字经济的财税领域国际合作，再叙述我国近年来在数字经济方面的国际财税合作的目的、举措和方向。

第一节　数字经济的财税国际合作

促进各国数字经济健康、快速、均衡发展，解决数字经济对经济制度和国家治理的冲击，都离不开国家间在相关领域的合作。本节将分别从税收和主权债务两个角度，具体陈述数字经济方面的财税国际合作。

一、数字经济的国际税收合作

（一）所得税领域

1. 数字经济冲击所得税国际规则

随着数字技术和数字基础设施的不断完备，互联网用户已经超过全球总人口的一半。人们逐渐习惯并主动应用数字服务，也使得数字服务成为发展最为迅猛的产业之一。数字服务具有无形的特点，给所得税课税的国际规则带来了一系列新问题。

（1）跨国电子商务运用虚拟销售平台，有形实体规则遭遇挑战。各国普遍行使地域管辖权（来源地税收管辖权），即一国要对来源于本国境内的所得行使征税权。这就要求准确判断某项所得的来源地。然而，所得具体类型纷繁复杂，而且所得来源地界定标准因所得不同而差异巨大，税收机关对所得分为经营所得、投资所得、劳务所得以及财产所得。其中，跨国电子商务乃至于整个数字经济主要影响经营所得。

经营所得是指个人或公司法人从事各项生产性或非生产性经营活动所取得的纯收益，我们可以将其简单理解为自然人或法人获得的利润。如果某国对一个外国企业的经营所得征税，理由必然是该经营所得来源于这个国家。而判断经营所得来源地的国际通行标准是常设机构标准，即在非居住国设立有常设机构的情况下，非居住国才可以行使地域管辖权对非居民企业的利润征收企业所得税。不难看出，是否存在常设机构是非居民企业经营所得征税权问题的关键。

常设机构是一个企业进行全部或部分经营活动的固定营业场所。营业场所必须是用于营业活动的、重要的有形物体，但轻便的、可携带的机器、设备、工具不构成营业场所。软件本身不是营业场所，但如果软件被位于办事处的计算机使用，办事处或计算机硬件可以被认作"营业场所"。特别的，网址和网页不能被单独认定为营业场所。

跨国电子商务往往依托两种利用信息技术的方式：一种是卖方直接在另

一国拥有或租用服务器，并利用该服务器与驻在国及其他国家的买方交易；另一种是卖方只租用网址或网页，在客户所在国没有受其支配的服务器。根据以上判定要点，非居民企业如果在一国拥有或租赁可供其支配的服务器，而且该服务器存放于固定的位置足够长的时间，企业还通过该服务器进行盈利性的活动，则该服务器的存在就构成常设机构。而只利用网址或网页开展业务不能认为设立常设机构。

电子商务可能涉及有形的产品和服务。买方可以通过线上平台进行选择、订购以及支付货款等，不过货物必须通过配送系统等传统方式才能到达顾客手中，因此这种模式与传统的交易方式没有实质性的差异。而另一种涉及无形产品和服务，可以完全通过互联网完成整个商业循环。有形商品的跨境电子商务可以借助传统方式判定常设机构的存在，比如销售渠道设置的办事处等可以认定该企业具有常设机构。而出售无形商品且只使用网址或网页的企业最不可能被认为设立常设机构，也就不会被客户所在国家的税务机关征税。理论上，无论是否自主支配服务器，无论商品是否有形，非居民企业都从客户处获取了利润。只是按照国际税收领域关于经营所得来源地的经典规则，有些利润会被认为来自客户所在国，另一些则不会。由于世界各国经济贸易关系将更加密切，跨国电子商务交易规模也会增长，如果客户所在国政府无法对某些本就来自本国客户的利润征税，这势必影响该国的财政收入，还会影响企业居民国和所得来源国之间的税收分配，违背国家间的税收公平，甚至还可能会扭曲企业对商品形式和销售方式的选择，违背税收中性原则。

（2）跨国电子商务的交易所得性质和类别可能难以判断。所得的性质在税收法律法规当中非常重要，因为它决定了所得征税的方式。以国际税收规则为例，所得来源地管辖权以所得性质和分类为前提条件。电子商务中产生的所得可能会被分为销售产品和服务的营业利润、授权他人使用专利或其他无形资产的特许权使用费、从事技术服务的劳务报酬或者转让无形资产的财产所得。然而，由于电子产品的混合特性、运送的特殊方式以及电子产品可以方便、准确、低成本地复制等特点，有形商品、无形资产以及特许权之间的概念变得模糊。由于现代信息通信技术的快速发展，书籍、杂志刊物、音像制品等各种有形商品和程序、专利、计算机软件、情报信息等无形商品，以及各种咨询服务，都可以在经过数据化处理之后直接经过互联网传输。传统上按照交易标的性质和交易活动形式来区分交易所得性质的税法规则难以适用于网上交易的数字化产品和服务，也为相关的税收活动提出了新的课题。

其中，经营所得、劳务所得和特许权使用费的区分问题尤为突出。首先，经营所得和特许权使用费可能难以区分。在跨国电子商务中，版权问题贯穿于几乎所有数字化产品和服务的销售和使用过程。如今通过网络提供、出售具有版权的商品十分普遍，而产生的所得既可以视为销售商品产生的经营所得，也可以视为出售使用权而产生的特许权使用费所得。例如，现在学术期刊普遍提供学术论文的下载和在线阅读服务。如果用户或所属机构不是期刊或期刊所属组织的会员，那么需要支付一定的费用才能下载和阅读一篇论文。期刊取得的收入到底属于出售文章的营业利润，还是允许读者获得下载和阅读权利而收取的特许权使用费？不同人可能存在不同的答案。

其次，劳务所得和特许权使用费可能混为一体。劳务所得是指个人提供劳动服务而取得的收入，特许权使用费是指因向他人提供专利权、秘方、专有技术、版权等制造性无形资产以及商标权、商誉、经销权、特许经营权等市场性无形资产的使用权而取得的所得。当一个自然人既是劳务提供者又是无形资产的持有人时，划分所得性质可能具有相当大的难度。例如，某位程序员自主开发了一款软件，一家企业购买了该软件的使用权。双方签订的合同规定，程序员不仅授权企业使用软件，还要附带使用说明，并提供安装调试、技术培训、软件维护与升级等服务。这一交易产生的所得既包含了劳务所得的属性，也涵盖了特许权使用费的特征，两类所得在同一笔收入中都有所体现。

最后，劳务所得和经营所得的界限可能模糊。在当前信息技术的支持下，自然人提供的劳务工作也可以被认为是销售数字化劳动成果。比如，一位证券分析师借助网络通信软件为他国客户提供咨询服务，客户也通过互联网下载该分析师整理、制作的分析报告、政策汇编和解读以及文档模板。此时，分析师提供服务产生的所得既可以被视为咨询服务带来的劳务所得，也可以被视为销售商品化的咨询意见或专业文书而取得的经营所得。

基于以上论述，在跨国电子商务交易中，虚拟化的商品、基于网络的交易过程以及可重复使用和消费的特点使企业所得的定性分类标准变得很不明确。甚至可能出现以下三类所得杂糅的情况：一国的独立撰稿人以在线服务方式向多国用户提供电子书刊或文章，用户可以通过计算机或移动工具随时浏览、下载其所需要或喜欢的资料。该作者获得的所得既可能算作销售无形产品的经营所得，也可理解为是写作活动的劳务报酬，还可能被认定为出售浏览和下载权限的特许权使用费。在现今各国的税法制度中，不同的所得定性分类往往对应于不同的税率和课税方式：经营所得和劳务所得以纯收益的方式计算，并依照相应规则认定所得来源地，以较高税率缴税；而特许权使用费以及其他投资所得则以总收益衡量，会在所得来源国缴纳预提所得税。如果所得区分不清，从事相同或相似业务的个人和企业纳税负担轻重有别，则税收活动与税收公平原则相悖，更会影响电子商务市场的有序发展。在税收协定的执行方面，跨国纳税人与缔约国税务机关或缔约国双方税务主管当局之间对有关所得的定性识别差异还会引起在适用协定条款上的争议与分歧。此外，如果用户所在国政府认定某笔交易所得为特许权使用费，课征预提所得税；而电子产品提供方所在国政府认为这是经营所得或劳务所得，并对其征收相应的所得税，就会发生对同一笔所得的国际重复征税。因此，跨国电子商务交易的所得分类在国际税收实践中可能造成混乱和矛盾，值得认真对待。

（3）跨国电子商务的盈利方式可能规避用户所在国的纳税义务。许多数字服务提供商都提供免费的使用权，用户无需支付任何费用就可以利用网站获得搜索和查询、阅读资料和收听或观看音像资源等服务。这些数字服务提供商的主要盈利途径在于广告收入，形成主营业务与盈利渠道分离的现象。国际著名视频网站 YouTube 不向用户收取观看费用或会员费，而向广告发布者收取费用。用户每一次观看，广告发布者需要支付 0.1～0.3 美元不等的广告费。2022 年，YouTube 共获得逾 292 亿美元的广告费；2023 年，其广告费收入比前一年增长了 23 亿美元，超过了 315 亿美元。[①] 虽然广告费数额巨大，但用户所在国可能难以对其征税。首先，广告费来源地可以与用户所在国无

---

① Alphabet 2023 Annual Report ［EB/OL］.（2024 – 01 – 30）. https：//abc. xyz/assets/52/88/5de1d06943cebc569ee3aa3a6ded/goog023 – alphabet – 2023 – annual – report – web – 1. pdf.

关。国际数字服务提供商可以面向全球用户，而播放或展示的广告同样覆盖全球，但广告费来源地显然少得多。假设耐克的美国子公司在微软公司旗下的搜索引擎"bing"上发布广告，广告受众群体涵盖全世界除南极洲以外的所有大洲；广告合同在美国签订，资金进入"bing"设在美国的账户。尽管广告费金额必然考虑到全球受众规模，该所得实质上与其他用户所在国都存在关联，但法律意义上的广告费来源地只是美国，与美国之外的其他用户所在国无关。因此，其他国家政府无权向该笔所得征税。

其次，即使广告费来源于用户所在国，依据国际税收规则判定的所得来源地也可能不是用户所在国。数字服务提供商获取的广告费很可能被认定为经营所得。上文提到，经营所得来源地的国际通行标准是常设机构标准。由于数字服务能够在世界上几乎所有地点进行，而且不需要传统意义上的"营业场所"，提供商可以将服务器设在用户所在国以外，在用户所在国不设立任何营业场所，从而不构成国际税收规则下的常设机构以规避纳税义务。即使广告费被认作特许权使用费，因为最为常见的特许权使用费来源地判定规则是特许权的使用地，而企业在虚拟的网站上投放广告，税务机关也很难真正判断其归属国。

图9-1体现了跨国数字服务既收取用户所在国的广告费，又规避用户所在国的缴税义务。某跨国数字服务提供商在另一个国家开展业务，为当地用户提供服务。出于避税的考量，该数字企业将服务器放在低税国。这并不影响服务质量，因为所有服务都通过网络进行。东道国的一些公司在网站上发布广告，并支付广告费。在东道国，数字企业只设一个联络用户、收集反馈的机构，不参与最终价值的创造。根据经典的常设机构的定义，这是一种准备性、辅助性的机构，而不构成常设机构。本章之前已经明确了网页和网址不能作为常设机构，所以该数字服务提供商在用户所在国不存在任何常设机构。虽然某国用户为跨国数字企业提供了广大的消费市场，并从根本上影响了利润数额，但是用户所在国的政府囿于国际税收规则，无法获得相应的税收收入。

（4）数字经济便于跨国公司转移利润以降低集团税负。转移利润的核心在于将利润转移到低税国甚至避税地，并令位于低税国的机构长期占有利润，以规避高税国的税收。跨国公司转移利润并不是新鲜事物，20世纪初期的转移利润行为直接催生了1915年的英国转让定价法规。但数字经济大大降低了跨国公司转移利润的成本，为其进行税收筹划提供了便利。

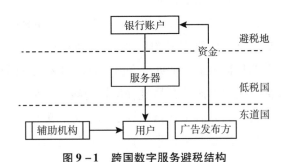

图9-1　跨国数字服务避税结构

第一，数字经济的发展促进了集团内部资金和信息的流动，跨国公司能够更随心所欲地在世界各地设置组织架构。这一变化不仅只限于数字企业，理论上适用于所有应用数字经济发展成果的跨国公司，但数字企业享受了更大的红利。因为数字服务提供商和用户能够完全实现空间分离，数字企业在全球选择最优组织架构的行为具有更低的机会成本。图9-1同样展示了这一点：广告发布者支付的广告费用直接进入避税地的银行账户，而数字企业在低税国设置机构和服务器。第二，知识产权是数字经济的关键部分，跨国电子商务往往都涉及知识产权的转让和授权，而让渡知识产权的所有权和使用权又便于从事跨国电子商务的数字企业通过财产转让所得和特许权使用费等形式将利润转移至低税国。第三，数字经济挑战正常交易原则。正常交易原则要求把跨国关联企业视作相互独立的企业，两者之间的每一笔业务都要按照市场竞争的原则正常计价收费。而数字经济时代，由于数字化的产品和服务只存在于虚拟世界，并且其本身具有不可复制和独一无二的特性，因而跨国所得的定性与定量标准都面临极大的冲击。由于这种稀缺性和异质性，评估人员很难在市场上找到可供比较的交易价格、开发成本和利润水平，因此正常交易原则难以适用数字经济条件下无形资产的转让定价。不少涉及这类产品和服务的跨国公司利用正常交易原则失灵的特点进行国际避税，尤以采用特许权使用费等消极所得形式转移集团内部利润为经常手段。

（5）数字经济挑战居民管辖权。居民管辖权是指一国要对本国税法中规定的居民取得的所得行使征税权，也是普遍适用于各国的税收管辖权。行使居民税收管辖权的基础是确定纳税人的居民身份。税法中的"居民"包括自然人居民和法人居民。以法人居民为例，常见的身份界定标准有注册地标准、管理机构所在地标准（实际管理机构标准）、总机构所在地标准和选举权控制标准。其中，前两种标准最为常见，许多国家同时采用这两种标准。

数字经济脱离了实体形态，交易过程比较隐蔽，交易涉及的个人和机构也可以隐藏真实身份，因此居民管辖权界定标准遭到破坏。跨国公司完全可以自行决定居民身份，满足避税诉求。首先，跨国公司可以方便地将集团中的某些公司尤其是股权结构的最上层公司注册在国际避税地而不影响主营业务。跨国电子商务能够在任何地方进行，而在电子金融技术不断发展的背景下，利润会以股息或其他形式快速汇集到位于避税地的公司。注册地标准规定，依照一国法律在该国注册成立即为该国法人居民。运用注册地标准将会判定该公司为避税地的居民，而避税地的特殊规定决定了公司无需缴纳或只需缴纳极少的企业所得税。

其次，数字经济的发展也令管理机构所在地标准难以在实践中应用。管理机构所在地标准的内容非常简单——管理机构设在一国即为该国的法人居民。但不同国家对"实际（有效）管理机构"的定义不尽相同：有的国家认为实际（有效）管理机构是公司日常业务的管理机构，负责决策的执行和具体管理；有的国家则将公司的决策机构认作实际（有效）管理机构。我国企业所得税法对实际管理机构的认定涉及4个核心要素——高管履职地、财产坐落地及相关资料存放地、财务及人事决策地、高管住所地。4个核心要素同时满足即说明对该企业进行全面控制和管理的场所位于中国境内。然而，现在高级管理人员可以运用数字工具和国际互联网远程办公，履职地和住所都可以在中国境外；董事会等决策机构可以使用视频或电话会议决定企业的重要事宜，财务和人事决策地处于虚拟的网络，不属于任何一个具体的国家；甚至某些主要资料也通过数字化处理置于境外的服务器。按照传统的管理机构所在地标准，税收机关不再能够准确判断某个跨国公司是不是本国的税收居民。另外，数字经济还方便企业变更居民身份。在电子通信技术快速进步的时代，地理边界不再像以前一样重要。把一个商业主体迁移到他国可能只意味着将电子化的关键文件移动到一台新的服务器中。跨国公司在综合考量经济形势、市场竞争程度和自身地位的情况下，完全可以便捷地利用数字经济完成居民身份转换，逃避高额税负。

2. 应对数字经济冲击的所得税国际合作

国际社会采用了一系列协调活动，尝试修改现行通用的所得税管辖权规则，缓解数字经济带来的国际重复不征税问题。协调工作包括单边措施、双边措施和多边措施，其中单边措施实则是一种非合作协调，与本章强调的国际合作不相符。但读者如果想深入理解两种合作协调，务必首先了解非合作协调，因为实施单边措施的不良后果促使国际社会寻求双边和多边解决办法。

（1）非合作协调：单边措施。

第一节详细介绍了跨国数字企业利用所得税国际通行规则的漏洞逃避纳税义务，尤以规避所得来源国的地域管辖权为甚。如果各国都有主要的数字居民企业，那么凭借居民管辖权仍可以征收相当数额的所得税。然而，虽然数字经济整体发展迅猛，但是其在各地区的发展很不均衡，大多数大型数字企业都分布在美国等少数国家。例如，2019年10月，《福布斯》杂志发布了全球数字经济100强排行榜。在国别统计中，美国企业上榜数量最多，有38家；且在前10名中占据了7位，它们是：苹果、微软、Alphabet、AT&T、威瑞森、亚马逊和华特迪士尼。而在前15名中，美国还有两家公司，中国（含中国香港）占三家，韩国有一家，日本占据两席。欧洲企业无一家进入前15名，最靠前的德国电信仅列第18位。尽管100强中欧洲企业占19家，但是大部分都是电信运营商和设备提供商，软件提供商、程序开发商和互联网服务提供商数量很少。[①] 本章已经讨论过数字经济对所得税规则的冲击，不难发现数字服务提供商更容易规避所得来源国的税收义务。因此，缺乏大型数字服务提供商的国家和地区更可能因数字经济的发展而出现税收流失。据英国媒体报道，亚马逊英国公司2017年在英国的营业额达到20亿英镑，而缴纳

---

① Top 100 Digital Companies［EB/OL］.（2019 - 10 - 10）. https：//www. forbes. com/top - digital - companies/list/#tab：rank.

的税单总额仅为 170 万英镑，不到其营业额的 0.1%；脸书 2018 年在英国的销售额达到 16.5 亿英镑，为历年之最，但其当年只支付了 2850 万英镑的公司税。英国国会议员玛格丽特·霍奇表示，如此低的纳税额简直是"令人发指"。法国财政部部长布鲁诺·勒·梅尔指责，美国科技巨头在欧洲最大的几个经济体——德国、法国等开展数字服务，赚取了大量财富，却通过将欧洲总部设在爱尔兰和卢森堡等"避税天堂"国家享受低税收待遇，这显然有失公平。[①]

为了应对经济数字化的加速转型，欧洲各国都在努力制定数字服务税，规范对数字服务提供商所获利润的税收制度。欧盟于 2018 年 3 月率先提出了"数字服务税提案"，力求在整个区域性国际组织的层面推动税收改革。数字服务税（简称"数字税"）是指针对某些数字服务而产生的有效利润专门征收的税种，其征收对象多为大型互联网公司。然而，此提案并未在欧盟层面达成共识，也未获得通过。此后，欧盟个别成员国开始制定自己的方案。

2019 年 7 月，法国参议院通过了征收数字服务税的法案，成为全球首个开征数字税的国家。根据该法案，法国将对全球年收入超过 7.5 亿欧元且来源于法国境内收入超过 2500 万欧元的互联网企业征收数字服务税，其税率为法国市场收入的 3%。随后，英国、西班牙、意大利等国出于对自身利益的考量也实行了单边的税收行动，具体条款与法国的数字服务税条款大同小异。

尽管法国的数字服务税条款并没有针对任何一个特定国家的企业，只针对互联网巨头，但收益规模最大的几个互联网企业都是美国居民企业。因此，数字服务税实质的征税对象主要涉及苹果、脸书、亚马逊等美国互联网科技巨头。美国政府以"法国不公平对待美国企业"为由，于 2019 年 7 月对法国数字服务税发起"301 调查"。2019 年 12 月，美国贸易代表办公室公布"301 调查"结果，宣称法国的数字税"歧视美国公司，与国际税收政策的现行原则相抵触，并且对受影响的美国公司造成异常沉重的负担"，并建议美国对输美的法国商品加征关税作为报复。经过双方的磋商，2020 年 1 月，美法两国宣布暂时停止征税并展开谈判。与此同时，多个国家政府试图通过 OECD 框架，就如何对跨境互联网企业征收数字服务税达成多边协议。2020

① 刘亮."数字税"或成贸易战引爆器 美国贸易代表办公室再对六国发威胁［N/OL］.（2021 - 03 - 27）. http://news.cctv.com/2021/03/27/ARTIHAB30aqmfIBHxYecpEd1210327.shtml.

年 1 月 31 日，OECD 发表声明，正式推出税基侵蚀和利润转移（BEPS）包容性框架，并宣布 137 个成员国承诺将在年底前就数字税框架解决方案达成共识。但由于美国对方案持不同意见，同时受到新冠肺炎疫情影响，相关磋商不得不停止，该计划被迫推迟至 2021 年。2021 年 6 月，时任美国财政部长姆努钦出人意料地宣布暂停谈判，并警告将对任何向美国科技企业征收数字税的国家进行报复。为进一步向美国施压，欧盟理事会于 7 月授权各成员国在 2021 年第一季度开征数字税；同时表示，单边征税行为不是欧盟的优先选择，欧盟仍呼吁国际伙伴继续为在 OECD 框架内达成共识而努力。

2020 年 7 月，美国贸易代表办公室发表声明，如果法国不终止推行数字服务税的计划，美国将对从法国进口的价值 13 亿美元的香槟、化妆品、手提包等商品加征额外 25% 的关税。同年，美国贸易代表办公室宣布对欧盟及 9 个国家发起贸易调查，报复这些国家的数字税提议，涉及国家包括英国、奥地利、捷克、意大利、西班牙、土耳其、巴西、印度和印度尼西亚。2021 年 3 月，美国贸易代表办公室发布初期调查结果，根据美国《1974 年贸易法》第 301 条款，对奥地利、印度、意大利、西班牙、土耳其和英国 6 国的"数字服务税"发起的调查进入下一个阶段，目前可能采取的措施包括对上述国家加收惩罚性关税。

欧美争端的根源在于利益。一方面，数字企业巨头普遍分布在美国，所以欧洲国家开征数字服务税会直接侵害美国企业利益。另一方面，欧洲缺乏自己的大型数字企业，大量数字服务业务被美国公司占据，但美国数字企业在获取大量利润的同时还规避所得税的纳税义务，严重损害了欧洲国家的经济利益。将数字经济价值创造活动纳入现行税制同样是各国比较热衷的单边税收措施，其原因在于调整阻力较小，遭受报复的风险较低。韩国、日本早已于 2015 年对数字产品和服务的价值创造活动开始征税，而新加坡、墨西哥、印度尼西亚则于 2020 年才开征。各国在具体条款方面多有不同。塞尔维亚针对数字经济相关活动的征税税率最高为 20%，而且征收几乎没有规模的门槛；新加坡税率低至 7%，征收门槛最高。印度尼西亚明确列出针对亚马逊、谷歌等 6 大数字平台征税，而韩国、日本、墨西哥、新加坡则设有明确的免税规定。支持和反对单边税收措施的国家都出于维护自身利益的目的，在是否采取单边措施上各执一词，甚至影响彼此之间的经济贸易关系。这显然违背了经济全球化的大趋势，更不利于国家间正常开展经济活动。因此，单边税收措施"杀敌一千，自损八百"的特点使得国家间向数字经济所创价值征税的成本过高，需要国际社会寻找其他的解决方式。双边和多边税收措施应运而生，成为各国政府更为理性的选择。

（2）双边税收措施。

《联合国范本》是规范双边税收分配关系的文件，其近年来的修订与更改也成为应对数字经济对国际税收规则冲击的代表性双边税收措施。数字经济主要挑战了所得来源地管辖权规则，所以《联合国范本》近年来着重修改数字经济所得来源地规则。

①第12A条。联合国税务国际合作专家委员会应成员国诉求，在2017年版《联合国范本》中新增了一些条款。其中，第12A条的规定针对技术服务费，为所得来源国对其课税提供参考。第12A条第3款定义了技术服务费，其中的"具有管理、技术或咨询性质的任何服务"包括了数字服务。因此，2017年版《联合国范本》的第12A条允许所得来源国对数字服务以预提所得税的形式进行源泉课税。特别的，它并不要求技术服务在所得来源国境内提供，所以该条在一定程度上放宽了原有对服务征税的空间限制。

根据原先《联合国范本》的第12条，缔约国一方居民向缔约国另一方居民支付的技术服务费一般不能作为特许权使用费由支付者的居民国征税。尽管一些国家认为特许权使用费条款中"有关工业、商业或科学经验的情报"包含技术服务，但是一般而言特许权使用费只涉及财产或专有技术使用的变更或使用权的转让。当一家企业向客户提供服务时，往往不会将财产或专有技术转让给客户；相反，企业仅仅为客户处理事务或呈现最终成果。所以，一国政府应用第12条向数字服务征税并不合理。在增加第12A条前，缔约国一方的企业所获服务所得只能由该企业的居民国征税。只有企业在所得来源国通过常设机构进行营业或者通过固定基地从事独立个人劳务，所得来源国政府才有权课征所得税。随着现代经济的快速变革，特别是跨境服务的飞速发展，一国居民企业可能不需要常设机构、固定基地或者其他任何显著性的实体存在，就足以在另一个国家开展业务。特别的，随着通信工具和信息技术的进步，缔约国一方的企业能够向缔约国另一方客户提供大量的数字服务，在不设立任何实体营业场所、不在客户所在国持续长期停留的情况下，即可在缔约国另一方维持显著经济存在。一般而言，旧有《联合国范本》的第 5 条"常设机构"、第 7 条"营业利润"和第 14 条"独立个人劳务"并没有给予数字服务客户所在国足够的权力向上述无实体存在的数字服务征税。

第 12A 条有效地解决了以上问题。首先，这一条规定囊括了多种服务，填补了"特许权使用费"条款难以应用到许多类型服务的漏洞。其次，技术服务所得来源国的判定脱离了受益所有人是否设立常设机构和固定基地的条件，以支付人所在国（支付人的居民身份或者支付人设立常设机构或固定基地）作为标准。这一界定标准包括了跨境数字服务的实例，给予此类服务客户所在国税收管辖权，维护了广大数字服务接受国的利益。事实上，早在 2017 年版《联合国范本》推出之前，一些国家在彼此的税收协定中已经加入了类似的预提所得税条款，以打击数字经济造成的税收侵蚀，但尚未形成国际社会的共识。第 12A 条的加入，标志着不同国家的政府在应对数字经济冲击方面较为一致的立场和态度，充分展现了国与国之间能够运用税收合作解决现实中突出问题的能力。《联合国范本》作为规范双边税收措施的工具，保障了数字服务客户所在国家和地区的税收权益，遏制了相关企业的避税行为。

②第 12B 条。第 12A 条所涉及的技术服务只包含了数字服务，并不专门针对数字经济。而基于数字经济进一步冲击国际税收原有规则的现实，联合国税务国际合作专家委员会开始设计应对数字经济形势下税收挑战的联合国方案，并在 2021 年 4 月，按照"少数服从多数"原则在 2021 年版《联合国范本》中纳入第 12B 条——自动化数字服务所得，它完全对应数字服务，为跨境数字服务所得征税提供了法理依据。正如该条名称"自动化数字服务所得"一样，规定首先以一般性定义的方式界定何为"自动化数字服务"，即利用互联网或其他电子网络提供服务，而且人工参与在整个服务过程中所占比例极低。其次，本条第 6 款采用正列举的方式，确定必然属于该业务范围的服务项目，包括线上广告服务、提供用户数据、线上搜索引擎、线上中介平台服务、社交媒体平台、数字目录服务、网络游戏、云计算服务以及标准

化在线教学服务。最后，第 12B 条注释的第 59 款通过反列举的方式，指出"自动化数字服务"一语不包括定制化专业服务、定制化在线教学服务、互联网或其他电子网络准入服务、除自动化数字服务以外的产品或服务线上销售以及实物销售。

　　与第 12A 条一样，第 12B 条以支付人所在国为所得来源地，并令该国税务机关获得税收管辖权。这对于大多数国家，特别是广大发展中国家具有非常重要的意义。数字经济发展在地理分布上很不均衡，大多数国家都缺乏规模较大的数字经济企业，现如今，发展中国家往往成为数字服务的进口方。在引入第 12B 条之前，如果发达国家的数字经济企业没有通过常设机构或固定基地开展相应业务，发展中国家税务机关取得征税权的可能性不高。而数字服务一般都不需要在用户当地市场设立实体存在，因此除非涉及特许权使用费或技术服务费而受第 12 条或第 12A 条的制约，数字服务取得的收入几乎不会在发展中国家纳税。第 12B 条没有制定任何空间和时间上的硬性约束，赋予支付人所在国征税权，当发展中国家发生对外支付自动化数字服务款项时，可以依据该条款行使征税权，获得税收收入。"自动化数字服务所得"一条允许缔约国以两种方式计税：一种是经双边协商后确定的税率对收入总额征收一定比例税额，往往以预提所得税的方式征收；另一种是由纳税人申请在所得来源国就核定的合格利润，依据来源国国内法税率缴纳所得税。

　　许多发展中国家自身税收管理、税务检查能力有限，难以应对高科技条件下非居民个人或企业的数字服务课税问题，需要简便、高效、可靠的方式保证财政收入。第一种方式提供了比较成熟的方案，即可以借鉴对消极投资所得征税的一般方法，向自动化数字服务所得的总收入征收预提税，税率建议定为 3% 或 4%。而跨国数字企业也习惯了该方法，便于处理相关缴税问题。这一条指出的第二种方式赋予纳税人选择缴税方式的权利：自动化数字服务所得的受益所有人有权要求来源国税务机关采用年度净利润法计算应纳税所得额，以该国国内税法规定的适用税率确认应缴税款；如果年度净利润法被纳税人认可，则不再适用上文提到的预提所得税规则。这一应纳税所得额被定义为"合格利润"，为发生于来源国自动化数字服务年营业收入总额与受益所有人自动化数字服务所得利润率乘积的 30%。如果受益所有人无法确定自动化数字服务部门的利润率，也可采用其整体利润率。若受益所有人属于某一跨国公司集团，可以采用集团自动化数字服务部门的利润率；若集团还不能提供该业务部门利润率，也可以使用集团整体利润率。但采用集团利润率的前提是集团部门（或整体）利润率要高于受益所有人相应的利润率，否则必须沿用受益所有人整体利润率。如果上述利润率均无法获得，也就说明无法确定合格利润，则年度净利润法不适用，仍旧适用征收预提所得税的规则。总之，"自动化数字服务所得"条款比较易于税企双方理解，操作也比较简便，但预提税的征税方式可能导致重复征税或过度征税等问题。

第 12B 条尝试以双边措施解决自动化数字服务所得征税权分配的问题。第一，是否纳入第 12B 条、该条具体内容和适用税率都由缔约国双方协商决定，这充分反映了国与国之间双边合作的性质。第二，第 12B 条第 1 款就确定了居民国征税的权利；而第 2 ~ 10 款进一步规定，在满足一定的条件下，所得来源国同样具有征税权。这种分配模式体现了《联合国范本》一贯的兼顾居民国和来源地利益的原则，令数字经济企业集中分布的发达国家和相当数量的数字服务客户所在的发展中国家都可以通过签署双边税收协定获得一定的税收收入。第三，本条提出的年度净利润法仅限于在缔约国双方范围内划分自动化数字服务所得受益所有人的相关利润，并确定纳税金额，而没有在全球范围内将跨国集团的利润——分割至所有客户所在国。

尽管第 12B 条为数字服务征税问题提供了指导建议，但仍然存在相当大的不足。数字经济带来的挑战远超自动化数字服务。数字经济已经改变了经济生活的方方面面，在变革原有经济方式的同时又与旧有事物密切融合。甚至数字经济在未来有可能不仅仅是经济的一个组成部分，而成为经济本身。这意味着适应时代的税务实践不可能将数字经济从经济的其他领域剥离出来，单独处理。而第 12B 条只针对自动化数字服务，无异于小修小补，没有革新传统国际税收规则的理念和框架，因此只能解决部分问题，无法触及更大的方面。

首先，来源地界定标准可能与价值创造链条不符。第 12B 条将自动化数字服务所得的来源地确立为支付人居住地。但在跨国数字服务中，所得支付国可能并不是实际上的所得来源国。例如，免费数字服务的参与用户提供了大量数据，也创造了价值，用户所在国却不能依照第9款的判定规则认定为所得来源地，这样的处理方式并不合理。在数额最大的自动化数字服务所得——在线广告服务所得方面，支付广告的企业和广告目标人群（用户）往往位于不同国家，那么第12B条并不能赋予用户所在国征税的权力，因此创造价值的市场反而没有分享税收收入，并没有解决此项数字服务所得征税权的分配问题。跨国公司甚至可能因为该条的界定标准而变更组织架构，使得支付自动化数字服务所得的企业离开具有来源地管辖权的国家。另外，按照该条规定，跨国集团应该重新分配全球利润，并在客户所在国纳税。但跨国集团内部交易繁杂，并不确定最终向某一国家用户提供服务的企业是否收到了与之匹配的利润。数字经济的税收挑战涉及整个跨国集团，是典型的多边税收问题，以双边协定条款解决多边税收问题，难以取得良好效果。

其次，预提所得税的征税方式存在问题。预提所得税向营业总收入征收固定比例的税额，而税率由利润率确定。在第12B条中，各国针对自动化数字服务所得的预提税税率基本一致，意味着视同各个所得来源国取得几乎相同的利润率。由于各国和地区的经济体量、人均收入、市场规模、数字化程度、消费者购买力和偏好均不尽相同，跨国企业集团在各来源国的利润水平当然也不相同。因此，相同预提税税率的设定可能不合理，不能体现税收纵向公平原则。另外，以营业总收入为计税依据征收预提税可能造成重复征税或过度征税问题，无论哪一种征税方式，本条规定面向所有数字服务企业，而中小型数字企业的利润率可能远不如大型数字企业的利润率。"一刀切"的征税方式不利于中小企业的成长发展，更不利于数字服务市场的充分竞争。一些联合国专家委员会成员指出了这一不足，并在2021年版《联合国范本》注释的"少数派意见"中最终纳入了"自动化数字服务所得"第2款和第3款的替代性条款。替代性条款在对营业总收入征税的模式下，设置纳税人全球范围收入规模门槛和来源国当地收入规模门槛，对来源国征税对象进行限制；在对净收入征税的模式下，规定来源国征税时需排除部分常规利润。该替代性条款能够避免对盈利水平不佳的初创期中小企业和市场开拓期企业造成不利影响，促进了数字服务市场的健康运行。但国与国之间对于门槛的具体数字可能各执一词，难以达成一致，因此该替代性条款的效果不一定明显。

最后,联合国倡导的双边措施与其他措施的兼容性可能存在问题。OECD/G20在多边层面推出包容性框架,而2021年版《联合国范本》的第12B条是联合国专家委员会为发展中国家,特别是未加入包容性框架多边共识的辖区提供的另一种政策选择。但对于已经签署包容性框架"支柱一"多边公约且完成相关国内生效程序的辖区而言,是否在双边协定中纳入"自动化数字服务所得"条款,如何协调包容性框架支柱一方案与"自动化数字服务所得"条款的关系,是一个需要进一步研究的问题。如果既遵守"支柱一"相关条款,又在协定中加入第12B条,可能引发更严重的重复征税问题。此外,某些条款本身存在定义不清和操作标准不明的问题,可能导致税收确定性不足和税收争议。

尽管第12B条存在种种不足,但是它仍是国际社会在应对数字经济对税收挑战问题上的一项重要进步。第12B条基于国家间平等合作的原则,在双边层面商议自动化数字服务所得征税权分配的依据和手段,经协商确定的协定条款对缔约国双方均有法律约束力。然而,由于美国和欧洲等其他地区在数字企业规模上的差距,即使法律上对等,实质上依然不平等:如果按照替代性条款设置规模门槛,美国几乎不能向其他地区的数字企业获得的自动化数字服务所得征税,因为超过规模指标的他国数字企业数量有限;即便没有规模门槛,美国因自动化数字服务而向他国数字企业征收的税额也会远远低于本国数字企业向外国缴纳的额度。因此,第12B条和单边措施的数字服务税存在类似的问题,即在数字经济发展不均衡的背景下,难以兼顾国家间利益,因此难以获得广泛欢迎,尤其是美国难以接受《联合国范本》的安排。

(3)多边税收措施。

全球经济增长和人民福祉都与财政活动息息相关,因此在经济数字化的今天,重塑一个高效、可持续且确定性强的国际税收体系已经成为国际社会的共同呼声。一方面,由于数字经济的自身特点,一个基于各国一致行动的综合性方案才能解决其征税权在国家间的分配问题以及打击相应产生的避税活动,从而维护国际税收体系的稳定,保证传统商业模式和数字经济模式下各企业间的税收公平。另一方面,单边和双边税收措施的种种缺陷,特别是单边行动阻碍跨国经济活动和经济全球化的潜在危害,使得大多数国家试图找到一种更合适的解决方案。以 OECD 和 G20 主导的多边国际税收改革方案应运而生。

应对税基侵蚀和利润转移行动计划（以下简称"应对 BEPS 行动计划"）是 OECD 和 G20 两大组织共同发起的打击跨国公司利用税基侵蚀和利润转移方式避税的国际框架。2008 年金融危机带来的持续性经济衰退导致许多国家财政收入不足，在此背景下各国政府更关注跨国公司税收筹划活动造成的所得税税收过低问题。2012 年 6 月，在洛斯卡沃斯举行的 G20 首脑峰会上，与会各国的财政部长委托 OECD 就税基侵蚀和利润转移问题进行调研。2013 年 2 月，OECD 就其调研结果发布了题为"应对税基侵蚀和利润转移（BEPS）"的报告。在该报告的最后，OECD 表示将制定一个全球范围内的行动计划，为此次研究中发现的避税问题提供具体行动方案。这一动议得到了 G20 各国政府的支持，在 2013 年圣彼得堡峰会上予以通过，并委托 OECD 进一步制定行动方案。

在 OECD 15 项应对 BEPS 行动计划的具体措施中，第一项即是"应对数字经济的税收挑战"。这一项主要针对两类税收挑战。第一，全新而且往往无形的价值创造方式的诞生彻底变革了所有产业部门，产生了许多新的商业模式，却持续地削弱了按照实体存在确定市场的必要性。这一问题也不断挑战着现行利润分配和联结规则的有效性，使得划分跨国经济活动所得来源地征税权的难度大增。无论是大国还是小国，发达国家还是发展中国家，都正在面临这一问题。第二，信息技术和数字通信便于跨国公司开展避税活动，跨国集团将利润从该集团某些企业所在地转移到低税地甚至国际避税地。

基于以上考虑，OECD 进行了多年研究，并取得了一系列阶段性成果。2015 年 10 月，OECD 公布了应对 BEPS 行动计划第一项"应对数字经济的税收挑战"的报告，详细说明了数字经济下直接税和间接税税收管辖权规则遭遇的挑战。2018 年 3 月，中期报告问世。尽管各国尚未形成一致的解决方案，但承诺对联结度和利润分配规则的修订进行探讨，并已经提出了四项提案。2019 年 1 月，OECD 发表了该项行动的政策说明文档。经过几个月的公众意见反馈和修订，5 月发布了详尽的《工作计划——旨在制定应对经济数字化带来的税收挑战的共识解决方案》。当年，OECD 陆续推出了支柱一和支柱二方案。次年，在双支柱方案的基础上形成了 OECD/G20 的包容性框架。在一系列的磋商、讨论和征集意见的过程中，框架草案不断完善，终于在 2021 年 10 月 8 日形成了《关于应对经济数字化税收挑战双支柱方案的声明》，并得到 136 个成员的一致认可。2021 年 10 月 30 日至 31 日，G20 罗马峰会通过这一声明，就双支柱方案达成共识。随着毛里塔尼亚和阿塞拜疆前后加入该包容性框架，参与该协议的成员已扩充至 138 个。

《关于应对经济数字化税收挑战双支柱方案的声明》列出了双支柱方案的一些要点：支柱一提出了两个概念——"金额 A"和"金额 B"，即根据营业收入和利润率计算出的两个数值。这两个金额的适用范围、联结度规则、金额计算方式、收入来源地规则等均有所不同。金额 A 针对的跨国企业需要同时满足两个条件：全球营业收入 200 亿欧元以上，利润率（即税前利润/收入）达到 10% 以上，计算这两个临界值时取平均值。但采掘业和受监管的金融服务业的跨国企业不受金额 A 规则制约。在顺利实施金额 A 规则 7 年后，经过成员国的审议，营业收入门槛可能下调至 100 亿欧元。在计算利润时，适用范围内跨国企业的利润或者亏损金额应基于经少量调整的财务会计所得确定，其中的亏损可向以后年度结转。在一般情况下，收入或利润等都对应于跨国企业的整体指标。只有在特殊情况下，即当跨国企业公开披露财务报表中的分部核算情况，而且某分部本身已达到金额 A 适用范围门槛时，才需要进行分部核算。

支柱一将收入来源地定义为使用或者消费产品或者服务的最终市场辖区。适用范围内的跨国企业与某个税收管辖区（以下简称"辖区"）的联结度取决于在该辖区取得的收入：当这一收入不低于 100 万欧元时，允许收入来源的辖区参与金额 A 的分配。如果某个辖区的国内生产总值不足 400 亿欧元，该辖区为小型辖区，则联结度门槛低至 25 万欧元。在支柱一中，"剩余利润"是指销售利润率 10% 以上部分的利润。支柱一提出了公式分配法，即适用范围内的跨国企业所获剩余利润的 25% 将被分配到构成联结度的市场辖区，并按照各辖区收入比例进行分配。赚取剩余利润的实体中的单个或者多个企业或其他机构，将依照规则承担金额 A 的纳税义务。如果适用范围内跨国企业的剩余利润已被某一市场辖区的税务机关征税，则营销及分销利润安全港条款将会限制按照金额 A 的规定向该市场辖区分配的剩余利润额，从而免于在同一辖区重复征税。为了避免金额 A 遭受双重征税，适用范围内的跨国企业将受益于争议预防与解决机制。该争议预防与解决机制具有强制性和法律约束力，适用范围包括所有与金额 A 有关的事项（例如，转让定价和营业利润争议）。在双重征税的解决方法上，金额 A 条款将采用传统方式，即通过免税法或抵免法消除居民国和收入来源国之间与分配至市场辖区利润相关的双重征税。

2024 年 2 月 19 日，OECD 发布了《支柱一金额 B》报告。金额 B 简化和优化独立交易原则的应用，使其适用于在某一辖区的基本营销和分销活动，这充分考虑了税收征管能力不强的国家的需求。其目的在于改变当前确定利润水平的方法，由根据营销或分销商承担的功能和风险而逐一确定利润率变为按公式法计算出应分给市场国的利润。各辖区可以首先选择是否采用金额 B 规则。如果采用金额 B，辖区还可以选择将金额 B 作为可选安全港规则或强制性规则。金额 B 适用于跨国集团内部的购销营销及分销交易和销售代理及佣金销售交易，主要针对有形货物的批发活动，非有形商品、服务和大宗商品的交易行为不在范围内。金额 B 还提出了如何界定适用简化和优化定价方法的"合格交易"。合格交易必须呈现一定的经济特征，这些特征体现出在以分销商、销售代理或佣金代理中介为受测试方的情况下，该交易能够使用单边转让定价方法进行可靠定价；合格交易中受测试方的年度运营费用不得低于其年度净收入的 3% 或高于一个指定上限，该上限将在 20% ~ 30%。最适用于合格交易的转让定价方法为交易净利润法，但在特殊情况下，内部可比非受控价格法也可以作为适用方法。确定金额 B 时，税务部门应计算营业利润率作为利润指标，并运用定价矩阵决定利润率的标准。

支柱二方案旨在全世界范围内确立最低有效税率，从而防止跨国集团向避税地或低税地转移利润。支柱二具体包括两方面内容：国内法规则和基于税收协定的规则。国内法规则由两项规则组成，分别为收入纳入规则和低税支付规则，两者共同构成全球反税基侵蚀规则。在经过长时期的研究、商讨和修订后，方案将全球反税基侵蚀规则的最低有效税率设定为 15%。根据

BEPS 第十三项行动计划（国别报告），收入达到 7.5 亿欧元门槛的跨国企业将纳入全球反税基侵蚀规则的适用范围。为了防止跨国公司将大部分收入转移到国际避税地，各辖区对总部位于本辖区的跨国企业适用收入纳入规则时，不受该门槛限制。但全球反税基侵蚀规则不适用于作为跨国企业集团最终控股实体的政府机构、国际组织、非营利组织、养老基金或投资基金以及这些实体所使用的持有工具。

收入纳入规则是指在跨国企业的下属实体存在低税所得时，母公司必须补缴税款直至全球最低税水平。这意味着如果所得来源国的所得税税率过低，跨国公司的居住国必须对本国公司从来源国取得的所得补征税款，使其达到规定的最低税率标准。该规则将采用自上而下的方法分配补足税，不过在持股比例不足 80% 的情况下，需要采用分散控股规则。低税支付规则是指在跨国企业的成员实体存在低税所得，但收入纳入规则并不适用时，所得来源国可以要求该跨国企业的其他成员实体通过限制扣除或等额调整的方式补缴税款直至全球最低税水平。低税支付规则给予所得来源国政府一定的权力，在本国企业支付给境外关联方的费用达不到最低税率标准的情况下，可以采取一定的调整措施。低税支付规则将分配低税实体的补足税，低税实体包括最终控股实体所在辖区的实体。但低税支付规则也有例外情况：海外有形资产不超过 5000 万欧元且在不超过 5 个海外辖区运营的跨国企业被定义为"处于国际化活动初始阶段的跨国企业"，可免于因低税支付规则而补缴税款。在某一跨国企业首次满足全球反税基侵蚀规则适用条件后的 5 年内，该跨国企业可以应用这一豁免规定；若超过 5 年，豁免失效。如果处于国际化活动初始阶段的跨国企业在全球反税基侵蚀规则生效时已经在适用范围内，这一规定的 5 年时限从低税支付规则生效时起算。在征收补足税时，全球反税基侵蚀规则采用分辖区有效税率测试，该测试采用符合共同定义的有效税额和按照财务会计利润确定的税基。对于现行分配利润税的制度，如果利润在 4 年内分配，且以不低于最低税率标准的税率纳税，则无需对相关利润补充征税。

OECD/G20 包容性框架成员国没有强制性实施全球反税基侵蚀规则的义务。但是一旦选择实施这一规则，成员国就需要采取与"支柱二"方案相一致的方式实施和管理相关规则，包括遵从包容性框架的法律模板和立法指引。

并且接受其他包容性框架成员实施全球反税基侵蚀规则，包括规则适用顺序以及所有达成一致的安全港规则。基于税收协定的规则专指应税规则，即允许来源国对适用税率低于最低税率的某些特定关联支付采取有限度的源泉征税，应税规则的最低税率为9%。它针对的是公司集团内部关联方之间的费用支付，并且双方所在国之间签订有税收协定。在这种情况下，如果一笔费用支付在对方协定国且能够负担最低有效税率，支付方所在国才能根据双边税收协定给予其一定的协定优惠待遇。事实上，应税规则赋予了缔约方政府征税权限，可以征收最低税率与相关费用适用税率之间的差额。支柱二还规定，适用应税规则缴纳的税款可以计为在全球反税基侵蚀规则下的有效税额，以避免重复征税。如果包容性框架成员对利息、特许权使用费和其他明确定义的一系列费用，适用的企业所得税名义税率低于应税规则最低税率，当发展中国家成员要求该辖区在双边税收协定中纳入应税规则时，该辖区应予满足。

2022年7月11日，OECD发布了《支柱一金额A的进展报告》，进一步解释了如何在税务实践中界定适用范围内的跨国集团等关键问题。并提出了"时期"的概念（即一个集团的最终母体准备合并财务报表的报告包含时期）。一个时期以12个月作为划分的关键时间点。如果一个时期恰好是12个月，那么该时期内营业收入达到200亿欧元的跨国企业才可能适用金额A；如果一个时期高于或低于12个月，收入门槛也要随之按比例调整。例如，若一个时期为9个月，收入门槛即为150亿欧元。利润率门槛也要考虑时期的限制：当期的利润率务必达到10%；某一集团在当期之前的连续两期都不在适用范围内的情况下，如果该集团的利润率在当期之前的连续四期中的两期以上达到10%，而且当期及之前的连续四期的平均利润率达到10%，才能够适用支柱一。当某一集团满足收入门槛却不满足利润率门槛时，税务机关将转而检查披露的分部情况。首先，集团中的某一分部需要符合上述基于当期的收入门槛。其次，利润率门槛分成三种情形：第一，当调查的分部没有在当期及之前的连续四期发生变动时，则按照上述针对集团的利润率条款判定分部是否处于适用范围内。第二，当披露的分部在当期或之前的连续四期中发生变动，但之前连续四期中披露的分部财务重述都齐备时，分部要同时满足两个条件：当前时期的利润率务必达到 10%；基于账户，调查的分部在当前时期之前的连续两期都不在适用范围内的情况下，如果该分部的利润率在当前时期之前的连续四期中的两期以上达到 10%，而且当期及之前的连续四期的平均利润率达到 10%。第三，当披露的分部在当期或之前的连续四期中发生变动，但之前连续四期中披露的分部财务重述有所缺失时，分部要同时满足两个条件：当前时期的利润率务必达到 10%；在最近一次分部变动以后的所有时期的平均利润率达到 10%。一旦某一分部符合上述标准，该分部下属的实体都适用金额 A；若是两个或两个以上分部都符合标准，税务机关会将各个分部视作独立企业，分别应用金额 A 条款。

采掘业和受监管的金融服务业跨国企业一般不在适用范围内，但报告同样规定了例外情况。采掘业的跨国集团需要进行非采掘活动收入测试和非采掘活动利润率测试。如果一个时期恰好是 12 个月，那么该时期内非采掘活动收入达到 200 亿欧元的采掘业跨国集团就会通过非采掘活动收入测试；如果一个时期高于或低于 12 个月，200 亿欧元的非采掘活动收入门槛也要随之按比例调整。如果当前时期的非采掘活动税前利润率达到 10%，而且该集团在当前时期之前的连续两期都不在适用范围内的情况下，该集团的非采掘活动税前利润率在当前时期之前的连续四期中的两期以上达到 10%，且当期及之前的连续四期的平均利润率达到 10%，则该集团会通过非采掘利润率收入测试。当采掘业的跨国集团同时通过这两个测试时，金额 A 就适用于该集团。受监管的金融服务业跨国集团也需要进行两个类似的测试，而且规则大致相同。

联结度测试同样基于"时期"。如果"时期"恰好是 12 个月，那么当该时期内跨国企业在某一辖区取得 100 万欧元以上的收入时，此辖区才能参与金额 A 的分配；如果"时期"被定义为高于或低于 12 个月，联结度门槛也要随之按比例调整。这一处理方式同样应用于小型辖区的税务实践。报告强调，跨国集团必须界定所有收入的来源；追溯收入来源时必须采取可靠的方法，并基于具体事项和条件。跨国集团应依据收入类别界定收入来源，在跨国集团将同一收入归属为两种以上类别时，应当按照收入的最主要特征认定其来源。报告还提出了豁免条款，处于过渡期的跨国集团可以向辖区提出申请，以减免部分甚至全部税额。报告具体解释了收入来源地的判定标准，即向最终消费者出售最终产品取得的收入视为来源于最终产品送至最终消费者的运输过程发生地所在辖区。在最终产品包含某一（些）零部件时，该零部件的销售收入也视为来源于最终产品送至最终消费者的运输过程发生地所在辖区。

为了解决数字经济条件下的来源地判定难题，报告专门列举了一些特定服务的来源地判定原则。例如，提供在线广告服务的收入来源地是广告受众所在辖区；销售非零部件的数字内容所获收入来源于服务使用地所在辖区；客户奖励计划的收入来源于该计划中已获奖励成员所在各个辖区，并且按照成员占比分配收入。为销售或购买有形产品、数字内容或非固定在某一地区的服务而提供线上中介服务的收入来源地规则比较复杂，该项收入的一半来源于该有形产品、数字目录或非固定在某一地区的服务的买方所在辖区，另一半来源于卖方所在辖区。与之相似，为销售或购买固定在某一地区的服务提供线上中介服务的一半收入来源于固定在某一地区的服务的买方所在辖区，另一半来源于服务发生地所在辖区。

数字经济还大量涉及无形财产和数据的转让与授权，报告对此作出了相应规定。如果无形财产与最终产品或零部件相关，许可、出售无形财产或其他转让无形财产的行为取得的收入视为来源于最终产品送至最终消费者的运输过程发生地所在辖区；如果无形财产支持某项服务或数字内容，许可、出售无形财产或其他转让无形财产的行为取得的收入来源于服务使用地所在辖区；如果以上两种情况都不适用，许可、出售无形财产或其他转让无形财产的行为取得的收入来源于无形财产使用地所在辖区。许可、出售用户数据或其他转让数据的行为取得的收入来源于与数据相关的用户居住地所在辖区。

报告定义了一段时期的"适用范围内集团的财务利润"，即依据税会差异调整的利润。集团税前调整后利润由适用范围内集团的财务利润扣除净损失而得。利润分配公式由利润率门槛（10%）、剩余利润再分配比例（25%）和辖区分配比例组成，即：

辖区分配利润额 =（集团税前调整后利润 − 集团总收入 ×10%）×25% ×

（集团在辖区所获收入/集团总收入）　　　　　　　(9.1)

报告还定义了某一实体的"消除利润"，并指出其计算方法；适用范围内集团在某一辖区的消除利润由该辖区内每个实体的消除利润加总获得。适用范围内集团在某一辖区的消除利润除以该集团在这一辖区的折旧额和工资支出之和，即为适用范围内集团在某一辖区的折旧和工资支出收益率，由此可推知消除利润中产生折旧和工资支出收益的部分。当集团在某一辖区的消除利润超过一定数额（具体数额待定）时，跨国集团可以申请适用营销及分销利润安全港规则，从而扣除一部分应纳税所得，降低纳税金额。可扣除金额由以下公式确定：

$$可扣除金额 = \min[(适用范围内集团在某一辖区的消除利润 - 消除利润中产生折旧和工资支出收益的部分) \times 抵消率，辖区分配利润额]$$

$$(9.2)$$

其中，min 是指取两者之中的极小值。很显然，某一辖区的可扣除金额不可能超过同一辖区的分配利润额。支柱一的应税所得指的是适用范围内集团调整后税前利润的相关部分。这一数额由两步决定：首先，依据定义确定适用范围内集团调整后的税前利润；其次，根据利润分配条款划分在某一辖区的利润额。

双支柱方案主要在两方面解决数字经济对各国税收的冲击：第一，数字经济绕过现行国际税收所得来源地划分规则，令所得来源国难以依据地域管辖权征税；第二，数字经济方便跨国集团实施利润转移。支柱一主要解决第一种问题，采用"使用或者消费产品或服务的最终市场辖区"代替原有的常设机构和固定基地，以此确立新的征税权和联结度。而支柱二则主要应对第二种冲击，通过建立全球反税基侵蚀机制，彻底杜绝绝对意义上的避税地。支柱一和支柱二相互配合，相得益彰，共同打击跨国公司避税行为。在反避税问题上，双支柱方案体现出以下特征。

第一，双支柱方案不拘泥于单笔交易。双支柱方案的有关条款着重强调一个实体某一时期的收入和利润，并以收入总额界定是否适用这些条款，以利润总额计算纳税金额。这一思想借鉴了转让定价调整原则中的总利润原则，即无需逐笔审核跨国集团某一实体具体交易细节，只需汇总计算当期或之前某些时期的指标总额。这种处理方式既能有效避免因混淆单笔交易的所得性质而产生的国际避税，也能减少因单笔交易金额过低、交易数目过多而带来的征管成本和税收流失。

第二，"双支柱"方案并不专门针对数字经济。尽管"双支柱"方案由应对数字经济的税收挑战而来，但该方案的内容却不专门针对数字经济。支柱一的金额 A 适用范围最终只限定营业收入和利润率，与行业类别无关；其联结度规则统一规定为一般辖区内的 100 万欧元和小型辖区内的 25 万欧元，也不指定任何的行业。支柱二同样如此，全球反税基侵蚀规则将适用于收入在 7.5 亿欧元以上的跨国企业，并不仅限于跨国电子商务交易和自动化数字服务的提供商。纵观经济大势，数字经济已经渗透到了经济的每个角落，所以经济数字化才是对税收真正的挑战。从这个角度看，支柱一和支柱二实际上都应对了经济数字化带来的新问题，而不仅仅是数字经济的冲击，具有很强的前瞻性。

第三，双支柱方案的制定过程展现了国家间的利益纠葛。实际上，在设计之初，支柱一曾专门指向跨国电子商务交易和自动化数字服务中征税权的划分问题，而方案内容的商讨和修订过程充分体现了国家和地区之间的利益博弈。OECD 包容性框架在支柱一的早期方案中要求这两大类数字服务的提供商将本企业剩余利润中的一部分作为金额 A 划分给市场国或用户所在国，由后者对其课征所得税。金额 A 为市场国或用户国带来了新的征税权或税收联结点，但随之而来的税收分配活动必然损害跨国公司居住国的税收利益，引发国家间的矛盾和冲突。其中，反应最为激烈的国家当属美国。因为规模大的数字企业主要分布在美国，美国认定支柱一主要针对的是本国企业。一旦金额 A 在全世界推行，美国数字企业就要将相当一部分利润分配给市场国或用户国，减少美国自身的经济利益。然而，美国积极推行支柱二，力图在全球实现统一的最低税负。如果支柱一的核心——金额 A 无法实现，其他国家很可能不会支持支柱二。为了尽可能在多边框架下推动支柱二，从而最大程度维护本国的利益，美国政府在金额 A 的规则方面提出了一个折中方案：金额 A 不仅适用于大型数字企业公司，还适用于其他所有行业的大企业；应根据营业收入和利润率的排名，在全世界范围内选择 100 家适用金额 A 的企业。美国解释称，选中的 100 家大型跨国公司从国际市场受益最大，赚取利润的方式最依赖于无形资产，而且也最有能力承受金额 A 带来的遵从成本。

但从之前的分析，我们不难看出美国提案的真实意图在于让更多国家的大型企业同样承担支柱一带来的损失。而欧洲国家主要推动支柱一，尤其希望通过金额 A 获得传统国际税收规则所不具备的征税权。为了顺利达到目的，欧洲也做出让步，同意美国的提议。由于支柱二对欧洲大部分国家同样有利，因此欧洲普遍也支持支柱二。

多边协议的制订和签署体现国家间的平等原则。在 OECD 和 G20 的组织下，61 个国家组成了税基侵蚀和利润转移的研究团队，包括 34 个 OECD 成员国、10 个未加入 OECD 的 G20 成员国（包括中国）以及 17 个其他发展中国家。在研究过程中，团队听取全世界各方的意见，在各阶段性成果提交公众审议后，团队成员依照反馈的信息完善修改，尽可能平衡各方的利益。因此，多边协议的内容可以同时兼顾发达国家和发展中国家的诉求。协议还纳入了基于国家间协商一致原则的条款。例如，关于支柱一中的税收确定性，该协议指出，对涉及金额 A 的问题应建立强制和有约束力的争议防范和争议解决机制，以避免双重征税；同时允许发展中经济体采取"选择性、约束性的争端解决机制"，即只有在当事国双方主管税务当局都同意的情况下才可以使用这种约束性的争端解决机制。此外，该协议强调自愿选择和责任平等，即不要求包容性框架中的所有成员都必须实行全球反税基侵蚀规则，但如果选择实施，则要按支柱二中规定的方法进行实施和管理，并接受其他成员对该规则的应用。而 137 个成员国签署包容性框架协议更是建立在自愿和平等的基础上。由此可见，OECD 和 G20 在尝试以多边措施解决当前国际税收问题的过程中，坚持了国家间的平等原则。

（二）国内商品税领域

数字经济同样冲击了国内商品税的协调规则。对于传统货物的国际贸易，国际上普遍采取目的地原则，即出口退税和进口征税。但该规则建立在传统产品和服务有形的特点之上。对于无形的数字化产品，目的地原则难以协调出口国和进口国的增值税和消费税，因为数字化产品直接在互联网进行交易，根本无需跨过实体上的边境，对数字化产品的贸易进行边界税收调整自然无从谈起。而这显然影响了进口国政府的税收利益，同时还对经营传统产品贸易的企业不公平。本书将具体分以下几种情况加以探讨。

1. 企业对企业模式（B2B）

首先，向从事免税业务的企业提供跨国数字服务可以逃避增值税义务。绝大多数国家要求本国的企业客户自行计算购买远程数字服务和无形资产的增值税进项税额，并允许企业抵扣这部分进项税额，这项规定旨在引导大量从事非免税活动的企业真实申报并缴纳进口数字化产品所涉及的增值税额。然而，一些企业提供的服务可能免于征收增值税，如金融服务。免税企业因为不用缴纳销项税额，自然没法抵扣进项税额。在自行计算的情况下，进口数字化产品没有动机真实计算进项税额，进而不会足额缴纳进口环节的增值税。甚至因为进口数字化产品不存在真正的入境程序和记录，免税企业可以不将其作为跨国交易，从而完全避免进口环节的增值税。由于实施增值税制度的国家现在普遍接受目的地原则，实质上只有进口国征税，因此很可能出现出口商所在国和进口商所在国都不能收到该项服务的增值税款，带来国际重复不征税的问题。在经济全球化的今天，数字服务外包愈加常见，客户甚至可能刻意选择非居民企业作为服务提供者，因为境外数字服务提供商不需缴税，便可以在价格上提供优惠。另外，即便出口国实行产地原则，并向数字服务提供商征税，进口国政府也不能获得增值税收入，这显然违背了之前讨论的公平原则。

其次，数字化产品出口商向在多个国家设立机构的跨国公司提供服务能够规避部分增值税。数字服务具有传输不受地域限制、可无限复制且复制成本极低的特点，因此跨国公司集中批量向服务提供商采购所需服务，再授权给其他部门或机构使用，以实现规模经济，降低企业成本。一般而言，购买方首先承担购买服务或无形资产的成本，然后根据正常商业惯例向服务或无形资产的使用方收取特许权使用费。购买方和使用方位于同一跨国集团内部，因而自行决定内部价格进行内部交易。目前，大多数国家对单一法人实体不同机构之间的交易不征收增值税，使用方因使用某项集中采购的服务而在跨国企业内分配的任何成本和费用，均无须额外缴纳增值税。跨国集团甚至可以改变公司组织结构，专门设置采购服务的分支机构，使得集团仅就数字化产品的外部交易缴纳一次税额，而使用数字服务的其他部门和机构能够规避其增值税的纳税义务。

如果该跨国公司从事免税活动，那么采购跨国数字服务更可能降低成本。例如，甲国的×银行直接从本国数字服务供应商处采购数据处理服务，这将会产生对应的一笔进项税额，而这项服务被用于免税活动时，其相关的进项税额就不得抵扣，应做进项税额转出处理。按照上文的逻辑，该银行会更倾向于选择国外的供应商。若该银行向乙国的某家供应商购买此项数据处理服务，那么有可能不会产生进口增值税。而甲国同一法人实体不同机构间的交易不需缴纳增值税，使得×银行的所有分支机构均无须缴纳增值税，甚至包括设立在海外的机构。如果乙国是不征收增值税的国家，×银行还可以在乙国设立分支机构，并通过该机构采购乙国数字服务供应商提供的服务，再分配给银行内部其他机构使用，同样可以规避增值税义务。从事免税活动的跨国集团利用类似的税收筹划方式安排全球所有的购买业务，分割数字服务的跨国购买方与跨国使用方，有效降低集团税负。

最后，数字经济还给增值税的国际征管带来了新问题。第一，具有增值税制度的国家出于管理成本的考虑，一般对低价值货物免征增值税。在数字经济下，趋于碎片化的交易形式，已经逐渐成为主要的商业模式。日益增长的跨国电子商务促使许多存在增值税的国家发现未被征税的低价值货品比例急剧提高。低价值货物的免税进口政策和进口增值税的征管受到挑战。第二，数字交易隐蔽性强，过程复杂。例如，某跨国集团的一家母公司将购买的计算机操作系统传输到位于多个国家的子公司使用。根据目的地原则，产品的最终使用地应该具有增值税管辖权。但税务机关难以真正了解哪些子公司收到了该操作系统，也不清楚哪些子公司使用了这一数字产品。第三，数字服务销售链条包含因素多。数字产品的交付方式差异巨大，可能自行销售给最终消费者，也可能通过中间商，还可能同时采用以上两种形式。如果利用中间商销售，各中间商需要经常承担不同的职能和法律责任。例如，移动支付模式下的付费网络游戏服务就包含了移动通信运营商、应用商店、数据服务商等多个中间商。税务机关、游戏开发商和上述中间商可能对综合供应链有各自不同的理解，在如何确定增值税纳税义务的方面产生矛盾，导致税企双方征纳增值税的不确定性。第四，在执行增值税管辖权方面，从事跨国电子商务的公司可以不设固定的机构，借助智能手机、笔记本电脑等便携设备即可实现远程交易，增加了税务机关对远程供应商征收增值税的难度。

2. 企业对消费者模式（B2C）

生产者通过信息技术宣传产品和服务，利用自身网站或第三方线上商城销售最终产品早已不是一件新鲜事。随着数字经济的不断深化，生产者直接与消费者进行线上交易的事例越来越常见，商业组织结构趋向扁平化。但B2C 交易同样会产生对于增值税管辖权的挑战，这一问题也因交易量迅速扩大逐渐引起人们的注意。在增值税管辖权方面，B2C 电子商务主要存在三个问题。一是消费行为发生地不易确定。B2C 交易的买方是最终消费者，以个人居多。征收增值税遵循目的地原则，重点在于判定消费行为的发生地。而个体消费者流动性极大，增大了判定的难度。二是个体消费者可能由于工作、旅游或学习等原因，暂时停留在与居住国不同的其他国家。当个体消费者在暂住地在线购买并使用音像制品等数字化产品时，该行为理论上已经构成了消费行为发生地的条件。但考虑到暂时居住的事实，暂住国政府是否对这一消费行为具有增值税管辖权仍存在巨大争议。即使解决了法理上的问题，各国税法关于类似行为的规定都存在若干缺失，而且征收的实践工作难度更大。三是在供应商都无法确认网上消费的地理位置时，税务机关也难以识别数字服务消费地的位置。B2C 电子商务对税收机关执行增值税管辖权也产生了挑战，具体体现在两个方面。第一，如果消费地税务机关向国外的卖方征税，由于地域阻隔和在线交易的隐蔽性，税务机关难以有效管理违背纳税义务的提供商。第二，如果税务机关要求买方代扣代缴增值税，同样难以实施。因为消费者多为个人，具有很强的流动性，税收遵从意识较为薄弱，可能不会履行代扣代缴的义务。

3. 消费者对消费者模式（C2C）

大多数国家出于促进数字经济发展和扩大就业的考虑，一般不对或几乎不对 C2C 电子商务征税。但这种政策减轻了线上销售的税收负担和成本，违背了税收中性的原则，造成了传统商务模式和电子商务模式的不公平竞争，还导致了一定程度的税收收入流失。因此，在深化改革税收制度的进程中，税务机关必然会寻求 C2C 电子商务中增值税管辖权问题的解决办法。在实体管辖权方面，C2C 电子商务所具有的问题与 B2C 电子商务相同。在执行层面，相关税收法律法规尚未建立完善，这也成为目前对 C2C 电子商务征收增值税最为关键的问题。简言之，对 C2C 电子商务征收的税种、有关的税收优惠政策、征管模式等都未明确，实体管辖权和执行管辖权都无法得到法律的认可，也就不可能实现增值税的征管。总之，无论具体的电子商务模式是哪一种，数字化产品毫无疑问会挑战现行国际通用的增值税管辖权规则，也会对税收当局的征管工作提出新的难题。数字化产品无需通关，因而涉及进口的增值税难以征收，其消费者又可以移动到不同的税收管辖区，造成目的地原则无法在实践中执行。跨国数字服务的一些特点让进口国政府失去了理应收取的增值税，亟须国际社会探索新的合作方案。

国际社会提出了一种对数字化产品实施消费原则的解决方法（进口商主动申报纳税），主要针对企业对企业的数字化产品交易。由于进口商申报缴纳的进口环节增值税可以用于抵扣其以后环节应缴纳的增值税，所以进口商具有主动申报纳税的积极性。然而，这一方法对于企业对消费者的在线销售就很难实行。

具体而言，进口商主动申报纳税的方法分为三步。首先，出口商在进口国注册登记，并为进口商代扣代缴进口环节增值税。该步骤的确具有可操作性，但对于出口商来说，这种方法成本较高，尤其是当其向许多国家出口数字化产品时，会花费大量的人力物力进行注册登记。其次，出口商要把为消费者代扣代缴的进口环节增值税交给出口国税务当局，然后再由出口国税务当局将这笔税款转交给进口国的税务当局。这一步最大的优点是出口商不用在进口国进行税务登记，可以节约纳税成本。但完成这一步需要有关国家的税务当局进行密切合作，而且进出口国之间的税款划拨也将导致一定的税收管理成本。最后，第三方征收税款并将其支付给进口国的税务当局。在该方法中，第三方可以是一个国际清算机构，它负责结算各国应得到的进口环节增值税。这种方法与现行的税收征管程序差距较大，而且它需要一个高效的国际清算系统，所以实施起来困难较多。

二、数字经济的国际债务合作

由于目前国际债务合作的主要形式是主权债务重组，而一国政府获得的外债收入往往不会专门指定于某一项任务，因此当前世界上很少出现真正意义上的数字经济的国际债务合作。联合国贸易和发展会议（简称"联合国贸发会议"）制定并推行了"面向所有人的数字贸易"倡议，实施该倡议的过程中存在国际借贷行为并且将借贷资金专门应用于发展数字经济，是数字经济领域中国际债务合作的罕见事例。本章也将主要介绍这些内容，展现国际债务合作在一些发展中国家的数字经济发展过程中扮演的重要角色。

（一）"面向所有人的数字贸易"倡议简介

电子商务已经成为全世界经济贸易增长和创造就业岗位的重要驱动力。但在世界范围内，数字经济发展不均，广大发展中国家的发展水平与发达国家和新兴市场国家达到的程度相距甚远，还有不断扩大的趋势。虽然相当数量的个人、组织和私人机构力求在发展中国家推动数字经济的发展，但是之前取得的成果仅限于个别国家和地区，没能形成规模。基于此，联合国贸发会议发起"面向所有人的数字贸易"倡议，旨在改善发展中国家利用电子商务并从中获益的能力，尤其针对最不发达国家。该倡议汇集不同国家的政府代表、私人投资者和国际组织，彼此共同磋商，探讨电子商务的发展议题。此项行动计划帮助这些国家的中小微企业利用电子商务扩大规模，改进经营方式，由只面向国内市场逐渐发展为同时面向国内、国际两个市场。该行动将提升信息通信技术，规范法律法规框架，并且改进电子商务和支付手段。联合国专家组与特定国家的政府官员、企业家、消费者以及相关人士交流沟通，在初步协商、草拟报告初稿、发布报告终稿等阶段后，出具正式的电子贸易就绪度评估报告，包括电子商务总体情况、信息通信技术基础设施和服务、支付手段、贸易物流、法律法规框架、技术发展和融资便利程度七个方面政策。私人部门和国际组织等参与者根据报告内容制定发展计划，以私人投资、援助等形式发展数字经济。

（二）"面向所有人的数字贸易"倡议中的国际债务合作

一些国际组织可能依据"面向所有人的数字贸易"倡议中联合国专家组发布的评估内容，向该国借款，并要求款项专门用于发展数字经济，这就构成了现实中涉及数字经济的国际债务合作。接下来，本部分将以多米尼加共和国（以下简称"多米尼加"）接受这种专项贷款为例，具体展现数字经济的国际债务合作过程。

美洲开发银行是"面向所有人的数字贸易"倡议的合作方之一。自1959年成立以来，美洲开发银行一直为拉丁美洲和加勒比海地区的经济社会发展和制度进步提供长期贷款。2021年7月，在充分调查研究多米尼加的数字经济发展状况之后，美洲开发银行决定向多米尼加提供价值1.15亿美元的资金支持，以帮助该国国民更便利地使用数字服务，从而提高数字服务在该国的接受程度和持续性。美洲开发银行计划向多米尼加的宽带基础设施建设工程注入资金，使其国民更方便快捷地接入国际互联网。整个建设过程同样会引入私人部门参与其中，但由于在某些地区部署基础设施不足以盈利，因此公共投资成为私人投资的有益补充，保证了整个国家各地区宽带基础设施建设水平大体一致。美洲开发银行也将为广播电视服务融资，推进多米尼加的电视节目由模拟信号向数字信号过渡，提升其数字服务竞争力。美洲开发银行还将开设课程来培训当地居民使用数字设备、掌握一定程度的信息技术，从而帮助人们提高相应技能并培养持续应用数字技术的习惯。基础设施建设项目涉及108个没有互联网接入或仅有一处有线网络连接的城镇，惠及超过200万民众。其他56个城镇、810万居民将获得质量更好的广播电视服务，包括收看数字电视。计划预计所有项目完成后，多米尼加的数字经济发展水平得以显著提升。

第二节 我国关于数字经济的财税国际合作

我国在改革开放之后，积极推进财税领域的国际合作。据国家税务总局统计，截至 2023 年底，我国已对外正式签署 111 个避免双重征税协定，其中 105 个协定已生效；和香港、澳门两个特别行政区签署了税收安排，与台湾地区签署了税收协议；还签署了三个多边税收公约。在党的十八大以后，党和国家充分认识到发展数字经济的重要意义，重视在数字经济方面开展财税领域的国际合作。本节将从合作目的、事实和展望等角度讲述我国关于数字经济的财税国际合作。

一、我国寻求数字经济国际财税合作的目的

（一）捍卫国家税收主权

在学术层面，学者们广泛认可网络空间的"非公地属性"，即国际互联网活动存在主权；在实践层面，国际社会则达成了"国家主权适用于网络空间"的共识。捍卫网络空间以及衍生领域的国家主权是发展开放包容的数字经济的前提。当范围缩小至财税领域，我们已经重点解释了跨国数字企业如何规避在居民国或东道国的纳税义务，从而侵害相关国家的税收主权。此类事件给世界各国都带来了不利影响，在我国同样屡见不鲜。没有一个国家的政府能够独立应对数字经济对税收主权的挑战，因此我国要与其他国家一道推进国际税收规则改革，共同捍卫自身的税收主权。

（二）维护正当经济权益

一方面，我国拥有像腾讯、阿里巴巴、百度一样的跨国数字企业巨头；另一方面，我国也是数字化产品和服务最大的市场国之一。我国在发展数字经济的过程中，必须兼顾企业和消费者各自的利益诉求。如果我国消极应付财税领域关于数字经济的国际合作，甚至完全不参与，结果很可能是"人为刀俎，我为鱼肉"——或是损害我国数字企业的利益，或是侵犯我国数字产品和服务方面的消费者合法权益。我国必须参与数字经济的国际财税合作，而且一定力争足够的话语权，从而维护自身正当的经济权益。

（三）提高我国"走出去"企业的竞争力

随着我国经济不断发展，越来越多的国内企业将开始在世界市场上实现资源的优化配置。然而，一方面，我国企业"走出去"的历史较短，企业跨国经营经验不足；另一方面，发达国家的大型企业已经占据了世界市场的重要地位，可凭借自身已经积累的资源持续维护现有地位，压制后来竞争者。数字经济的快速发展对我国"走出去"企业既是机遇，也是挑战。数字经济对于任何企业都是新生事物，我国跨国企业可以在创新的基础上充分发挥后发优势，实现"弯道超车"。然而，我国企业国际化发展的数字化转型依然不充分。埃森哲咨询公司 2023 年的调研显示，在数字化转型领域，只有 2% 的中国企业致力于开拓创新前沿。[①] 未来的国际化发展更加要求企业适应数字经济时代，增强信息获取和处理能力，积极开展数字服务，以提高业务附加值，降低生产经营成本。我国与其他国家开展数字经济方面的国际财税领域合作，帮助涉及企业有效规避潜在的税收风险，充分利用其他国家的税收优惠，降低国际经营过程中的不确定性，从而提升我国"走出去"企业的数字化和国际化水平，加强我国跨国企业在国际市场上的竞争力。

（四）推动全世界数字经济共同进步

我国是全球事务中负责任的大国，承担着促进全人类共同进步的使命。数字经济已经成为世界经济重要的增长点，也必将具有更加重要的地位，晋升为经济增长的主要引擎。然而，全球数字经济发展很不均衡。据国家知识产权局知识产权发展研究中心统计，区块链技术创新集中在中国和美国，2009～2022 年两国专利授权量之和占全球授权总量的 81.4%。其中，中国授权 23791 件，占全球授权总量的 63.3%，排名第一。[②] 我国有责任也有能力帮助其他发展中国家提升数字经济发展水平，构建人类命运共同体。从另一

① 2023 埃森哲中国企业数字化转型指数 ［EB/OL］. https：//www. accenture. com/cn - zh/insights/strategy/china - digital - transformation - index - 2023.

② 国家知识产权局知识产权发展研究中心. 全球区块链专利状况研究 ［EB/OL］. (2023 - 04 - 25). https：//www. cnipa - ipdrc. org. cn/UpLoad/2022 - 04/20224291647022. pdf.

个角度讲，其他国家数字经济繁荣稳定发展，有助于我国跨国数字企业开拓国际市场，有利于我国提升国际经济交往合作水平，从而进一步促进我国自身的数字经济发展和整体的经济利益。统一国际税收规则、营造债务合作平台等财税领域的国际合作是开展数字经济国际合作的重要方面，可以与其他方面相辅相成，有效达成上述目标。

二、我国寻求数字经济国际财税合作的举措

（一）政策精神

2016 年 10 月 9 日，在中共中央政治局就实施网络强国战略进行第三十六次集体学习会上，习近平总书记发表重要讲话，要求加快提升我国对网络空间的国际话语权和规则制定权，强调要理直气壮维护我国网络空间主权，明确宣示我们的主张。① 这一讲话为我国政府的一系列政策和做法定下基调，其中"提升我国对网络空间的国际话语权和规则制定权"明确了今后工作的方向。此后，包括财税领域在内的国际合作遵循了习总书记的讲话精神，将重点放在"发出中国声音，提供中国方案"。习近平总书记在《求是》杂志发表重要文章《国家中长期经济和社会发展战略若干重大问题》，明确指出我国应该积极参与数字货币、数字税等国际规则制定，塑造新的竞争优势。②

2021 年 3 月，《中华人民共和国国民经济和社会发展第十四个五年规划和 2035 年远景目标纲要》第十八章第四节"推动构建网络空间命运共同体"更进一步提出："推进网络空间国际交流与合作，推动以联合国为主渠道、以联合国宪章为基本原则制定数字和网络空间国际规则。推动建立多边、民主、透明的全球互联网治理体系，建立更加公平合理的网络基础设施和资源治理机制。积极参与数据安全、数字货币、数字税等国际规则和数字技术标准制定。推动全球网络安全保障合作机制建设，构建保护数据要素、处置网

---

① 张力. 网络空间主权原则：网络空间国际规则的基石［N］. 学习时报，2016 – 10 – 24.
② 习近平. 国家中长期经济和社会发展战略若干重大问题［N］. 求是，2020 – 11 – 01.

络安全事件、打击网络犯罪的国际协调合作机制。向欠发达国家提供技术、设备、服务等数字援助，使各国共享数字时代红利。积极推进网络文化交流互鉴。"其中提到的数字税规则和数字援助均与本章相关；而"以联合国为主渠道、以联合国宪章为基本原则制定数字和网络空间国际规则"体现了我国的一贯主张，也符合我国近年来在财税领域开展国际合作的事实。第四十一章第三节"深化经贸投资务实合作"还专门提及"发挥共建'一带一路'专项贷款、丝路基金等作用"，显示出我国政府进行国际债务合作的高瞻远瞩。2021 年 11 月，我国发布《"十四五"大数据产业发展规划》，在推进国际合作的具体措施中明确指出"积极参与数据安全、数字货币、数字税等国际规则和数字技术标准制定"。

（二）具体实践

基于以上政策精神，我国政府积极参与涉及数字经济的国际税收新规则的研究与制定。自 2005 年起，原来负责起草《联合国范本》的专家组升级为联合国税务国际合作专家委员会，并由该委员会负责修订《联合国范本》。每届的联合国税务国际合作专家委员会由 25 名成员组成，任职四年。我国两位专家分别加入了 2013 年和 2017 年就任的联合国税务国际合作专家委员会，并参与了 2017 年版和 2021 年版《联合国范本》的修订过程。众所周知，2017 年版《联合国范本》新增了第 12A 条，2021 年版《联合国范本》新增了第 12B 条，两个条款共同构成了联合国研究制定的数字经济条件下的国际税收规则。我国专家不仅在新条款的修订过程中贡献了自身力量，还在尊重别国、求同存异等基础上维护了我国的核心利益。

2014 年 11 月 16 日，国家主席习近平在澳大利亚布里斯班举行的二十国集团领导人第九次峰会上提出："加强全球税收合作，打击国际逃避税，帮助发展中国家和低收入国家提高税收征管能力。"[①] 这是我国最高领导人首次在国际重大政治场合就税收问题发表重要意见，表明我国政府高度重视国际逃避税和税收征管国际合作，特别是数字经济不断发展下的税基侵蚀和利润

---

① 加强全球税收合作，打击国际逃避税——国家税务总局副局长张志勇答记者问［N/OL］.（2014 - 12 - 01）. https：//www. chinatax. gov. cn/n810219/n810724/c1353155/content. html.

转移问题。2016 年 9 月 4 日至 5 日，杭州举办了 G20 领导人第十一次峰会。此次峰会在中方的组织、推动和不懈努力下取得了丰硕的成果，并最终达成了《二十国集团领导人杭州峰会公报》。公报特意提到了财税领域的国际合作："我们欢迎建立二十国集团/经合组织税基侵蚀和利润转移包容性框架，以及在日本京都召开的第一次会议，支持及时、持续、广泛落实税基侵蚀和利润转移"一揽子"项目，并呼吁所有感兴趣但尚未就税基侵蚀和利润转移项目作出承诺的国家和税收辖区作出承诺，并平等参与该框架。"为实现这一目标，我国还承诺"愿作出自身贡献，成立一个旨在开展国际税收政策设计和研究的国际税收政策研究中心"。①

在 OECD 组织受 G20 集团委托研究税基侵蚀和利润转移问题之后，我国积极参与了此项工作。例如，我国参加了 OECD/G20 包容性框架的指导委员会，我国选派专家直接参加了应对 BEPS 行动计划中"应对数字经济的税收挑战"的相关工作。2018 年 9 月 26 日至 27 日，OECD 组织和我国国家税务总局联合举办国别报告专题研讨会，21 个税收辖区的税务机关代表参加了研讨会，分享了管理国别报告方面的相关经验，并共同探讨在跨国公司税务风险评估工作中如何高效利用信息。② 2022 年 5 月 25 日，我国向 OECD 组织秘书长交存了《实施税收协定相关措施以防止税基侵蚀和利润转移的多边公约》核准书，并已于 2022 年 9 月 1 日起正式对我国生效。③ 这些具体措施表明了我国政府在联合国等多边税务合作平台上充分发挥了自身的作用，积极争取国际话语权和规则制定权，在多边框架下维护我国税收主权、推定国际合作，切实践行了党和国家的大政方针。

---

① 二十国集团领导人杭州峰会公报 [N/OL]．(2016 – 09 – 05)．https：//www. gov. cn/xinwen/2016 – 09/06/content_5105602. htm.

② OECD and SAT hold joint workshop on the experience of country-by-country reporting of tax information [N/OL]．(2018 – 09 – 27)．https：//web – archive. oecd. org/2019 – 07 – 01/494857 – oecd – and – sat – hold – joint – workshop – on – the – experience – of – country – by – country – reporting – of – tax – information. htm.

③ 国家税务总局关于《实施税收协定相关措施以防止税基侵蚀和利润转移的多边公约》对我国生效并对部分税收协定开始适用的公告 [EB/OL]．(2022 – 08 – 01)．https：//www. gov. cn/zhengce/zhengceku/2022 – 08/14/content_5705304. htm.

三、我国未来进行数字经济国际财税合作的建议

（一）继续在多边平台推进所得税国际税收规则改革

值得注意的是，OECD/G20 为应对数字经济的税收挑战提出的双支柱方案在当前遭遇了一些阻力：美国国会迟迟未能批准支柱一；9 个欧盟成员国未能在欧盟委员会规定的最后期限（2023 年 12 月 31 日）内完成全球最低税立法。当我们比较应对数字经济挑战的单边、双边和多边税收措施时，OECD/G20 的多边税收解决方案对我国比较有利。如果各国回到单边措施的老路，数字服务税可能为我国大型数字企业带来不利的影响，而各国潜在的税收冲突可能令各方都受损。因此，我国应该持续推动 OECD/G20 包容性框架的顺利实施，在多边平台促进全世界各国通力合作，以寻求互利共赢，进而维护自身核心利益。

（二）以区域经贸一体化推动国内商品税国际合作协调

我国是当前世界上对外贸易第一大国，货物和服务的进出口对我国经济产生了积极而显著的影响。2022 年，我国服务贸易总值为 8891.1 亿美元，同比增长 8.3%；其中，服务出口 4240.6 亿美元，同比增长 7.6%，占全球比重为 5.9%；进口 4650.5 亿美元，同比增长 8.9%，占全球比重为 7.0%。[①]专家预计，未来服务贸易将在国际贸易和世界经济中占据更加重要的地位。数字化产品和服务的进出口往往属于服务贸易，其贸易规模受国内商品税税负制约。目前，增值税和消费税等国内商品税的国际合作协调往往基于区域性组织或政府间合作机制。我国加入了上海合作组织、东盟"10 + 3"合作机制、亚太经济合作组织等政府间国际组织；还积极寻求建设基于双边和多边框架的自由贸易区，如我国已签署并核准《区域全面经济伙伴关系协定》。我国可以利用在这些组织或合作框架中的影响力，争当国内商品税国际合作

---

① 中华人民共和国商务部．中国服务贸易发展报告（2022 年）［EB/OL］．(2023 - 09 - 21).
http://images.mofcom.gov.cn/fms/202309/20230921170705898.pdf.

协调的领导者。我国参与的区域性组织可以学习欧盟经验，组织成员内部的贸易往来不征收增值税和消费税，并且商讨一个对自己和经贸合作伙伴均有利的方案，对区域外数字化产品和服务的进口统一征收国内商品税。

（三）设立"一带一路"数字经济建设专项贷款

张盼盼和杨倩（2021）指出："一带一路"共建国家数字化基础设施数量少，质量差，且数字经济服务尚未普及，难以在软硬件层面形成整体的互通互联，引发了数字技术接入和应用的双重"鸿沟"，严重制约其数字经济和贸易的全面发展。具有技术优势的国家和地区的快速发展也有可能进一步加剧地区间数字经济发展不平衡，带来更大的"数字鸿沟"，不利于共享数字经济发展成果。[①] 我国作为"一带一路"沿线国家中数字经济发展突出的国家，为其他数字经济发展落后的国家提供了大量援助。但援助并不是长期的、可持续性的解决方案，建立常规投资机制才是更为稳定持久的方式。我国可以组织响应"一带一路"倡议的各国，学习联合国贸发会议的"面向所有人的数字贸易"倡议，建立一个汇集公共部门和私人部门的平台，并以该平台为基础，由中国国家开发银行、进出口银行等金融机构审批发放"一带一路"数字经济建设专项贷款，努力打造"数字丝绸之路"，在经济社会较为落后的国家建设信息通信基础设施，为沿线国家的经济发展创造新的机遇和增长点。

（四）帮助跨国企业适应当前变革

我国财政部和国家税务总局应该定期组织政府和企业座谈会，了解大型跨国企业在国际税收规则变化、社会经济加速进程中的利益诉求；将收集到的意见加以整合，形成我国政府在国际税收合作协调、国际经贸洽谈中坚持的立场，以维护我国居民经济利益。政府应该发挥信息中介作用，组织建立政府—高校—企业三方平台，帮助企业搜集宏微观信息，分析判断国际财税领域和数字经济方面的形势和走向，提高跨国企业，特别是跨国数字企业在国际市场上的竞争力，充分实现"服务型政府"的角色定位。

---

① 张盼盼，杨倩. 打造"数字丝绸之路"，推动"一带一路"高质量发展 ［N/OL］. (2022 - 01 - 09). http：//www. nbd. com. cn/articles/2022 - 01 - 09/2080248. html.

第十章

全面提供公共保障措施

2022 年，党的二十大做出了对于加快数字中国建设的重要部署。习近平总书记强调，要站在统筹中华民族伟大复兴战略全局和世界百年未有之大变局的高度，统筹国内国际两个大局、发展安全两件大事，充分发挥海量数据和丰富应用场景优势，促进数字技术和实体经济深度融合，赋能传统产业转型升级，催生新产业新业态新模式，不断做强做优做大我国数字经济。①2022 年 10 月 28 日，国务院发布《关于数字经济发展情况的报告》，明确指出要充分发挥我国社会主义制度优势、新型举国体制优势、超大规模市场优势，强化目标和问题导向，紧抓数字技术发展主动权，把握新一轮科技革命和产业变革发展先机，大力发展数字经济。

党的十八大以来，我国深入实施网络强国战略、国家大数据战略、数字经济发展战略，印发了《"十四五"数字经济发展规划》，有关部门认真落实各项部署，加快推进数字产业化和产业数字化，推动数字经济蓬勃发展。十年来，我国数字经济取得了显著的发展成就，总体规模连续多年居于世界第二，对经济社会发展的引领支撑作用日益凸显。但与此同时，我国数字经济发展的外部环境也在不断发生变化，个别国家为维护自身科技垄断和霸权地位，遏制打压我国数字技术和数字产业创新发展。因此，在日趋激烈的国际竞争中，牢牢掌握数字技术的命脉、发挥主动性、实现科技自立自强尤为重要，这样才能不断提高我国发展的竞争力和持续性。除此之外，我国数字经

---

① 习近平：不断做强做优做大我国数字经济［EB/OL］.（2022 - 01 - 15）. https：//www.gov.cn/xinwen/2022 - 01/15/content_5668369. htm.

济还存在大而不强、快而不优等问题，突出表现在四个方面：第一，关键领域创新能力不足。在操作系统、工业软件、高端芯片、基础材料等领域，技术研发和工艺制造水平还未达到国际先进水平。第二，传统产业数字化发展相对较慢。农业、工业等传统产业数字化还需要进一步发展，部分企业"不愿""不敢""不会"开展数字化转型，中小企业数字化转型相对滞后。第三，数字鸿沟亟待弥合。不同行业、不同区域、不同群体的数字化基础不同，具有明显的发展差异，数字鸿沟甚至还在进一步扩大。第四，数字经济治理体系还需完善。适应数字经济发展的规则制度体系有待健全，数据要素基础制度体系尚在建设，既能激发活力又能保障安全的平台经济治理体系需要完善，与相关法律法规配套的各类实施细则亟待出台，数字经济国际治理参与度需进一步提升。跨部门协同、多方参与的治理机制还需完善，治理能力仍需持续提高。

《"十四五"数字经济发展规划》提出全面提供公共保障措施来促进数字经济发展，主要包括以下五方面：一要加强统筹协调和组织实施。建立数字经济发展部际协调机制，加强形势研判，协调解决重大问题，务实推进规划的贯彻实施。各地方要立足本地区实际，健全工作推进协调机制，增强发展数字经济本领，推动数字经济更好地服务和融入新发展格局。进一步加强对数字经济发展政策的解读与宣传，深化数字经济理论和实践研究，完善统计测度和评价体系。各部门要充分整合现有资源，加强跨部门协调沟通，有效调动各方面的积极性。二要加大资金支持力度。加大对数字经济薄弱环节的投入，突破制约数字经济发展的短板与瓶颈，建立推动数字经济发展的长效机制。拓展多元投融资渠道，鼓励企业开展技术创新。鼓励引导社会资本设立市场化运作的数字经济细分领域基金，支持符合条件的数字经济企业进入多层次资本市场融资，鼓励银行业金融机构创新产品和服务，加大对数字经济核心产业的支持力度。加强对各类资金的统筹引导，提升投资质量和效益。三要提升全民数字素养和技能。实施全民数字素养与技能提升计划，扩大优质数字资源供给，鼓励公共数字资源更大范围向社会开放。推进中小学信息技术课程建设，加强职业院校（含技工院校）数字技术技能类人才培养，深化数字经济领域新工科、新文科建设，支持企业与院校共建一批现代产业学院、联合实验室、实习基地等，发展订单制、现代学徒制等多元化人才培养模式。制订实施数字技能提升专项培训计划，提高老年人、残障人士等运用数字技术的能力，切实解决老年人、残障人士面临的困难。提高公民网络文明素养，强化数字社会道德规范。鼓励将数字经济领域人才纳入各类人才计划支持范围，积极探索高效灵活的人才引进、培养、评价及激励政策。四要实施试点示范。统筹推动数字经济试点示范，完善创新资源高效配置机制，构建引领性数字经济产业集聚高地。鼓励各地区、各部门积极探索适应数字经济发展趋势的改革举措，采取有效方式和管用措施，形成一批可复制推广的经验做法和制度性成果。支持各地区结合本地区实际情况，综合采取产业、财政、科研、人才等政策手段，不断完善与数字经济发展相适应的政策法规体系、公共服务体系、产业生态体系和技术创新体系。鼓励跨区域交流合作，适时总结推广各类示范区经验，加强标杆示范引领，形成以点带面的良好局面。五要强化监测评估。各地区、各部门要结合本地区、本行业实际，抓紧制定出台相关配套政策并推动落地。要加强对规划落实情况的跟踪监测和成效分析，抓好重大任务推进实施，及时总结工作进展。国家发展改革委、中央网信办、工业和信息化部要会同有关部门加强调查研究和督促指导，适时组织开展评估，推动各项任务落实到位，重大事项及时向国务院报告。

本章将从数字经济理论模型构建入手，分析各环节所需要的保障措施与政策支持，借鉴其他国家与地区的实践经验，结合我国前沿实践经验进行分析。

第一节　数字经济理论模型构建与国际经验

一、理论模型构建

数字经济虽然具有虚拟性质，但和数字泡沫的非理性繁荣还是不同，数字经济能够以其独特的方式创造实际价值（邵春堡，2021）。数字经济的价值可分为三部分：内涵价值、分享价值和包容价值。数字经济的内涵价值，是指在没有扩大外延经济活动，并且没有增加额外资源能源的情况下，其实际价值得到提升，具体来说包括流程再造带来的价值、管理和治理升级带来的价值和数字化节能减排带来的价值，这也是数字经济虚拟性的突出体现。分享价值，是指在数字经济核心产业发展的同时，也为各行各业提供数字技术、产品、服务、基础设施和解决方案，各行各业可利用数字技术、数据要素，开展经济活动，形成产业数字化，包括为传统产业提供数字智能基础设施，为实体经济输入数字智能技术，运用数字技术盘活实体经济要素。包容价值，是指数字经济之所以能快速发展，一方面在于数字技术的应用给消费者带来便捷生活，让消费者乐意拥抱数字化；另一方面在于监管部门对数据管理的规范性要求，使消费者对数据分享和使用秉持包容的态度，包括解决发展不平衡问题、追求共同价值、防止平台垄断赢者通吃现象、追求包容价值、防范数字安全风险、追求熵减价值等方面（邵春堡，2021）。数字经济旨在创造价值，因此我们可以从价值链的角度来看如何保障数字经济的发展，苗（Miao，2021）构建了一个数字经济价值链模型（如图 10 - 1 所示）。

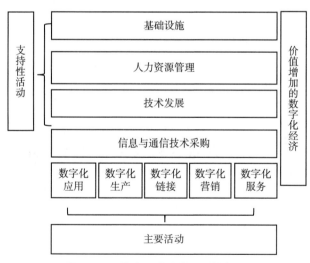

图 10 - 1　数字经济价值链结构框架

数字经济的价值链，与每个企业的活动相似，同样包含着设计、生产、销售、发送以及协助其产品的相关活动，这些彼此不同却又相互关联的生产与经营活动共同构成了一个动态的数字经济价值创造过程。数字经济产业能够形成链条，是基于其价值链的价值基础，即合作的价值和收入空间。数字经济价值链既可以是在单个数字经济体内运行的价值链系统，也可以是由更多的数字经济活动组合而成的链式组织结构。这种组织结构将数据作为主要生产要素，通过发展数字技术、数字网络、数字服务或数字商业模式等数字经济价值链的基本要素，在政府、企业、组织和个人的参与下，完成数字经济价值活动的信息与通信技术（Information and Communications Technology，ICT）采购、人力资源管理、基础设施建设和技术研发等配套活动（Miao，2021），以促进信息和通信技术的发展。图 10－1 呈现了数字经济价值链结构，包括支持性活动与主要活动两类。

数字经济的支持性活动包含以下几个方面：（1）基础设施，包括移动电话、宽带、互联网服务器、通信基站、电话交换机、网站、IPV4&IPV6 设施和设备等，以及公共事务、政府关系、质量保证和综合管理等职能部门。（2）人力资源管理，包括所有涉及招聘、雇用、培训、发展、补偿以及在必要时解雇或解聘人员的各类活动，像是雇佣、培训、就业、团队建设、激励机制、补偿等。（3）技术发展，涉及设备、硬件、软件、程序和技术知识在数字经济中的投入与产出的转化，具体包括新技术、云计算、数据挖掘机、数字程序、产品技术开发、游戏道具开发等。（4）ICT 采购，也就是为数字经济获取投入或资源，具体包括 ICT 材料、信息设备、数据资源、信息资源、智力资产、技术引进、雇用专家等。

数字经济的主要活动包含如下内容：（1）数字化应用，也就是与数字经济相关，支持数字经济的发展的各种应用。数字化应用包括移动支付、智能城市、智能医疗、短视频、网上购物、搜索引擎、电子商务等。（2）数字化生产，是指将输入转化为输出（产品和服务）所需的所有活动，包括数据收集、传输、分析和利用、数字管理、维护、测试、设施和设备的管理等。（3）数字化连接，也就是与数字经济的收集、接收、存储和分配有关的所有活动，包括数据信息连接、5G、全光通信、物联网、Wi－Fi6、产品订单处理等。（4）数字化营销，也就是向买家告知产品和服务，诱导并促使其购买的活动，包括技术改造、软件发布、市场获取、数字广告、渠道关系、产品报价等。（5）数字化服务，包括在产品或服务销售和交付后，为买方保持有效工作所需的所有活动。具体来说，数字化服务包括数据信息的个性化服务、云计算、大数据服务、安全、产品安装和调试、技术顾问、设施和设备的维护与供应等。

二、公共保障措施政策支持

（一）重点支持领域

1. 宽带等基础设施

尽管世界各国均已意识到基础设施的关键重要性，且认为有必要构建起一个便捷且可靠的宽带网络，然而对于绝大多数发展中国家而言，建设国家高速宽带基础设施乃是一项极为重大的财政与监管方面的挑战。在亚太地区，现有若干种其他模式可供参考。就澳大利亚和马来西亚的模式来看，其政府与国家的主要电信运营商展开合作，针对签订宽带网络合同予以补贴，同时还规定必须要达成目标渗透率。新加坡则采取了不同的方式，把可获得国家补贴的暗光纤基础宽带网络（NetCo）同批发业务（OpCo）以及作为竞争市场的零售业务进行了区分。而在泰国，政府致力于成立国家控股公司，批量建设和运营国家的光纤资产，这一政策或许会降低竞争程度并减缓宽带基础设施的推广（Lovelock，2018）。ICT 对于 GDP 的贡献率可以作为数字经济增长水平的一项重要指标（Remeikiene & Vebraite，2021）。2018 年，泰国的 ICT 对于 GDP 的贡献率约为 7.9%（Vu & Nguyen，2024）。2020 年，马来西亚的 ICT 对 GDP 的贡献率为 22.6%。[1] 国际电信联盟的固定宽带普及率同样能够反映出相似的趋势。2022 年，马来西亚和泰国的固定宽带普及率分别为

---

① 可参考：https：//www.trade.gov/market‐intelligence/malaysia‐information‐and‐communica-tion‐technology‐ict‐growth.

12.44% 和 18.45%。① 但如果我们将关注点放在移动宽带的普及率上，就会发现 2018 年泰国的移动互联网连接评分（70.66 分）是高于马来西亚（67.97 分）的。② 由于泰国在固定线路方面不够发达，所以其移动替代率迅猛增长。和大多数亚洲国家一样，尽管对于大型企业，比如对银行而言，固定宽带是不可或缺的，但是当下手机移动网络才是访问互联网的主要方式（Lovelock，2018）。

2. 人才培养

对于人力资源管理这一部分来说，人才乃是关键所在。希克斯和布卡特（Heeks & Bukht，2018）提出，在数字经济时代，人才需要具备以下三层素养：第一，基本素养，具备基本素养的人才能够使用技术和平台，这是因为在最基本的层面上，发展中国家有超过 10 亿人不具备读写能力；第二，英语素养，原因在于很多在线内容都是用英语书写的；第三，数字素养，这会让他们能够使用设备，以及理解和认识互联网在其日常生活中的价值。在数字经济时期，由于缺少数字素养和 ICT 技能，互联网使用发展较为迟缓，数字技术无法得到广泛应用。数字经济转型成功的先决条件是人才要具备为将来的工作岗位和经济发展创造新的数字技能的能力。然而，相关人才还缺乏此类技能。所以，虽然失业率持续处于较高水平，但是众多高技术岗位还在发展之中，还是存在人员短缺的情况。造成这一局面的原因正是专业技术人才的短缺。技术成熟的 IT 专业人士为了寻求更高的薪酬和更优的工作机会而向外移民，使这种人才短缺的情况进一步加剧。企业和决策者们或许会对数字技术的应用与推广给予一定的资金支持，但是通常却忽视了对未来劳动力的投资建设。所以，尽管很多发展中国家把能力或技能培养列为其 ICT 方面的方针和战略重点，但大部分国家在实施这项战略时仍然滞后。例如，在非洲，开发和管理分布式数据网络的 ICT 技能人才严重短缺，从而对数字贸易形成阻碍。随着数字经济的发展，互联网犯罪也在不断增多，但在发展中国

① Fixed broadband subscriptions（per 100 people）［EB/OL］. https：//data. worldbank. org. cn/indi-cator/IT. NET. BBND. P2.

② 2018 年移动互联网连接现状［R/OL］.（2019 – 01 – 21）. https：//www. gsma. com/asia – pacif-ic/wp – content/uploads/2019/01/21372 – MCI – Report_en – US_zh – CN – web. pdf.

家，网络安全专业人员却极为稀缺（Heeks & Bukht，2018）。

3. 平台的互操作性

除了要对通信基础设施给予资金支持外，政策制定者还需加强网络平台的互操作性，从而使得应用程序和服务能够在它们之间实现共享。政策制定者和监管者必须考虑到在何种情形下平台的互操作性必须符合公共利益，以及哪些应用程序应该获得许可。举例来说，如果用户能够通过一个通信业务供应商所运营的软件，向不同的通信业务供应商的用户进行转账，或是向使用商业银行的客户汇款转账，由于交易量的持续增长，手机业务与移动业务之间的互操作性能够推动金融兼容性。不过，强制推行互操作性有可能对企业投资形成阻碍，并可能制约新兴商业模式的发展。与互联网系统一样，互操作性始终存在两个步骤：第一，明确何时应当开放互操作性。政府可以让行业参与者参与进来，调查市场条件和成熟度，以了解与授权互操作性相关的利益和风险。第二，决定何时必须禁止互操作性，例如儿童色情或仇恨言论，或出于网络管理的目的对特定类型的流量进行限流。这样的决策应当着眼于审查和中立性问题，但又要考虑数据自由流动对数字经济发展带来的益处（Lovelock，2018）。

4. 共享经济

共享经济是一种建立在租赁基础之上的经济模式，其蓬勃发展得益于从客户—服务模式向点对点（P2P）互联网架构的转型。但是，一种被广泛引用的关于共享经济的观点揭示出了其对经济的变革性影响："Uber 是世界上最大的出租车公司，实际上却并不拥有任何车辆；世界上最受欢迎的媒体所有者 Facebook，没有创作任何内容；阿里巴巴作为最有价值的零售商，却没有库存；而世界上最大的住宿供应商 Airbnb，也没有任何不动产。"

共享经济所面临的挑战有以下几个方面：第一，传统产业与新兴平台之间的冲突；第二，共享经济信用等级的可信度；第三，对消费者的保障，比如数据安全，也就是如果平台售卖用户数据所应承担的责任。就共享出行而言，政策制定者既要面临来自传统运输企业的压力，又要确保共享方式不会违反法律。在新加坡，有新的法律明确规定了此类共享出行业务的运营条件，包括最低限度的驾龄，对司机的严格审查以及合理的投保等。令人欣喜的是，传统的出租车服务并未就此被取代，反而是受到共享出行服务的影响而蓬勃发展，这是因为许多司机可以使用多个应用平台来接单。同时，传统的出租车公司为了提升竞争力，也在不断地调整经营方式和价格。新加坡的法律政策也显示出一定的弹性，表明了磋商和灵活性的必要性，但同时也有必要适时地进行政策的修订与调整（Lovelock，2018）。

5. 数字政府建设

一般来说，各国的财政政策是依据国民经济发展的总体规划来予以制定和执行的。如今，由于数字经济蓬勃发展，规划方法论受到了极大的关注。斯特纽里希等（Stetsyunich et al.，2019）提出在数字化时代，各国的财政政策应该适应数字经济的发展趋势，运用新的方法，促使国家金融系统能够灵活地适应和应对内部和外部危机、冲击和变革。根据2018年网络就绪指数（Networked Readiness Index）和2017年开放预算指数（Open Budget Index）的国家比较分析结果，显示出数字经济新态势下进行财政计划转型具有必要性。在俄罗斯，国家财政政策的制定必须考虑一系列的新事物与创新（例如，由俄罗斯联邦财政部制定的新的预算规则结构）。总的来说，公共部门亟须在登记信息、分析、控制和决策时采用最新技术，这使得数字时代公共经济部门的治理形式发生了改变。斯特纽里希等（Stetsyunich et al.，2019）研究结果表明，各国政府对数字技术在其活动中应用的全面愿景程度越低，这个国家的预算对其公民的透明度就越低；反之亦然，对公共治理数字化转型前景的全面设想会致使预算指标的透明度越高。因此，当各国政府意识到应用数字技术的重要性时，财政政策的结果和程序对公民来说会越来越透明。

（二）政策规制与经济激励

一般来说，有关数字经济的监管、治理与激励政策可以分为三类：第一，原则类，包括稳定性、层次性、适应性、互补性、辅助性、平衡性、合法性等；第二，工具类，包括税收、政府支出、转移支付、贴现率、储备要求、货币干预、货币供应控制、汇率等；第三，方法类，包括行政法规，禁令、配额、许可证、突发事件、海关法规、技术和植物检疫规范和安全规则、自我约束、反倾销措施等。国家在国际贸易、国际资本流动、外国投资、国际货币、金融和信贷关系等领域的监管政策，旨在通过创造条件增加所有经济实体的经济活动来刺激社会经济发展和经济增长，并且通过提高生产力来保障国内生产商在国内和国外市场的竞争力，从而推动其产品的创新和可制造性的增长。

如果将数字经济视作一种经济活动，那么其中生产的关键因素是数字形式的数据，相较于传统的管理形式，对大量数据的处理以及对于分析结果的运用，可以大大提高各类生产、技术、设备、存储、销售、交付商品和服务的效率。由此便出现了三种类型的保护主义：第一，创新型新保护主义，也就是出台旨在鼓励和促进人工智能领域技术发展的政策；第二，数字型新保护主义，也就是制定限制信息和通信技术以及数字商业的歧视性政策；第三，信息型新保护主义，也就是制定限制和约束数据流的政策。创新型新保护主义被视作一种新型的保护主义，其目的在于通过操纵全球贸易体系来提高国家创新能力和增加先进产业的出口。数字型新保护主义是一种国家干预手段，通过在数字经济中发展新的比较优势来提高国家的生产能力，这是通过一系列刺激性（鼓励形成和发展新的部门，创造新的生产手段，在哪里生产新的产品，提供新的服务，促进新的商业模式）和歧视性（实施数字商业的障碍，包括审查、过滤、本地化和隐私法规）措施得以实现的。信息型新保护主义已被提议解释为对具有商业性质的信息流动进行限制，以利于国内公司，降低了买家和卖家的互动能力，以及公司开展国际贸易和金融交易的能力（Panchenko et al.，2020）。

由于数字经济中信息和创新所具有的综合特性，上述三种新形式的保护主义各自的呈现形式很难予以明确区分，有时并不存在明显的界限，它们互相作用，互相联系，但同时也引发了监管竞争，这无疑对"国家安全"和"国家利益"造成了影响。例如，美国和欧盟均正式认可对数据和信息进行保护的必要性，然而却对利用信息和数字保护主义加以谴责。美国国际贸易委员会（USITC）建议将数字保护主义理解为数字商务的壁垒或障碍，包括审查、过滤、本地化和隐私规定等。信息型新保护主义会对国际商业产生明确的限制性作用，阻碍创新，最终致使贸易成本增加，进而对世界贸易形成限制。对于一个施行信息和数字新保护主义手段的国家来说，其主要意图在

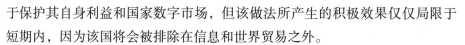

于保护其自身利益和国家数字市场，但该做法所产生的积极效果仅仅局限于短期内，因为该国将会被排除在信息和世界贸易之外。

除此之外，专门用以促进创新活动而制定的法规实际上并不多，只有例如关于保护知识产权，特别是专利的立法，以及部分具体的市场规则，如欧盟委员会近期在主导市场倡议之下通过的规则。此外，诸多法规在出台时的目标并不是促进创新，且事实也表明其并未推动创新，例如为了达到健康保护、安全或环境保护方面的要求，公司不得不对其现有产品范围或生产过程进行改变以适应新法规。这个过程可能需要额外的开发成本，但这并不能叫作创新，或者说，至少法规制定的初始目的并不是创新，创新可能只是所产生的外溢效应。最后，还有一些会对公司战略和活动产生影响的规范性法律行为，但不一定会对创新产生积极影响。尽管监管对不同类型创新的影响存在异质性，然而总的来说，现在还没有确切的定论可以表明监管的负面影响是否超过了积极影响。

因此，政府在实施法规政策等监管行为的时候，要考虑三个因素：第一，需要考虑该部门的特殊性，并要考虑到有关具体行业规范。第二，监管对不同类型的公司会产生不同类型的影响。一般来说，随着公司规模的扩大，在遵守法规方面出现的困难相对较少。一方面，试图进入新市场或只是刚进入现有市场的新公司在遵循监管要求方面经验较少；另一方面，这些公司具备更多的灵活性来应对未来的立法创新。第三，监管对公司的影响在短期和长期内效果不同。在短期内，对监管规范的必要遵守给大多数公司带来了负担，这可能对创新产生不利影响。从长期来看，对创新的影响并非完全一致，这取决于监管的具体类型和复杂性。第四，法规应用的灵活程度对公司的激进或渐进创新的倾向有很大影响。因此，分析法规对创新的影响应当综合考虑所有方面。

除了监管政策规制（方法）以外，还有一种经济刺激（工具）。例如，阻碍马来西亚发展的因素在于其在全国范围内缺乏可获得和可负担得起的固定宽带。马来西亚近年来在人均可负担的宽带接入方面是落后于泰国的，甚至在相同的指数上也落后于越南。为了解决这个问题，马来西亚通信和多媒体委员会（MCMC）在马来西亚政府的战略投资基金 Khazanah Nasional Berhad 的支持下，向国家投资的马来西亚电信公司（TM）提供了 1/3 的补贴，连续在两个项目中引入高速宽带。虽然零售价格受到管制，但马来西亚电信公司能够凭借高额的批发费用收回投资，这在业内被称为"利润挤压"。零售层面的竞争压低了最终用户的价格，使新的设施竞争者难以进入市场。因此，竞争只在移动宽带市场上有效。

（三）政府与私营部门

欧盟和美国在推动数字经济的政策和监管变革方面采取了不同的做法。欧盟的欧洲委员会不仅仅是一个区域性的协调机构，还常常成为监管新兴数字技术的主要倡导者。例如，布鲁塞尔采取了由政府和监管部门主导的数字发展方式。从隐私、数据保护、网络中立性和监管搜索引擎市场等领域能够明显看出这一点。欧盟强调对数字经济的监管需要通过政府制定的框架来进行。欧盟的《数据保护指令》构建起了共同的规则，为欧洲公民的个人数据在国内和跨境转移时提供高标准的保护。相比之下，在美国，私营部门主导了大部分数字监管议程，而政府则致力于为私营部门营造良好的环境。例如，大多数共享经济应用程序是在美国首次推出并蓬勃发展的，包括 Uber、Lyft、Airbnb 和 TaskRabbit 等，基于应用程序的公司和监管机构共同努力以平衡创新和公共利益。在数据隐私监管方面，与欧洲更为直接强调合规性和处罚风险的做法形成鲜明对比的是，2016 年，美国司法部将苹果公司告上法庭，要求其对一名恐怖分子嫌疑人的 iPhone 进行后台访问，而苹果公司出于保护用户的数据、安全和隐私而拒绝了这一要求。美国的数字技术政策对来自市场的信号做出的反应往往更加有利和灵活，政策和监管成为了促进或促成创新和市场增长（而非稳定）的工具。美国市场的巨大活力进一步致使美国科技公司的监管利益受到美国一直以来用来推动其商业和贸易议程的那些机制的倡导，像美国商会、商业协会和美国商业服务（Lovelock，2018）。

（四）中央政府与地方政府

洪和李（Hong & Lee，2018）对处于多层次民主治理背景下的两种不同形式，即中央政府和地方政府进行了研究，提出了一个关于权力下放可能引发适应性治理的必要条件的概念性框架。以往的文献表明地方政府相较于中央政府对民主影响更敏感，但此研究指出，倘若所关注的政策体现出企业家政治（即如果适应产生了广泛分布的利益，但成本却狭隘地集中），那么权力下放可能会阻碍适应过程。该研究以 Airbnb 近期兴起的共享经济为例，给出了定性的证据，表明高层（中央或联邦）政府比低层（地方或城市）政府对这种共享服务相对更有利。艾尔马萨和莫西尔丁（ElMassah & Mohieldin, 2020）对数字化转型可持续发展目标的本土化和实现产生的影响进行了分析。该研究基于有关可持续发展目标的进展、现有电子政务和大数据举措，对七个世界不同区域的国家的本土化情况进行了分析。结果显示，地方化使得各国政府可以在当地的范围内制定可持续发展的策略，而这种策略可以由数字化转型加以推动。地方化需要当地政府做出有效的规划，以确保其财政拨款能体现当地社区的重点。其中最重要的一点是，必须有足够的数据来识别和追踪政策制定者，这就需要对信息和数据处理能力予以评估，从而推动数字化转型。此外，还必须为发展规划和项目提供足够的资金支持，并在地方一级有效施行。这需要政策制定者引导和鼓励对"数字网络架构"（DNA）基础设施和人力资本进行投资。

　　中央政府与地方政府都应当参与到数字经济的保障措施的供给之中。然而，究竟是采用"自上而下"的方式还是"自下而上"的方式更加有效呢？这两种方法都各自具备优点，并且这也会依据不同国家的情况而有所差异。这里所提到的"自上而下"或"自下而上"主要是针对数字经济政策制度的实施和部署而言的，而非体系框架。新加坡和中国香港在数字发展方面的对比就提供了一个类似的案例研究。新加坡采用的是"自上而下"的方式。以推广无人驾驶汽车为例，新加坡是全球首个允许无人驾驶汽车上路的国家。随着城市交通拥堵成为全球范围内的棘手问题，新加坡交通部于 2014 年成立了新加坡自主道路运输委员会（CARTS），以制定相关政策推广无人驾驶汽车。在总理办公室和新加坡公务员主管的指导支持下，该国的研发总机构 A×STAR 和陆路交通管理局发起了新加坡自动驾驶汽车倡议（Singapore Autonomous Vehicle Initiative, SAVI），以探索自动驾驶汽车能够为新加坡创造技术的可能性。新加坡利用自动驾驶汽车来实现数字转型，以应对不断增长的人口和稀缺的土地资源。因此，SAVI 是由具有前瞻性的政府机构以自上而下的方式实施的，这些机构在政治链的最顶端进行协调，服务于长期政策目标。与之相比，香港的数字经济是以自下而上的方式发展的，各种不同的利益相关者，如技术专家、学者和企业，都参与到了市场竞争中。假设我们想依赖于现有的智慧灯杆等基础设施来安装自动驾驶汽车、物联网等所需要的传感器、Wi－Fi 和其他通信设备，这可能会引发一个问题，那就是来自其他公用事业的电力供应可能会扰乱运营并增加成本。这一问题与新加坡政府的统一调度形成了鲜明的对比。1995 年，亚洲第一个互联网交换点——香港互联网交换中心成立，使自治系统能够相互连接并交换流量，这不仅有助于将亚洲内部的互联网流量留在亚洲范围内，而且还通过吸引所有主要技术和内容供应商，使香港成为亚洲最重要的互联网中心之一。香港是国际数据中心的门户，可以便捷地进入中国大陆地区，并为那些希望在海外拓展的中国大陆科技公司提供有用的通信和金融枢纽。政府对这类投资者非常热衷，并通过为 50 多个运营中的数据中心提供土地来促进该行业发展（Lovelock，2018）。

第二节　我国实施公共保障措施的实践经验

一、理念

（一）创新理念

私营部门既需要监管具有确定性用以保证投资，也需要监管所赋予的自由以促进创新。政策制定者面临着技术变革所带来的挑战，在快速变化的数字经济环境中，对于究竟是哪种监管方法最有效产生了不确定性：是保护隐私、投资、知识产权等更为明确的指导方针，还是给予资金支持最快、力度最强、最具创新、最有成效的自由的监管环境。

在我国，数字支付产业的发展与繁荣，也许是世界上其他地区所不具备的。这是因为主要公共部门和私营部门都参与了数字支付生态系统建设之中，从而促使数字支付行业呈指数式迅速增长。数字支付系统将各类数字技术、无处不在的移动连接和先进的数据分析过程有机融合，利用现有的电子商务平台和社会网络平台，不断深入到生活的各个方面。2023 年前三个季度，我国网络支付①业务数达 11077 亿笔，交易金额达 2728 万亿元。② 截至 2023 年 12 月，我国网络支付用户规模达到了 9.54 亿人，相较于 2022 年 12 月增加了 4243 万人，占网民整体的 87.3%。③ 数字支付生态系统的增长得益于政府"观望"型监管方式，即允许行业参与者在相关监管机构的谨慎监督下，在非正式范围内进行创新，创造新的商业机会，提高金融包容性（Lovelock，2018）。然而，与我国形成对比的是，在日本数字支付未能蓬勃发展起来，这可以归咎于日本政府规避风险的监管方式。因此，在数字经济时代，监管固然重要，但也需要给予私营部门创新的空间。

此外，政府还应积极采取财政补贴政策来鼓励创新。例如，云南省为支持创新发展作出了很多努力。2022 年，云南省人民政府办公厅印发了《关于大力推动数字经济加快发展若干政策措施》（以下简称云南省《若干措施》），具体包括：第一，对科研和技术创新进行财政补贴和补助；第二，由云南省发改委和省科技厅牵头，共同扶持数字经济相关企业建设重点实验室、工程、技术创新、产业创新、制造业创新中心等，并对新获得批准建设的国家级重点实验室给予一次性 1000 万元的补助，对新评定的国家级工程研究中心、技术、产业、制造业创新中心，给予一次性 500 万元的补助；第三，由省市场监管局牵头，省直有关部门配合制定统一的激励机制与标准奖励，对牵头制定云计算、大数据、人工智能、物联网、商用密码等产业发展有关标准的机构或个人，省财政给予奖励，根据不同等级的标准来执行，例如确定经过权威机构认定的国际标准为 50 万元/件、国家标准为 30 万元/件、行业标准为

---

① 网络支付：包括客户使用计算机等电子设备通过银行结算账户发起的业务笔数和金额，以及支付机构发起的涉及银行账户的网络支付业务量和支付账户的网络支付业务量。
②③ 第 53 次《中国互联网络发展状况统计报告》［R/OL］.（2024 – 03 – 25）. https：//www.cnnic.net.cn/NMediaFile/2024/0325/MAIN1711355296414FIQ9XKZV63.pdf.

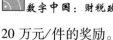

20 万元/件的奖励。

（二）全民参与理念

随着大数据、人工智能等数字技术的迅猛发展，数字经济也随之步入新时代。尤其是在新冠肺炎疫情之后，数字技术的不断更新，智能手机的迅速发展，无接触支付、直播购物、健康运动记录等依托于智能手机的功能都在人们的生活中得到了极为广泛的应用。构筑全民畅享的数字生活，让全民尽享数字经济时代红利需要提高整个国家公民的数字素养和技能。

数字素养与技能的定义尚未形成全球一致公认的名称以及明确界定。美国图书馆协会指出，数字素养与信息素养一样，也需要具备查找和使用信息以及批判性思维的技能。然而，不仅如此，数字素养还包括了解数字工具，并通过社会参与以交流、合作的方式使用它们等方面。美国图书馆协会的数字素养工作组将数字素养定义为一种能够利用信息和通信技术来寻找、评估、创造和交流信息的认知和技术技能。[①] 联合国教科文组织对于数字素养和技能做出了这样的定义：数字素养是指利用数字技术，能够以安全和适当的方式去访问、管理、理解、整合、交流、评估和创建信息，以促进就业、更好地开展工作和创业的能力，其中包括计算机素养、通信技术素养、信息素养和媒介素养等；而数字技能，也就是能够使用数字设备、通讯应用程序和互联网来获取和处理、管理信息和数据的一系列能力。它们使得人们能够在生活、学习、工作和社会活动中创造和分享数字内容，进行沟通和协作，并解决问题，以达到有效且具有创造性的自我实现。[②]

2021 年，中共中央网络安全和信息化委员会所发布的《提升全民数字素养与技能行动纲要》中，对数字素养与技能给出了明确的定义。数字素养与技能是指数字社会中公民在学习、工作、生活方面应具备的一系列包括数字获取、制作、使用、评价、交互、分享、创新、安全保障、伦理道德等素质与能力的集合。具体来说，数字素养包括以下内容：第一，数字意识，其中

---

① Digital Literacy［EB/OL］. https：//literacy. ala. org/digital－literacy.
② Digital skills critical for jobs and social inclusion［EB/OL］. https：//www. unesco. org/en/articles/digital－skills－critical－jobs－and－social－inclusion.

包括内化的数字敏感性、对数字的真伪和价值的辨别，主动发现和利用真实的、准确的数字的动机，在协同学习和工作中分享真实、科学、有效的数据，主动维护数据的安全的意识。第二，计算思维，即在分析问题和解决问题时，主动将问题抽象化、分解问题、构建解决问题的模型和算法，善用迭代和优化，并形成高效解决同类问题的范式。第三，数字化学习与创新，指的是在学习和生活中，积极利用丰富的数字化资源、广泛的数字化工具以及无所不在的数字化平台，展开探索和创新活动。数字化资源、工具和平台不仅仅是用来提升学习的效率和生活的幸福感的，而且还要充分利用将其作为探索和创新的基础，在思维和工作过程中始终坚持探索和创新的习惯、确立探索和创新的目标、设计探索和创新的路径、完成实践探索和创新的过程、交流探索和创新的成果，从而逐步形成探索和创新的意识，积累探索和创新的动力，储备探索和创新的能力，同时也形成团队精神。第四，数字社会责任，包括形成正确的价值观、道德观、法治观，遵循数字伦理规范。在数字环境中，保持对国家的热爱、对法律的敬畏、对民族文化的认同、对科学的追求和热爱，主动维护国家安全和民族尊严，在各种数字场景中不伤害他人和社会，积极维护数字经济的健康发展秩序和生态（方向，2022）。

数字素养和技能，无论是对于供给端还是需求端而言，都极为重要。当前，实体经济与数字经济实现了深度融合，数字产业化与产业数字化正加速推进。对劳动者来说，只有不断提升数字素养和技能，才能够适应数字经济发展，提升人力资本水平。同时，数字技术也广泛地应用到了社会生活和文化消费中，尤其是智能手机的普及，为数字化交往和数字化消费的推广创造了条件。以网络购物、网络娱乐、在线医疗等为代表的数字消费呈现出迅猛发展的态势，也催生出了新的消费方式和消费习惯。对于消费者来说，只有提升数字素养和技能，才能够充分享受数字经济时代所带来的便利（魏志奇，2022）。

提升全民数字素养与技能，尤其需要对特殊群体的需求予以重点关注。国务院印发的《"十四五"数字经济发展规划》中提到要制定实施数字技能提升专项培训计划，提高老年人、残障人士等运用数字技术的能力，切实解决老年人、残障人士等面临的困难。2020年，国务院办公厅印发《关于切实解决老年人运用智能技术困难的实施方案》，着重强调了要关注老年人面临的"数字鸿沟"问题。截至 2024 年 1 月，工业和信息化部已引导企业为超过 220 万老年人提供常用 App 应用辅导，涉及老年人的出行、就医、办事等各方面，包括面对面讲解等敬老爱老服务，"一键呼入人工客服"专线累计服务超过 3 亿人次。①

（三）坚持应用导向

2022 年 4 月，中央全面深化改革委员会第二十五次会议上审议通过《关于加强数字政府建设的指导意见》（以下简称《指导意见》），明确提出要将满足人民群众对美好生活的向往作为推进数字政务发展的出发点与落脚点，构建具有可及性、智慧功能、能够便捷操作使用、公平的普惠化数字政务服务系统，让老百姓少跑腿、让数据行动起来为人民服务。《指导意见》突出了以人民为中心和数字普惠的理念，旨在消除"数字鸿沟"，让数字政府建设成果能够更广泛且更公平地惠及全体人民。《指导意见》提出，要把公共服务的数字化、智能化水平提高到一个新水平，以适应企业和人民的多元化服务需求。在建设数字政府的进程中，数字技术固然极其重要，但需要特别强调的是，数字技术仅仅是一种工具，而不是最终目的。群众和企业是否满足，才是绩效评价的一项度量标准。应当坚持从用户思维出发，以用户为本、应用为导向的理念，通过大规模的数字化、大数据的运用，为广大老百姓和市场主体提供便利和获得感（张红文，2022）。例如，安徽省重点围绕群众和企业在移动端便捷办事的实际需求，打造了"皖事通"移动端，提供各类与生产生活密切相关的高频服务和电子证照，提高公共服务数字化水平（张红文，2022）。按照《指导意见》的要求，应当持续打造泛在可及的服务体系，提升智慧便捷的服务能力，尤其要围绕解决民生领域的突出矛盾和问题，探索推进"多卡合一""多码合一"，推进基本公共服务数字化应用，加快实施居民服务"一卡通"和"一人一证一码""一企一照一码""一车一码"等多领域场景，真正办好人民群众牵肠挂肚的民生大事，做好人民群众天天

---

① 数字技术适老化水平稳步提升——助力老年群体 共享"数字红利"［EB/OL］.（2014 – 01 – 03）. https：//www. gov. cn/yaowen/liebiao/202401/content_6923932. htm.

有感的关键小事，积极打造多元参与、功能完备的数字化生活网络。

要为群众和企业提供便捷服务，党政机关就必须高效运行，政府在加强对外数字服务能力的同时，也要提升自身政务运行效率，全面提升政务运行方式数字化智能化水平（张红文，2022）。"加快推进数字机关建设"是数字政府建设的创新举措。要大力推行移动审批，实时受理、审批群众和企业网上申请的服务事项，压缩审批时间。推行移动监管，将"双随机、一公开"监管事项推至移动端上线，为基层一线执法人员赋能减负。推广"免申即享"，通过大数据比对、流程再造、信用监管等方式，将符合条件的惠企政策实施流程简化为"数据比对、意愿确认、拨付到账"，努力实现政策直达、补贴直领、免申即享，变"人找政策"为"政策找人"。推动协同办理，探索行政办公、人事管理、后勤管理等机关内部事项集成办理，实现跨层级、跨地域、跨系统、跨部门、跨业务的协同管理和服务（张红文，2022）。

二、基础设施建设

（一）保障以 5G 为代表的信息基础设施建设空间

信息基础设施是数字经济发展的基石，以 5G 和千兆光网为代表的"双千兆"网络，具有超大带宽、超低时延、先进可靠等特性，国家"十四五"规划纲要明确提出要"加快 5G 网络规模化部署"以及"推广升级千兆光纤网络"。2021 年，工信部联合有关部门出台了《"双千兆"网络协同发展行动计划（2021 – 2023 年）》《5G 应用"扬帆"行动计划（2021 – 2023 年）》等一系列政策文件，大力部署推进 5G 和千兆光网建设与应用。5G 和千兆网能够为数字经济发展以及大量新应用、新技术提供良好的信息通信保障。如果没有足够的信息通信基础设施保障和财政资金支持，技术应用的落地和产业化将面临限制。因此，5G 和千兆网对企业生产模式、市场策略、社会治理、产业发展等产生变革性的影响。[1]

---

[1] 中国 5G 发展和经济社会影响白皮书（2022 年）［R/OL］.（2023 – 03 – 16）. http：//www. caict. ac. cn/english/research/whitepapers/202303/P020230316603328869632. pdf.

全国各地接连发布了支持5G网络等信息基础设施建设空间的发展规划。不同地区在5G网络建设、技术攻关、产业培育等方面存在着共同之处，而差异则主要集中在应用领域。各地针对自身产业环境和民生需求，制定了适合当地发展的切合实际的重点应用发展方向。以上海为例，以进口博览会为发展契机，打造"进博会5G+智慧地铁平台"①，为轨道交通的服务保障能力给予了强有力的支撑。第二届进博会预计每日的参展人数将达到15万至20万人次，其中一半以上的参观者将乘坐轨道交通达到展馆。基于这样的预期，上海地铁2号线、10号线、17号线在"进博会5G+智慧地铁平台"的管理调度和运营协调下，以及在徐泾东站、虹桥火车站站、诸光路站之间的联动指挥下，实现了协同运行，形成与进博会相关的"三线三站"一体化的区域协同调度联合指挥体系，极大地提高了地铁组织、客运组织、维护和保障等方面的综合服务能力。又例如，北京冬奥会首次全程以4K超高清格式进行转播，首次运用"5G+8K"技术进行开幕式直播。通过8K技术下的特写镜头能够清晰地看到运动员的汗滴、发丝等。北京冬奥会赛事时长约为1000小时，转播内容的总生产量达6000小时。② 这些内容通过云端走向全球，而不需要卫星直播车、现场搭建网络专线。借助"5G+云计算"，全球媒体在云端即可接收直播信号，方便媒体进行远程直播、精彩回放、特效视频和内容集锦制作等。

（二）推进公共资源开放和共建共享

合理控制公共服务设施规模，加强毗邻地区设施共建共享是科学统筹的重要途径，这样才能科学有序地推动公共服务高质量发展。如果不进行合理的规划，便会导致大量重复建设的出现，从而产生资源的闲置和浪费。在相邻的小区和区县市的交界处，基础设施完全能够实现互补、共用，无需在相邻区域同时修建。要坚持"一盘棋"的民生工作和"共建共享共商共用"的

---

① 上海地铁"进博会5G+智慧地铁平台"正式上线［EB/OL］.（2019－10－31）.http：//www.xinhuanet.com/world/2019－10/31/c_1125177608.htm.
② 5G，为北京冬奥增添魅力［EB/OL］.（2022－02－19）.https：//www.chinanews.com.cn/cj/2022/02－19/9680920.shtml.

理念，提前介入，共同规划，将项目的资源集中起来惠民生，让每个规划建设都能让更多群众受益，发挥更大的影响力。例如，2021 年，贵阳市始终坚持"以人民为中心"的发展理念，把人民对美好生活的向往作为目标，大力推进实施"一圈两场三改"建设。① "一圈"就是要打造关于"教业文卫体、老幼食住行"等方面的 15 分钟生活圈，"两场"就是建好停车场和农超市场，"三改"也就是对于棚户区、老旧小区和背街小巷改造的工作。具体来说，贵阳贵安机关事业单位、国有企业停车场对外免费开放共享，同时鼓励具备条件的其他停车场进行车位共享，从而充分缓解市民停车难问题；贵阳贵安多所学校体育场地也对外开放，通过这些举措，遵循"就近就便，便民惠民"的原则，盘活存量资源，将政府、学校、社区等内部文化体育设施、停车场等资源都加以整合并利用起来，向群众开放，推动管理提升，让现有基础设施作用实现最大化，提高公共资源综合利用率。

（三）降低通信网络建设租赁费

2022 年，云南省人民政府办公厅印发了《关于大力推动数字经济加快发展若干政策措施》，基于云南省的实际情况，提出若干政策措施并明确了相关责任单位与部门，旨在推动数字经济加速发展，培育壮大新动能，助力高质量发展。其中重要的一点就是降低通信网络建设租赁费，着重强调公路、铁路、地铁等交通基础设施行政管理部门、通信行业管理部门和投资运营主体要全力支持信息基础设施建设，要与基础电信、广电网络和铁塔企业紧密协作，按照资源共享、互惠互利原则，推进交通基础设施与沿线信息基础设施同步规划、同步设计、同步实施、同步开通。基础电信、广电网络和铁塔企业使用高速公路路网管孔，租赁费按照不高于 4000 元/管孔/公里/年结算价格签订租赁合同；使用高速公路产权内土地等有关资源的通信基站综合租赁费按照不高于 4000 元/基站/年结算价格签订租赁合同；既有合同在期满后按此标准执行，租赁企业不得转租。相关事项应由云南省交通运输厅牵头，

---

① 贵阳市政府办公厅关于印发贵阳贵安"一圈两场三改"规划建设攻坚三年行动计划（2021—2023）的通知［EB/OL］.（2021 - 12 - 23）. https：//www. nanming. gov. cn/xzjd _0/wcjdbsc/zfxxgk _5739283/fdzdgknr_5739286/csjs/202112/t20211223_72099712. html.

云南省住房城乡建设厅、省通信管理局，各州、市人民政府应积极配合。

（四）加强项目审批和用地支持

2020年，广西壮族自治区人民政府办公厅印发了《加快广西数字经济发展的若干措施》，以加快数字经济产业发展，推动数字广西建设，其中就提到要优化简化项目审批。文件强调要在已纳入自治区层面统筹推进的5G、数据中心等新型基础设施重大项目，对具备报批条件的基站、杆塔、机房等所需建设用地，以打包的方式报批后即可开展建设，待用地审批通过后再予以核销用地指标。对数字基础设施建设项目实行容缺投资审批机制。相关部门在受理数字基础设施建设项目外部供电有关规划建设申请后，需要在2个工作日内完成建设工程（工程管线类）规划许可证的批复，在1个工作日内完成建设工程（工程管线类）市政开挖许可证的批复。

2022年，杭州市拱墅区人民政府办公室印发了《高质量发展建设动能转换活力区1+3+N产业政策》，对年经济贡献总额达300万元（含）以上的数字经济核心产业企业在区内楼宇（区国有企业自建的楼宇用房除外）中一次性购置自用办公用房的，经认定，按1000元/平方米、最高1000平方米给予扶持；对数字经济核心产业企业租赁区内楼宇、厂房作为自用办公、生产用房的，经认定，自引进年度起，三年内分别给予1元/天/平方米、0.8元/天/平方米，面积最高不超过1500平方米的房租补贴，补贴面积按照每人（以当年度企业实际缴纳社保人数为依据）不超过15平方米的标准计算；支持数字经济核心产业企业用地需求，在符合拱墅区整体产业规划的前提下，优先考虑相关产业用地安排；加大政府产业基金对数字经济核心产业企业的扶持，优先推荐并支持数字经济核心产业企业申报和参与政府产业基金合作。

（五）加强电力保障

电力数据既是经济的"晴雨表"，也是反映区域经济运行的"风向标"之一。电力数据具有行业覆盖范围广、时效性强的特点，对企业用电情况、电费缴纳等方面进行数据分析，能够直观呈现企业真实经营状况，为金融机构开展征信服务提供了数据指标。凭借电力数据，越来越多的数字化成果被应用到社会服务、政府管理中，成为了服务数字社会建设、助力数字经济发展的重要力量。通过对电力大数据应用的开发，广东电网根据行业日用电量数据，准确掌握产业结构与变化趋势，科学分析行业聚焦的区域特点，研判企业生产电量现状及发展趋势，积极为企业决策提供科学依据，激发数据生产要素对经济社会的支撑作用（李金红，2022）。

云南省《若干措施》强调要开通数字经济企业电力接入绿色通道，优先保障数字经济园区、企业和信息基础设施的电力接入。支持通信基站转供电改直供电，由州、市人民政府会同供电企业和基站所在单位根据电力设施产权归属，对满足转改直条件的存量基站进行直供电改造；对于暂时只能使用转供电的基站用电，执行国家规定，不得加价。新建基站原则上全部采用直供电方式就近引电，优化报装流程，对于未实行"三零"服务的低压非居民用户、高压单电源用户、高压双电源用户，供电企业用电报装时间分别压减至 6 个、22 个、32 个工作日以内。鼓励 5G 基站、算力中心运营企业参与电力市场化交易，不受电压等级和用电量限制。

（六）推动算力基础设施布局

发展数字经济，算力是重要支撑。算力是集信息计算力、网络运载力、数据存储力集于一体的新型生产力，主要通过算力基础设施向社会提供服务。算力基础设施属于新型信息基础设施的重要组成部分，呈现出多元泛在、智能敏捷、安全可靠、绿色低碳等特征，对于助推产业转型升级、赋能科技创新进步、满足人民美好生活需要和实现社会高效能治理具有重要意义。加快算力基础设施建设，优化算力资源布局、提升算力应用强度至关重要。数字化升级是应对风险挑战、增强经济动力的着力点，而其基础就在于算力支撑。算力作为数字经济时代中最核心的生产力之一，在经济社会各领域和层面都得到了广泛的应用。

近年来，我国一直致力于加速以算力为代表的新型信息基础设施建设。从智能物流、柔性生产再到智慧出行，算力在生产生活中的应用越来越多，数据潜力也在持续被挖掘。2022 年，国家发改委、中央网信办、工业和信息化部、国家能源局共同发布通知，批复在京津冀地区、长三角地区、粤港澳大湾区地区、成渝地区、内蒙古地区、贵州、甘肃、宁夏8个地区逐步开始建设国家算力枢纽节点，以及在张家口等10个地区建设国家数据中心集群。① 至此，国家大数据集成系统的整体规划设计已基本完成，"东数西算"项目也正式启动，着力打造全国算力一张网，将为我国数字经济发展创造新优势。在"东数西算"中，"数"代表着数据，而"算"代表着算力。"东数西算"是一种全新的算力网络结构，它将东部的非实时性和大规模的生产和生活数据传输到西部数据中心进行存储、计算并反馈，从而使数据中心的规划布局更加合理优化，从而推动东西部的合作。这主要是由于国内大部分的数据中心都位于华东，由于土地和能源资源的日益紧缺，东部进行大规模的开发已经很困难。而西部资源丰富，尤其是拥有可持续发展的可再生能源，具备开发和服务东部计算能力的潜力。因此，通过构建数据中心、云计算、大数据一体化的算力网络系统，可以将东部的算力需求转移到西部来实现。西部数据中心负责处理后台加工、离线分析、存储备份等对网络要求不高的业务，东部枢纽则集中资源负责处理工业互联网、金融证券、灾害预警、远程医疗、视频通话、人工智能推理等对需要大量网络支持的业务。"东数西算"能够有力带动产业上下游投资和土建工程、IT设备制造、信息通信、基础软件、绿色能源供给等产业链发展，借助算力设施从东到西的布局，推动有关行业的高效迁移，从而推动东西部数据的流通和价值传递，发挥各区域在市场、技术、人才、资金等方面的优势，补短板、强弱项，拓展延伸东部发展空间，推进西部大开发建设形成新格局，有利于推动区域协调发展（周人杰，2022）。"东数西算"是继"南水北调""西电东送""西气东输"工程之后，又一项国家级重要战略工程，一体化推动东西部数据中心与网络、云计算、算力、数据要素、应用和安全等协同发展。2023年10月，工业和信息化部等六部门印发《算力基础设施高质量发展行动计划》，加强计算、网络、存储和应用协同创新，推进算力基础设施高质量发展，充分发挥算力对数字经济的驱动作用。

---

① "东数西算"工程系列解读之一｜"东数西算"工程　助力我国全面推进算力基础设施化［EB/OL］．（2022 – 03 – 17）．https：//www. ndrc. gov. cn/xxgk/jd/jd/202203/t20220317_1319467. html? code = &state = 123.

（七）推动国际通信枢纽建设

在信息时代，网络是最重要的基础设施。2018 年，成都市大力推进《建设国际性区域通信枢纽行动计划（2017—2022 年)》得以切实落地实施，信息通信基础设施的能力不断提升，这为打造"一带一路"信息通道和国际信息港，培育发展新动能奠定了基础。2018 年，成都城域网出口总带宽为 13730Gbps，相较 2017 年的 12800Gbps 增长了 930Gbps；固网宽带用户数量达到 800 万户，相比 2017 年的 712 万户新增了 88 万户；移动用户达到 2899 万户，较 2017 年的 2729 万户净增了 170 万户。[①]

2022 年 2 月，云南省"十四五"专项规划系列新闻发布会第九场《"十四五"云南省信息通信行业发展规划》提出围绕全面加快新型数字基础设施建设、全面推动建设面向南亚东南亚国际通信枢纽、全面服务和主动融入"数字云南"[②]建设等 7 个方面提出了 25 项重点发展任务，并通过专栏形式确定了 9 项工程[③]。2022 年 4 月，云南省人民政府印发《云南省"十四五"新型基础设施建设规划》提出目标是在 2025 年之前建成昆明国家级互联网骨干直联点，全光省省建设不断深化，千兆固定宽带用户占比要达到 30%。然而实际建设成果超出预期，在 2022 年 9 月，昆明国家级互联网骨干直联点、根域名镜像服务器就已正式获批建设。[④]

此外，中国移动的第 3 个国际海底电缆登录站点和国家第 9 个国际通信业务出入口局于 2020 年末在珠海横琴正式落成。珠海利用港珠澳跨境光纤电缆与国际海缆形成双路直接连通香港，成为大陆境内唯一一个与澳门及香港国际通讯电缆相连的国际性网络节点。为了助力横琴自贸区能够更好地为澳门的经济发展提供便利，推动珠海成为国际化信息中心，国家工信部发文同

---

① 成都高质量建设国际性区域通信枢纽［EB/OL］.（2019 – 09 – 25）. https：// www. chenghua. gov. cn/chqrmzfw/c143764/2019 – 09/25/content_d4f099ab37d74056b5d839d0989fe487. shtml.

② "十四五"数字云南规划［R/OL］.（2022 – 04 – 27). http：//www. scdsjzx. cn/scdsjzx/shengwaizhengce/2022/6/9/3a4ce4faf9e447f5a0619d4ffce7846a. shtml.

③ 云南省"十四五"信息产业发展规划［R/OL］.（2022 – 08 – 03）. https：//www. yn. gov. cn/ztgg/ynghgkzl/sjqtgh/zxgh/202201/P020220803355355642020. pdf.

④ 《云南省互联网发展报告（2023）》［R/OL］.（2023 – 09 – 15）. https：//www. ynnet. org. cn/uploadfiles/editor/file/20230915/20230915174731_41674. pdf.

意中国移动在珠海地区设立区域性国际通信业务出入口局（以下简称珠海国际局）。自此，中国移动在珠海的跨界服务能够直接与港澳相对接，而无需像以往一样要经由广州国际局来进行中转，然后再通过珠海国际局去联接澳门和香港这样的中间处理流程，从而极大程度地缩短了线路距离，减少了传送时延（郑振华，2020）。

三、人才培养与队伍建设

（一）重载体培育，建立多维联动人才培养机制

2022 年 5 月，江苏人力资源和社会保障厅制定了《全省人力资源社会保障系统服务数字经济发展若干措施》（以下简称江苏省《若干措施》），从支持数字技术创新体系建设、促进产业数字化转型升级、深化数字经济人才发展机制创新等方面提出了 20 条具体措施，以服务数字经济高质量发展。其中最为首要的一点就是要重视载体培育，建立多维联动人才培养机制。网络通信与安全紫金山实验室[①]在初期建设时是依托东南大学、江苏省未来网络创新研究院和解放军战略支援部队信息工程大学的团队，以"科技与体制创新"双轮驱动为主线，汇聚全球最优秀的网络通信与安全领域的技术人才和创新要素，构建以集中力量办大事为中心的科学组织形态，致力于解决网络通信与安全领域国家重大战略需求、行业重大科技问题以及产业重大瓶颈问题，探索前沿基础原始创新，开展若干重大示范应用，推动成果在国家经济和国防建设中的落地，形成能够指引全球信息科技发展方向、引领未来产业结构与模式的全球性高水平科研基地和产业高地，并努力成为我国信息领域国家实验室的核心组成部分。江苏省《若干措施》赋予紫金山实验室自主招才、自主设岗、自主聘任、自主评价、自主定薪的权限，对省级重大人才项目的申请实施了"单列"式的管理。

2022 年 9 月，中国（宁波）数字经济人才发展论坛得以举行。论坛上，

---

① 紫金山实验室 深耕原始创新，追逐"顶天立地" [N]. (2022 - 12 - 16). http：//njrb. njdaily. cn/njrb/h5/html5/2022 - 12/16/content_252_69397. htm.

数字经济人才培养与评价（宁波）基地正式挂牌成立[①]，宁波再度处在了人才培养的创新前沿之列。这是全国首个开展数字经济人才培养与评价模式创新的试点基地。该基地提供数字经济人才知识更新与能力提升综合服务方案，探索数字经济产业与人才深度融合的创新模式，由工业和信息化部教育与考试中心、宁波市经济和信息化局、宁波经济技术开发区及云智（宁波）大数据产业运营服务有限公司联合建设而成。目前，该基地中心已成功上线五大功能平台，分别为高质量人才供给平台、高水平研究智库平台、权威性人才评价平台、综合性人才服务平台和高规格交流活动平台。今后，该功能平台将会把开展试点示范与服务产业升级结合起来，保障数字经济人才供给和需求的畅通无阻。

江苏省《若干措施》提出要支持数字经济核心企业联合高校院所高端人才实施基础研究和关键技术攻关，建立关键核心技术事业单位人才特殊调配机制，推动人才实现跨领域、跨部门、跨区域一体化配置。推动高校科研院所职务科技成果转化政策落实，协同科技部门建立技术经纪人职称评价标准，以及会同工信、科技等部门打通数字经济领域产业、科技、人才项目评价支持的通道，集成支持数字经济科技攻关项目成果转化；支持南京、无锡、苏州等数字产业集中的地区围绕软件和信息服务、智能电网装备、物联网等国家先进制造业集群，争创具有全球影响力的高能级载体平台。

（二）数字人才培养模式与评价体系创新

经教育部批准，清华大学于 2021 年起启动"丘成桐数学科学领军人才培养计划"[②] 这一项目，每年面向世界各地招收 100 名左右的高中生，通过本博衔接这一模式，旨在为未来数学及相关领域培养领军人才。具体来说，高一、高二甚至初三的学生均可报名，成功入选的国内学生无需参加高考就能被单独录取。丘成桐是世界极具影响力的数学家之一，清华大学的数学领军

---

①　数字经济人才培养与评价（宁波）基地揭牌成立［N］.（2022－09－04）. http：//daily. cnnb. com. cn/nbrb/html/2022－09/04/content_1332923. htm.

②　清华启动丘成桐数学领军人才培养计划［EB/OL］.（2021－01－05）. https：//www. tsinghua. edu. cn/info/1182/51823. htm.

计划旨在丘成桐的带领下，组建一支一流的师资队伍，采用"3+2+3"本博衔接模式进行教学，也就是说前三年学生主要学习数理基础课程，由学术大师直接授课；随后两年侧重于科研训练，是进入博士阶段的衔接过渡；在最后的三年博士阶段，则进行更深入更专业的科研训练。清华大学将建立数学学院作为数学领军计划人才培养单位，设计专门的培养方案，加强专业研讨，引导学生开展前沿研究、参与应用项目。

职称评定是指导和运用人才的重要手段。江苏省率先构建起了"数字经济卓越工程师"的职称体系，并依此展开了数字经济专业人才高级职称评审认定工作，为高技能人才成长为卓越工程师提供了一条职业发展通道。该制度旨在推行数字经济卓越工程师职业领航工程，建立数字经济卓越工程师继续教育基地，每年培育产生1000名数字经济卓越工程师。① 江苏省《若干措施》明确指出要开展数字经济专业人才高级职称评审认定，在工程系列职称中增设数字经济工程专业；在现有的电子信息、通信、网络安全、智能交通等专业基础上，首批额外增设集成电路、区块链、工业互联网、人工智能、大数据、智能制造6个新兴专业，并积极支持南京、苏州等产业发展态势良好、人才集聚度较高的区域进行试点；健全数字领域技能人才评价制度体系，支持企业结合生产经营特点和实际需要自主确定数字技能类评价职业（工种）范围，自主开展数字技能人才评价。

江苏省《若干措施》提出要围绕数字产业衍生的新职业、新技能、新工艺，健全技能人才评价制度，构建数字产业、数字技能人才评价技术资源快速响应机制。支持企业结合生产经营特点和实际需要，自主确定数字技能类评价职业（工种）范围，自主设定数字技能岗位等级，自主开发制定数字技能评价标准规范，自主运用评价办法，自主开展数字技能人才评价。加强数字技能类高技能人才与专业技术人才职业发展贯通，探索推进数字产业领域职业资格、职业技能等级与专业技术职称有效衔接，探索开展数字经济国际职业资格和职称比照认定、数字技能类国（境）外职业技能比照认定。

---

① 江苏创立数字经济卓越工程师职称制度［EB/OL］. (2022 – 01 – 18). https：//www. gov. cn/xinwen/2022 – 01/18/content_5669144. htm.

（三）实施数字技能提升行动

"数字工匠"是一类具备现代化产业技术技能，且能够熟练运用智能网络化技术、擅长融合数字化技术，可对传统产业进行数字化技术改造和提升的高技能技术人员，是推动产业升级和转型的关键支撑力量。江苏省人力资源和社会保障厅与工信厅等部门共同组建了全省范围内的"数字工匠"培育库，通过订单式、定向式、项目式等形式，对智能制造、工业信息化互联网行业中的一线员工进行数字化技能培训，包括大范围组织实施数字技术岗前培训、在岗培训和转岗转业培训等，以提升产业工人的数字技能和数字素养。[1] 例如，2022年7月，江苏省人力资源和社会保障厅、江苏省财政厅主办，同时在江苏省数字经济联合会支持下，首期"江苏省数字技能高级技师岗位技能提升培训班"开班，这是省人社厅与省工商联携手在稳岗就业、人才培养等方面深入合作、联合开展的重点项目之一。[2] 同时，数字化技术人员的培养等人才队伍建设这项重点任务也应当纳入企业发展策略之中。江苏建立全省"数字工匠"培育库，鼓励开展数字技术交流研讨会等活动，将数字技术相关职业（行业）的资深技术人员列入省级高级技师岗位的工作技能提升的培训对象，促进与发达国家在数字化技术方面的合作。[3]

实训基地作为技能人才培养的主要场所和重要平台，对提高劳动者技能水平、提高劳动者就业素质具有重大意义，是稳定就业和保障就业工作的关键。广州市积极打造高技能人才公共实训鉴定基地。2021年7月30日，"广州市高技能人才公共实训鉴定基地""广州市高技能人才公共实训管理服务中心""广州市ICT人才培育公共实训基地"三块招牌同时正式启用。[4] 同时，华为第一届信息与通信技术人员培训班正式开班，后续也将在全国范围内开展面向互联网通信领域的专业技能培训。华为公司在技术上为广州市

---

①③　江苏实施数字技能提升行动　每年新增 10 万人才——培育"数字工匠"赋能数字经济 ［EB/OL］.（2022 - 03 - 11）. http://www.js.gov.cn/art/2022/3/11/art_60095_10375661.html.

②　全国首创！江苏首批"数字工匠"在苏州开班［EB/OL］.（2022 - 07 - 18）. http://www.jssh.org.cn/xwzx/shgz/202207/t20220718_213779.html.

④　广州市高技能人才公共实训鉴定基地揭牌——首个华为ICT人才培训班开班［N］.（2021 - 08 - 02）. https://gzdaily.dayoo.com/pc/html/2021 - 08/02/content_872_764256.htm.

ICT 人才培育公共实训基地提供技术支持，该基地的建设计划分为两个阶段。其中，在第一个阶段，通信工程技术实训基地以 CT（通信）专业的人才培养为主，以通信数字传输为重点，以华为等主流厂商商用设备为基础，构建核心网实训室、光传输实训室、接入网实训室、通信工程实训室、网络技术实训室，可满足 240 人同时参加实训。第二个阶段的重点是规划建设鲲鹏生态云数据中心与 5G 实训基地，其建设周期为 2021 年至 2025 年，同时这也是广州市产教融合的试点工程之一，重点在于 IT（信息）方面的人才培养，聚焦 5G、智能计算、云计算、大数据、物联网、存储技术发展带来的信息技术人才技能变化，重点发展 5G 实训室、双活数据中心实训室、鲲鹏云服务实训室、云计算实训室、大数据实训室、物联网实训室。与此同时，在广州市工贸技师学院分基地开展了建设工贸 ICT 高技能人才培养中心试点工作。

江苏省《若干措施》还明确要以"智改数转"为重点，建立"数字工匠"培育库，并与各大高校、重点企业共同建设了一批区域性数字技能公共实训基地。与国内高科技企业，例如京东、科大讯飞等签署了合作联合培育数字化技术人才培训协议，并为 36 所职业技术学院提供了数字技能类新增专业 62 个，以此推进数字经济产才融合。[①] 2021 年 5 月，江苏（武进）技能人才服务产业园正式开园[②]，这是江苏省首家全生命周期的一体化技能人才公共服务平台，也是全国首个技能人才服务产业园。江苏（武进）技能人才服务产业园成功入围 2022 年度江苏省级高技能人才专项公共实训基地拟建设单位名单。[③] 该产业园申报的公共实训基地项目为 "AI + 智慧康养"。围绕 "AI + 智慧康养"，产业园将按照 "依托园区、园校建管、优势互补、资源共享、互惠双赢、共同发展" 的原则，紧密联系政、校、企，在人才培养、技术服务、智慧康养等方面展开合作，构建多层次智慧康养服务培训机制，培育出

---

① 江苏全力打造数字经济人才高地 ［EB/OL］. （2022 – 08 – 02）. https：//www. jiangsu. gov. cn/art/2022/8/2/art_65450_10559493. html.
② 江苏（武进）技能人才服务产业园简介 ［EB/OL］. https：//www. wjjy. org. cn/content/news/show/5841. html.
③ 武进区：江苏（武进）技能人才服务产业园入围省级高技能人才专项公共实训基地拟建设单位——系常州市唯一入选 ［EB/OL］. （2021 – 12 – 06）. https：//www. changzhou. gov. cn/ns_news/420163875220963.

一批与全省经济社会发展水平相适配的智慧康养服务人才，打造具有特色和优势的省级智慧康养公共实训基地，努力建设成为管理科学、运行高效，集教学、培训、认定和服务等多种功能于一体的高水平示范性公共实训基地。

此外，江苏省《若干措施》也提出要积极推动"智改数转"企业通过转型转产、主辅分离等举措，拓宽富余从业人员安置途径。对于符合条件的企业，推广失业保险返还政策，采取"免申即享"的业务办理新模式，确保企业能够享受到稳岗返还的益处，返还的金额可用于为职工提供生活补助、为职工缴纳社会保险费，或者用于职工的转岗培训、技能培训等服务。同时，对分流人员的职业指导与职业介绍也十分重要，可以通过全系统购买就业技能培训，实行为每个岗位人员提供至少一次职业指导和提供三次工作岗位推荐计划，使其尽早实现转岗和再就业。

同时，江苏省《若干措施》也突出强调对于农村劳动力也需要开展数字技能提升工作。通过大力推进"互联网＋"等新的培训形式，利用人社数据，精准推送乡村数字化技术提升培训的相关资讯，构建起线上线下相结合的多层次农村劳动力数字技能培训体系。江苏省《若干措施》提出要进一步发展和健全网上交流、远程面试、网上签约等公共就业平台功能模块，搭建农村劳动力线上对接平台和用工余缺调剂平台，加强南北地区劳务协作，促进人岗精准对接；扶持农民电商创业就业，与龙头电商公司进行"互联网＋"创业就业战略协作，联合建设"乡村电商"实践中心、农村电商县级服务中心、村级服务站等；设立"云智聘"乡村振兴服务专区，搭建劳务承揽、创业培训、创业成果展示平台，与乡村振兴局、供销社等部门联合实施就业积分换购农副产品兑换券服务，引入第三方交易系统，实现"网购进村、土货进城"。

（四）开展高端数字人才引进计划

江苏省卓越博士后计划是省委省政府的一项重要工作，旨在加速吸引留住青年博士后人才、激发创新创业活力。该计划建立了一套完整的政策体系，覆盖优秀博士后人才引进、培养、激励、留用的全流程，主要举措包括设立博士后专项支持资金，提高资助标准，扩大集聚规模，吸引集聚博士后开展

"卡脖子"技术攻关，围绕产业链布局人才链，加快培养一批能够进入世界科技前沿的优秀青年科技人才，为江苏高质量发展，增强创新策源能力提前布局。此外，卓越博士后计划入选者职称评审绿色通道也同步开启，在站期间申报评审高一级职称时，同等条件下给予一定的倾斜。① 又例如，山东省济南市历城区聚焦数字经济产业发展急需的紧缺人才，出台了全市首个数字经济专项人才政策，制定了数字经济专项人才分类目录，大力引进培育"数字高端人才""数字青年人才""数字领头雁"和"数字工匠"（宗兆洋和刘智一，2022）。

江苏省《若干措施》提出要鼓励事业单位聘用的高端数字经济人才实行市场化薪酬，在单位绩效工资总量中"单列"，不受单位绩效工资总量限制；指导国有企业薪酬分配向关键数字经济核心技术人才、高技术人才倾斜；同时，支持地方政府、行业部门（协会）、龙头企业、职业（技工）院校等组织开展人工智能、智能制造类数字技能大赛，对省级数字技能类大赛或省级技能大赛中设置数字技能项目的，优先列入省级一类职业技能竞赛，并给予相应的激励支持措施；不断加大对数字技能人才的评比表彰力度，重点引导产业链链主企业设立数字技能首席技师，优先试点评聘数字技能特级技师。

数字工匠是数字经济发展的"芯片"②，也就说大规模培养高质量的数字技能人才是重中之重。然而，数字技能人才的短缺已成为数字经济发展的制约因素。2022 年，江苏省出台了《关于实施数字技能提升行动服务数字经济强省战略的指导意见》，提出优先推荐数字技能类高技能人才参评中华技能大奖、全国技术能手、国务院政府特殊津贴专家和江苏大工匠、江苏工匠、江苏省技术能手、江苏省企业首席技师、江苏省有突出贡献中青年专家、江苏省"双创计划"、江苏省"333 高层次人才培养工程"等；鼓励将数字技能人才纳入各类就业、培训、人才计划支持范围，积极探索高效灵活的表彰激励政策，为数字技能劳动者营造更好的成长和发展环境。2022 年，江苏省

① 江苏省卓越博士后计划新闻发布会 ［EB/OL］.（2022 - 04 - 21）. http：//jshrss. jiangsu. gov. cn/col/col85255/index. html.
② 在数字化浪潮中彰显工匠力量 ［EB/OL］.（2023 - 07 - 16）. https：//www. cac. gov. cn/2023 - 07/16/c_1691165676911480. htm.

人力资源和社会保障厅与江苏省政务办共同开设了 12345 线下人才服务热线①，并在"江苏省人才服务云平台"开设线上人才服务专区，集中发布人才政策、人才需求、人才活动，开通了云端面试直播间，实现了在线面试、项目路演、学术交流等功能，助力数字经济等领域产才精准对接。此外，还探索推行了江苏人才"苏畅卡"，为服务数字经济领域等高层次人才打造了专属身份标识和权益凭证。

（五）人才流动

江苏省《若干措施》强调要充分发挥市场在数字经济人力资源配置中的决定性作用，大力培育数字经济专业社会组织和人力资源服务机构，鼓励发展如数字经济高端人才猎头之类的专业化服务机构，支持行业组织和各类人力资源服务机构搭建展示、交流、合作平台，支持各地组建人才集团，建立全省数字经济人才联盟；筹建江苏省数字经济人才市场、江苏省数字经济人力资源服务产业园，创建国家级数字经济人才市场，同时鼓励各地建立数字经济人才市场、数字经济人力资源服务产业园；举办中国江苏数字经济人才云交流大会、数字经济重点企业专场招聘、高校毕业生数字经济系列专场招聘等数字经济人才交流活动；推动人力资源服务产业园数字化转型，提供包括线上线下招聘、创业孵化路演、职业能力提升在内的各类服务；切实落实社会化引才奖补政策，围绕数字产业急需紧缺人才需求建立引才任务"发榜"机制，对完成榜单引才任务的人力资源服务机构予以奖补。例如，无锡市切实有效地践行人才服务政策。在加强数字经济人才培育的基础上，无锡市持续做优"政务服务＋市场服务＋金融服务＋信息服务"的全环节服务链，于 2022 年 7 月开通了 12345"尚贤"人才热线②，配备了 4 个专席 8 名话务人员以及 26 个部门 63 位政策专员，旨在为包括数字经济人才在内的各

---

① 省人力资源社会保障厅　关于印发全省人力资源社会保障系统服务数字经济发展若干措施的通知［EB/OL］.（2022 - 05 - 25）. https：//jshrss. jiangsu. gov. cn/art/2022/5/25/art_83792_10753580. html.

② 我省依托 12345 热线开通"尚贤"人才服务热线让广大人才顺心工作安心发展［EB/OL］.（2022 - 08 - 16）. http：//www. jiangsu. gov. cn/art/2022/8/16/art_60095_10577773. html.

类人才提供"7×24 小时"咨询服务①。

（六）开拓就业空间，推动新就业形态蓬勃发展

2020 年，国家发改委等部门印发了《关于支持新业态新模式健康发展激活消费市场带动扩大就业的意见》，对"副业创新"予以鼓励，正式为兼职和副业"正名"。该意见明确指出，要全力激发各类主体的创新动力和创造活力，打造兼职就业、副业创业等多种形式蓬勃发展的格局。在科技进步与人的全面发展紧密结合的大背景下，倡导"副业创新"不仅有利于个体价值的自我实现，还能有效为经济发展贡献新动力。就个体而言，"副业创新"有利于增加居民的个人收入，提高就业质量。站在企业的角度来看，"副业创新"能助力企业发掘更多人才。② 江苏省积极培育数字经济新就业形态，通过多渠道发布数字经济就业创业政策、职业供求状况、工资指导价位等信息，推动自主就业、"副业创新"、多点执业等就业新业态的发展；支持企业依法进行共享用工，对通过共享用工稳定职工队伍的企业，按规定落实阶段性降低失业、工伤保险费率和稳岗返还等政策；支持无锡高新区建设新就业产业园，为灵活就业、新就业形态就业人员提供就业推荐、社保缴纳、技能提升等全生命周期管理服务。

2015 年，国务院发布了《国务院关于大力推进大众创业万众创新若干政策措施的意见》，鼓励各地建设创新工场、车库咖啡、众创空间等各类创业服务载体。众创空间作为一种新型创业服务平台，它的产生顺应了新一轮科技革命和产业变革新趋势，并且能够有效满足网络时代大众创新创业需求。随后，科技部于同年印发了《发展众创空间工作指引》，指出众创空间作为针对早期创业的重要服务载体，为创业者提供低成本的工作空间、网络空间、社交空间和资源共享空间，与科技企业孵化器、加速器、产业园区等共同组成创业孵化链条。众创空间的主要功能在于通过创新与创业相结合、线上与

---

① 数字经济岗位成"香饽饽"年薪最高达 40 万元 ［N］. (2022 - 09 - 18). http：//szb. wxrb. com/jnwb/pc/layout/202209/18/node_A03. html.

② 副业也有大能量（多棱镜）［EB/OL］. (2021 - 01 - 08). http：//paper. people. com. cn/rmrb/html/2021 - 01/08/nw. D110000renmrb_20210108_2 - 19. htm.

线下相结合、孵化与投资相结合，以专业化服务推动创业者应用新技术、开发新产品、开拓新市场、培育新业态。例如，石家庄的蜂巢集创空间①，就属于最早创立的一批众创空间之一，专注服务于科技型早期创业项目和青年创业者。其市场目标是通过搭建完善的创业服务体系，联动各类机构聚合双创资源，为创业项目快速成长提供所需帮助。蜂巢集创空间于 2015 年初步创立，在 2016 年市科技局就给予了 40 万元资金补贴，蜂巢集创将市科技局给予的补贴资金，全部用于对空间内企业的帮扶上。按照众创空间建设的统一要求，降低了入驻企业的空间运营成本，减免了企业的部分租金。他们还为企业配备了独立的办公室，设置开放办公区，同时提供一系列的创业共享服务，比如建立公共前台、共享洽谈区、多功能会议室、路演大厅等。所有创业者可以拎包入住，一站式解决办公需求。考虑到入驻创业者多为年轻人，蜂巢集创还专门设立了健身休闲区。同样的，2021 年，江苏省发布《江苏省"十四五"数字经济发展规划》，提出要支持各地建设一批以大学生创业创新俱乐部、创业沙龙为代表的数字经济创业苗圃，建成一批"孵化 + 创投"、创新工厂等数字经济孵化器。

江苏省《若干措施》也提出要举办中国江苏数字经济人才云交流大会等活动；开设"云智聘"乡村振兴服务专区，搭建劳务承揽、创业培训、创业成果展示平台，助力乡村振兴。例如，2022 年 6 月，江苏省盐城市亭湖区着眼于优化营商环境、激发市场活力，助推"进千企解难题、稳增长促转型"活动，遴选 20 家引才用工量较大的重点企业制作招工引才微视频，在抖音、门户网站、公众号、户外大屏、楼宇电视等各类平台不间断展播，全面展示企业工作生活环境和引才招工需求，同时依托"江苏云智聘"小程序、"亭湖就业"公众号、盐城招聘网等平台，每月举办 1 ~ 2 期网络招聘会，全天候、不间断地为缺工企业发布招工信息，先后组织"春风送暖稳岗留工""亭（挺）你湖（护）你""战疫情保用工"等主题网络招聘会 25 期，累计服务企业 1255 家（次），推荐就业岗位 1.58 万个（次），求职者在线投递简

---

① 创新孵化链条　筑梦"创客乐园"——走进众创空间感受创业活力［EB/OL］.（2021 - 04 - 12）. https：//m. thepaper. cn/baijiahao_12156534.

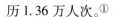

历 1.36 万人次。①

由于新就业形态劳动者的就业具有灵活性、短期性等特点，很多企业并未与劳动者签订劳动合同，一些平台会从劳动者的工资里自动扣除一定数额的保险费用，但至于如何赔、赔多少，劳动者知晓甚少，导致其劳动权益在受到侵害时无法得到及时救助。因此，有必要采取有力措施，加快建立健全新就业形态劳动者职业伤害保障制度，为保护新就业形态劳动者的劳动权益提供制度保障。② 江苏省《若干措施》提出启动新就业形态就业人员职业伤害保障试点，推动试点平台企业为通过平台注册并接单的新就业形态就业人员实名参加职业伤害保障。

四、数据开发、共享与平台建设

公共数据应用开发是助力政府治理体系和治理能力现代化的有益探索，是实现高质量发展的重要环节。2020 年，海南省被确定为 8 个公共数据资源开发利用试点省份之一，被要求建立健全公共数据资源开发利用管理制度，构建公共数据资源开发利用与运营新模式，形成可复制、可推广的经验做法，发挥示范引领和辐射带动作用，推动公共数据资源开发利用工作向规范化、制度化方向发展。③

首先，为了推动数据要素市场建设与公共数据资源开发利用，海南省提出建设一种创新型业务模式，即全省统一的数据产品超市。通过原始数据的产品化和服务化，规避原始数据权属方面的争议，聚焦数据获取过程的合规性和安全性，促使数据要素得以充分地开发利用。数据产品超市作为一个开放性的生产与交易服务平台，主要面向一级市场进行供需对接，所交易并非原始数据，而是对数据加工处理后的结果。此外，海南省还实

① 盐城亭湖：火了！"60 行动"帮助企业"云上相亲"10 万人次［EB/OL］. (2022 - 06 - 06). http://js.cnr.cn/qxlb/20220606/t20220606_525853683.shtml.
② 【前沿观察】为新就业形态劳动者筑起坚实的职业伤害保障［EB/OL］. (2022 - 09 - 19). https://www.workercn.cn/papers/grrb/2022/09/19/6/news - 2.html.
③ 探索数据开发利用海南模式　激发自贸港数据要素市场活力［EB/OL］. (2022 - 10 - 18). https://dsj.hainan.gov.cn/ywdt/jwyw/202210/t20221018_3287350.html.

行"前店后厂"的生产与服务模式，可满足数据授权流通、产品开发、产品展示、产品需求发布及应答、交易等一系列服务，服务商可将开发好的数据产品在超市上架展示，购买方在超市中按需择优选购产品，在线完成交易，实现轻松选购的服务体验，犹如逛超市般便捷地购买数据产品与数据服务。①

其次，要解决数据开放难、共享难、使用难的问题，最为关键的是必须具备制度保障和机制优化设计。为建立合规、互信、共赢的数据产品开发与交易秩序，保障交易各方合法权益，促进数据产品超市健康稳定发展，海南省出台了全国首个省级专门规范公共数据产品开发和数据产品交易的行政规章《海南省公共数据产品开发利用暂行管理办法》，界定了公共数据资源的开发边界、开发规则、授权流程和产品交易规则等，使数据管理责任更清晰、数据产品开发行为更规范、数据运营有法可依、数据安全管控有章可循，这将有助于解决公共数据产品开发利用无法可依、无规可循的问题。②

在数据共享方面，例如通过开放气象数据，由企业基于大数据人工智能技术开发出精细化气象服务产品，为沈海高速等海南重点建设工程提供施工气象精细化服务，为海口秀英港等主要港口提供精细化交通气象服务，为海南户外大型文体及赛事活动提供逐小时的精细化预报和预警服务，为用户在危险天气下开展作业提供了科学的依据和安全保障，也为用户寻找到大量作业窗口期，有效避免了因天气因素造成的不必要损失。又比如，在金融数据开发应用方面，数据产品超市与海南省多家金融机构正在探索对企业非信贷替代数据的相关业务，通过隐私计算等技术对公共数据进行开发利用，形成对银行信贷业务的支撑服务，实现与金融机构的数据银政直联。在人才与就业方面，通过对社保数据的应用，开发线上人才简历核验场景服务、灵活用工场景化服务，实现招聘用工精准服务，着力为企业用工减少风险（梁柱成，2022）。

依托数据共享与平台建设，在政务服务方面开发场景化应用。例如，海

---

①②　海南：加快数据要素市场培育创新数据产品超市［EB/OL］.（2022 - 04 - 12）. https：//dsj. hainan. gov. cn/ywdt/jwyw/202204/t20220412_3172972. html.

南省依托"海易办—码上办事"平台搭建个人数字空间，实现"一人一码"。将个人身份信息与个人码相结合，打造出个人电子身份凭证，以此为基础，挂接个人驾照、行驶证、结婚证等 270 类电子证照，集合社保、公积金、医保等个人数据，建设个人数字空间底座。通过可信实人授权模式，为用户提供多维度数据展示，并具备掌上授权数据安全可信交换、使用范围可查可追溯的能力。此外，通过公共数据的共享应用，截至 2021 年底，海南省已实现了省级 1330 个、市县级 7079 个政务服务事项能够掌上办理、查询①，支撑上线了 15 个"智能快办"、20 个"一件事一次办"、1331 件"一件事导办"、87 个"全省通办"等特色服务②。

五、财税政策支持

（一）数字产业化发展、产业数字化转型与数字化应用

云南省《若干措施》提出要支持数字产业化发展、产业数字化转型与数字化应用，财税政策应给予大力支持。首先，在培育省级数字经济园区、推动数字经济企业集聚发展方面，财税政策发挥了巨大作用。例如，每年评选 5 个重点数字经济园区，每个园区省级给予 2000 万元资金支持，用于支持园区新型基础设施建设、产业培育等工作。支持数字经济企业向重点数字经济园区集聚，出台政策支持园区特色化、差异化、专业化发展。有关州、市人民政府对入驻园区的数字经济企业在用地、网络使用、办公场所、人才公寓等方面给予优惠支持；有关州、市人民政府可在数字经济企业主营业务收入首次突破 1 亿元（含，下同）、2 亿元、5 亿元、10 亿元时，分别给予 100 万元奖励，可超额累进。

其次，在积极培育市场主体方面，财政奖补政策给予巨大支持。例如设

---

① "码上办事"升级更名为"海易办" ［EB/OL］. （2022 – 01 – 05）. https：//www. hainan. gov. cn/hainan/zxdt/202201/c7e36972e4464525a59005f4fdcd877c. shtml.

② 政务服务新模式　跑出便民"新速度" ［EB/OL］. （2021 – 10 – 23）. http：//news. hndaily. cn/html/2021 – 10/23/content_58467_14037860. htm.

立省级中小企业发展专项资金，择优支持数字经济企业打造制造业单项冠军和专精特新"小巨人"企业，国家级、省级制造业单项冠军和专精特新"小巨人"企业。对于首次上榜中国电子信息百强、软件和信息技术服务竞争力前百家的企业，如果能够进入榜单前 10 名、11～30 名，财政分别给予每家企业 300 万元、100 万元一次性奖励，连续 2 年进入上述榜单且排名提档的，给予差额奖励。此外，财政政策积极支持招引企业落地工作，鼓励数字经济企业在云南省设立研发中心或子公司，对实际到位资本金达 5000 万元（含）以上的，可由企业所在地州、市人民政府给予 100 万元的一次性落户奖励。对于重大项目，各州、市人民政府可采取"一企一策""一事一议"的方式，在国家法律法规允许的前提下，从用地、资金、建设、用电及设备投入等方面予以支持。

再次，在发展平台经济方面，财税政策也给予了大力支持。具体来说，支持各州、市人民政府联合行业协会、互联网公司等各类主体，围绕地方特色产品和群众生产、生活需要，建设网络销售、生活服务、社交娱乐类平台，每年评选不超过 10 个行业特色鲜明、整合资源明显、示范引领作用强，并且具有良好经济和社会效益的平台，对于项目实际投资 3000 万元及以上的，给予 300 万元一次性补助；支持平台企业发展引进一批重点平台企业，具体来说，由州、市人民政府按照企业年纳统数据分以下两档给予奖励：限额以上企业年纳统额 2 亿元（含，下同）以上或规模以上营利性服务业企业年纳统额 2000 万元以上；限额以上企业年纳统额 5 亿元以上或规模以上营利性服务业企业年纳统额 5000 万元以上；示范一批创新平台企业，经商务部首次确认的数字商务企业能够获得省财政一次性 50 万元奖励，经省商务厅首次确认并向社会公布的省级数字商务企业（每年不超过 8 家），由省财政给予一次性 25 万元奖励。

最后，实施积极财税政策能够推动数字化转型。例如财政政策支持持续推进"数字化转型伙伴"行动，也就是说由企业或机构自主投资建设数字化转型促进中心，对服务企业数超过 200 家（含）的，每年择优评选不超过 10 家，对于数字化转型促进中心年度运营成本 300 万元及以上的，给予运营企业或机构 100 万元一次性补助。同时，推进传统产业园区数字化转型也是重要工作之一，例如遴选 10 个以上园区作为试点，进行智慧园区①建设，每个试点园区从省级新型基础设施建设专项资金中给予 2000 万元支持，试点任务完成后，总结建设经验，形成可复制模式在全省推广。此外，企业数字化改造工作也亟须推进。每年支持打造不超过 10 个企业数字化转型标杆，对于固定资产投资额（指厂房和设备，下同）2000 万元及以上的，给予每个标杆项目 200 万元一次性补助；对新认定省级两化融合重点项目，择优评选不超过 10 个项目，对于近 3 年信息化有关软硬件投资额 2000 万元及以上的，单个项目给予 100 万元一次性补助。对新列入工业和信息化部两化融合管理体系贯标试点的企业，给予 10 万～30 万元的一次性奖励。对企业投资生产自动化（智能化）成套设备项目年度固定资产投资额 1 亿元以上的，择优评选不超过 5 个项目，每个项目给予 500 万元一次性补助。

此外，江苏省《若干措施》对于助力数字乡村建设提出了财税政策要求，要制定发布政府补贴培训目录，开发符合乡村振兴需求、适应新业态发展方向的职业培训工种；将符合条件的农村电商园区纳入省级创业示范基地范围，给予最高不超过 60 万元标准的奖励补助。

（二）人才培育与引进

江苏省《若干措施》提出，要将数字技能类职业（工种）纳入政府补贴性职业技能培训范围，列入高技能人才培训补贴紧缺型职业（工种）目录，按规定给予培训补贴，计划每年新增 10 万数字技能人才。此外，江苏省卓越博士后计划入选者可获得省财政资助，资助标准为两年共 30 万元。资助经费主要用于入选者的生活补助，不抵扣设站单位提供的工资等待遇。资助经费自入选者完成进站手续并到岗起按月计算。省人力资源社会保障厅将资助经费统一拨付至"卓博计划"入选者所在的设站单位，设站单位专款专用、单独核算，不得提取管理费。鼓励各地、各设站单位设立博士后重点支持计划，对卓越博士后计划入选者在科研经费、住房、津贴补助等方面给予支持，吸

---

① 云南省人民政府办公厅印发关于大力推动数字经济加快发展若干政策措施的通知［EB/OL］. (2022 - 04 - 28). https：//www. yn. gov. cn/zwgk/zcwj/yzfb/202204/t20220428_241533. html.

引更多优秀博士加入到博士后人员队伍之中。[1]

山东省济南市历城区给予数字经济高端人才最高 200 万元的一次性补贴，以人才集聚助力产业发展，同时还修订了人才分类认定、租赁型人才公寓、子女入（转）学、随迁配偶安置等人才配套服务政策，进一步完善人才评价机制、提高人才服务效率、优化人才发展环境，不断提升历城人才归属感（宗兆洋和刘智一，2022）。

云南省《若干措施》提出，由省科技厅牵头，对在省设立的数字经济类院士工作站，符合科技计划项目资助条件的，给予项目资助；由省人力资源社会保障厅牵头，对经批准新设立的数字经济领域博士后科研工作（流动）站给予资助；由省教育厅牵头，鼓励省内高校开设数字经济有关专业，对新增的有关博士点、硕士点，分别给予一次性奖补不超过 300 万元、200 万元[2]；激发数字经济科技人才创新活力，在省内自然科学、技术发明、科技进步奖等科学技术奖励方面，针对数字经济有关领域成效显著的成果，优先提名云南科学技术奖。

（三）多元投融资渠道

广东省工业和信息化厅关于印发《2022 年广东省数字经济工作要点》时强调，要对财政资金进行统筹，以积极支持数字经济发展，对工业互联网标杆示范、工业互联网标识解析集成创新应用、高端电子元器件产业化和集成电路首轮流片等项目建设予以支持。要充分发挥省半导体及集成电路产业投资基金使用效能，引导社会资本投资建设集成电路产业。还要拓展多元化投融资渠道，加大对数字经济领域企业上市的培育力度，支持符合条件的数字经济企业利用资本市场发展直接融资，鼓励银行业金融机构创新产品和服务，加大对数字经济企业的信贷支持。

2019 年，按照福建省委省政府把"数字经济"作为头号工程的要求，三

---

[1]　江苏实施卓越博士后计划　入选每人可获 30 万元生活补助 [EB/OL].（2022 – 04 – 22）. http：//www. jiangsu. gov. cn/art/2022/4/22/art_60095_10423088. html.

[2]　云南省人民政府办公厅印发关于大力推动数字经济加快发展若干政策措施的通知 [EB/OL].（2022 – 04 – 28）. https：//www. yn. gov. cn/zwgk/zcwj/yzfb/202204/t20220428_241533. html.

明市投资集团组建成立了市信息公司，成为全市唯一的国有独资数字经济发展平台。三明市信息公司秉持"合作共赢"的理念，充分发挥国有资本引领和带动作用，积极拓宽与国内信息化优秀企业的合作领域。目前，已成立了福建海丝数字科技有限公司、三明三医联数字科技公司、三明微医互联网医院公司、熵链（三明）信息科技公司、三明市中安鑫创保安信息技术公司、三明数字城服科技股份公司、福建智治云科技有限公司 7 家合资企业。三明市不断探索数字经济多元投融资渠道，组建数字经济产业发展基金，加大招商引资力度，吸引一批数字经济项目和头部企业落地，助力三明中关村科技园打造成全省数字经济产业园，为推进三明数字经济高质量发展贡献力量。①

六、试点示范与推广

政策与项目试点的目的是通过小范围的先行先试，取得经验后形成诸如政策、制度、方案等成果并加以推广（贺芒，闫博文，2023）。因此在数字经济发展的过程中，各政府部门不断推出政策试点与创新项目示范，依据政策效果来决定后续是否在更大范围内进行推广。例如，云南省政府突出应用导向和问题导向，推动各地各部门数字化应用创新，在经济调节、生态保护、城市管理、公共服务、市场监管、机关运行等领域的政府数字化应用项目中，每年评选出 20 个优秀应用项目，在全省进行重点宣传和推广。云南评选数字经济应用示范项目以支持建设一批 5G、物联网、大数据、云计算、信创、人工智能、智能制造领域的新技术、新产品、新模式、新应用、新业态应用试点。每年评选出 5G 标杆示范项目及典型应用场景 10 个、人工智能产业应用示范项目 10 个、物联网产业应用示范项目 30 个以上、大数据示范试点项目 20 个、工业企业数字化转型示范项目 10 个，在全省进行重点宣传推广。又例如，2021 年 12 月《国家区块链创新应用试点》入选名单②包含综合性试点

---

① 市信息公司多款产品亮相第五届数字中国建设峰会［EB/OL］.（2022 – 07 – 25）. http：//sms-gzw. sm. gov. cn/xxgk/gzdt/ssqy/202207/t20220725_1809503. htm.

② 关于国家区块链创新应用试点入选名单的公示［EB/OL］.（2021 – 12 – 22）. https：//www. cac. gov. cn/2021 – 12/22/c_1641771806230730. htm.

单位和地区，特色领域试点（例如"区块链＋能源"、"区块链＋税费服务"等）。入选名单之中，江苏开展的"区块链＋人社"国家创新应用试点入选特色领域试点，旨在提升人社政务服务效能。在试点工作期间，江苏人社与浙大网新软件产业集团开展合作，主要由浙大网新软件产业集团负责开发建设区块链电子合同应用。①

同时，试点示范与政策推广都离不开财税政策的支持。云南支持智慧县城建设遴选了 10 个县城作为试点②，进行智慧县城建设，每个试点县可从省级新型基础设施建设专项资金中获得 2000 万元支持，在试点任务完成后，总结建设经验，形成可复制模式在全省进行推广。云南重点培育智慧能源、智慧交通、智慧环保、智慧水务、智慧医疗、智慧教育、智慧养老、智慧农业、智慧物流等应用示范项目，省级每年遴选 20 个应用示范项目，对于实际投资额（含设备、软件）1000 万元及以上的项目，给予 200 万元一次性补助。对首个形成规模商用的数字化应用项目，省级每年遴选 10 个应用试点，对于实际投资额（含设备、软件）2000 万元及以上的，给予 200 万元一次性补助，并对应用试点项目进行重点宣传推广。云南支持企业开展商贸领域基础设施数字化改造，重点培育数字化特色步行街、智慧商圈建设等应用示范项目，省级每年遴选不超过 10 个应用示范项目，对于实际投资额（含设备、软件）1000 万元及以上的，给予 200 万元一次性补助。

七、深化数字经济理论和实践研究，完善统计测度和评价体系

2021 年 10 月 18 日，习近平总书记在主持中共中央政治局第三十四次集体学习时强调："要加强数字经济发展的理论研究，就涉及数字技术和数字经济发展的问题提出对策建议。"③ 2022 年 1 月 16 日，习近平总书记在《求

---

① "区块链＋数字政务"｜且看网新软件如何赋能数字政府建设［EB/OL］.（2022 – 06 – 14）. https：//www.insigma.com.cn/index.php/news/detail/5520.html.

② 云南省人民政府办公厅印发关于大力推动数字经济加快发展［EB/OL］.（2022 – 04 – 28）. https：//www.yn.gov.cn/zwgk/zcwj/yzfb/202204/t20220428_241533.html.

③ 习近平在中共中央政治局第三十四次集体学习时强调 把握数字经济发展趋势和规律 推动我国数字经济健康发展［EB/OL］.（2021 – 10 – 20）. http：//politics.people.com.cn/n1/2021/1020/c1024 – 32258357.html.

是》杂志上发表署名文章《不断做强做优做大我国数字经济》，再次提出："要加强数字经济发展的理论研究。"中央财经大学中国互联网经济研究院副院长、教授欧阳日辉于2022年6月为《中国发展观察》杂志2022年第5期推出的专题"数字经济：理论与实践"撰文《加强数字经济发展理论与对策建议》，认为数字技术和数字经济对传统经济理论提出了以下四大挑战，迫切需要聚焦研究六大理论问题。

（一）数字经济对传统经济理论提出四大挑战

数字经济作为一种与传统的农业经济和工业经济截然不同的全新经济形式，其发展速度之快、辐射之广、影响之深远，使生产要素、产权制度、信用关系、企业组织形式、市场组织结构、市场增长动能等诸要素均产生了根本性变革，对消费者、厂商、市场、产业组织、宏观增长等方面的传统理论也造成了冲击。数字经济的迅速发展，给传统的经济学带来了四个方面的问题。

一是数字经济的内涵与数字技术对经济增长的动力源与作用机制。一般生产函数中包括全要素生产率，各种要素条件以及它们的组合方式等，这些都受到了数字经济和数字化技术发展的影响，面临的硬约束明显增多。高质量发展是多重约束下的最优解，而发展数字经济则旨在为宏观经济发展注入新动力，推动我国经济高质量发展。在理论层面上，急需对数字经济的本质、内涵、范式、发展规律和演变规律进行深入的探讨，全面了解其对经济发展的影响机理和动力来源（欧阳日辉，2022）。其他学者也致力于研究数字经济的发展与经济增长的关系，例如，荆文君和孙宝文（2019）通过对数字经济发展的特点分析，从宏观和微观两个层次剖析了数字经济与经济增长之间的关系，以及推动经济高质量发展的理论机制。从微观层面来看，网络、移动通信、大数据、云计算等新兴技术能够在一定程度上实现规模经济、范围经济和长期增长效应，使供求关系更加协调，形成更完善的价格机制，从而达到更好的均衡。从宏观层面而言，数字经济能够从三个方面推动我国的经济发展：新的投入要素、新的资源配置效率和新的全要素生产率。数字经济还具有一种类似斯密提出的自增长模式。因此，数字经济的快速发展可以为

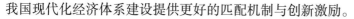

我国现代化经济体系建设提供更好的匹配机制与创新激励。

二是关于数字经济对劳动就业、收入分配和区域城乡均衡发展所产生的数字鸿沟与作用机制。以数字技术赋能和数据为核心的数字经济，不仅为就业创业、创新发展以及区域"变道超车"带来了重大机遇，同时也引发了结构性失业、产业数字化发展不平衡、区域城乡数字发展不平衡等问题（欧阳日辉，2022）。其他学者也正在对此进行研究，例如赵涛等（2020）实证研究了数字经济促进城市高质量发展的效应及其背后的机制，以企业工商注册信息微观数据刻画城市的创业活跃度为基础的实证结果表明：数字经济显著促进了高质量发展。激发大众创业是数字经济释放高质量发展红利的重要机制。最后该研究还发现数字经济的积极影响存在"边际效应"非线性递增以及空间溢出的特点。此项研究推动了对高质量发展动因以及数字经济赋能高质量发展的效应、机制和地区差异的理解。

三是关于数字经济对政府规制的影响效果与作用机制。数字经济的发展与平台经济的深度发展息息相关，大规模的网络技术和平台将会加速诸多行业和领域的产业组织和商业规则的变革，如限制交易、数据控制、算法合谋、扼杀并购、数据滥用等问题相继涌现。这不仅对宏观调控、风险控制、加强国际协作提出了更高的要求，同时也对我国政府规制的理论、制度和体制构成了新的挑战。传统的理论和分析工具已难以适应平台经济，因此要从宏观调控的角度出发，站在统筹中华民族伟大复兴战略全局和世界百年未有之大变局的高度，推动促进我国数字经济健康发展的理论创新，科学评估数字经济政策的机制和执行效果（欧阳日辉，2022）。

四是关于数字技术对经济学研究的价值观和方法论的影响。数字化技术不但对经济、社会的发展起着重要的作用，而且对经济学者的价值观念和方法论有着巨大的冲击，也对传统经济学的研究范式和研究方法发起了挑战。例如，大数据不但拓宽了经济学研究的范围，还促进了多学科跨学科交叉融合发展。这需要站在增强理论自信和战略定力的高度，把握住这次理论创新的机遇，为中国经济学的构建和创新发展做出贡献（欧阳日辉，2022）。

（二）数字经济发展的六个重大理论问题

欧阳日辉（2022）总结我国数字经济研究主要存在以下问题：多重于描

述性研究，而对于逻辑、原理、机制类的分析性研究不足，特别是理论创新严重不足，对数字经济缺乏系统的认知。因此，加强数字经济发展的重大理论问题研究，既有利于我国抓住新一轮科技革命和产业变革的机遇，还有助于形成更具学理化和系统化的数字经济理论体系，推动中国经济学的构建和发展。欧阳日辉（2022）提出数字经济应向以下六个理论方向发展。

一是数字经济基础理论。基础理论问题既包括数字经济理论体系的构建，也包括对数字技术影响经济的基本假设、产权理论、消费者理论、厂商理论、市场理论、均衡理论、统计核算理论等方面的深入研究。数字经济的理论体系并没有颠覆传统的经济结构，更多的是对数字经济的概念、内涵和特征的理解。例如，数字技术用比特表示信息。这种技术降低了数据的存储、计算和传输的成本。关于数字经济学的研究探讨了数字技术是否以及如何改变经济活动。与数字经济活动相关的五种不同的经济成本包括搜索成本、复制成本、运输成本、跟踪成本和验证成本（Goldfarb & Tucker，2019）。因此，数字技术和数据要素对经济发展影响的机理研究十分重要。此外，创新经济学研究方法体系也值得深入探索，同时要思考如何将数字经济的新假设、新特征、新产业新业态新模式、新研究方法与主流经济学有机融合。

二是数字经济增长理论。数字经济的发展主要依赖于无形资本的投资，实际上是对传统的经济增长理论的颠覆，而数字技术提升全要素生产率的机制，则需要进一步的研究，例如，人工智能如何推动生产力的提升，如何影响就业与不公平，目前尚不清楚。建立数字技术对数字生产力影响理论框架，建立包括数据元素在内的生产函数，是对数字经济增长理论进行深入研究的两大突破。像人工智能这样的通用技术需要大量的补充性投资。这些投资往往是无形的，在国民账户中也很难衡量。因此，最早期人们低估了新型通用技术所带来的生产力增长，后来，当无形投资的好处逐渐显现出来，新型通用技术所带来的生产力增长影响又被高估，布莱恩霍弗森等（Brynjolfsson et al.，2021）把这种现象称为生产力 J 型曲线。2018 年，美国人平均每天花6.3 小时在数字媒体上——不仅有谷歌和维基百科，还有社交网络、在线课程、地图、信息传递、视频会议、音乐、智能手机应用程序等。数字媒体在我们生活中占据了很大的份额，且还在不断增长。但这些商品和服务在很大程度上没有被计入官方的经济活动衡量标准，如国内生产总值（GDP）、生产力（每小时工作的国内生产总值）等。数字经济的福利效应在现行的国民核算框架下并不能很好地衡量，因为数字经济的一个重要特点就是出现了大量的新型的"免费"的商品和服务。数字产品的价值没有得到充分体现的原因是，GDP 是基于人们为商品和服务支付的费用。一般来说，如果某样东西的价格为零，那么它对 GDP 的贡献也就为零。但我们大多数人从免费的数字产品中又能够获得价值，而且获得的价值还比我们从更昂贵的实物产品中得到的价值要多（Brynjolfsson & Collis，2019）。布莱恩霍弗森等（Brynjolfsson et al.，2019）引入了 GDP－B 这一新指标，推导出目前无法衡量的、由新的和免费的商品所带来的福利收益的边际增加的下限。他们将这一框架应用于几个免费数字商品的经验例子，通过激励相容的选择实验来估计它们的价值，并量化需要添加到实际 GDP 增长中的调整项，以说明这些新型免费商品的贡献。例如，他们估计出自 2004 年 Facebook 推出以来，其福利收入使得美国 GDP 增长（以及生产力增长）近 0.5 个百分点。就拿智能手机摄像头来说，文章研究得出即使是付费产品，如果不考虑质量调整，其对 GDP 的贡献与消费者福利的贡献也会有很大差别。

　　三是关于数字经济的创新理论研究。数字化技术，如大数据、人工智能，在创新产品、流程、组织、经营方式等方面都发生了巨大的变化。对数字创新管理的进一步深入研究，有助于指导创新管理实践和相关理论的重构。创新理论的重构需要基于数据和数字技术进行，研究重点包括：新技术、新产业、新业态、新模式下的创新机制；数字技术和数据要素如何促进数字产品、生产方式和商业模式创新；数字创新与传统领域如何有机融合；数字经济推动质量变革、效率变革、动力变革"三大变革"的理论体系等。数字创新的重要性日益增加，但也会带来一些风险和收入不平等。库兰（Curran，2018）使用贝克的风险社会理论，探讨数字经济的创新动力如何产生风险，例如重塑人与人之间的共同存在和孤独生活；人工智能加剧失业和不平等的威胁；以及"永远在线"和"永远升级"的数字通信生态系统对环境的影响。古雷克和帕乌诺夫（Guellec & Paunov，2017）研究创新（定义为基于软件代码和数据的新产品和流程）为何会使市场租金增加，也就是为何最高收入群体能够从中获得更多收益。数字化创新造就了"赢家通吃"的市场结构，与以前的有形产品经济相比，市场力量和风险更高。形成这种新市场特点是由数字化的非竞争性带来的，它能够实现规模经济并降低创新成本，刺激了更高的创造性破坏率，导致了更高的风险。这是因为只有稍有优势的产品才能占领整个市场，进而导致市场份额的不稳定，最终给投资者带来风险溢价。市场租金主要被投资者和高层管理人员获得，普通工人获得的租金较少，这加剧了收入不平等。市场租金是激励创新和补偿创新成本的必要条件。但当成本超过一定的水平，就会产生负面影响。公共政策可以通过减少有利于从反竞争行为中获取租金的市场条件来刺激创新。

四是关于收入分配理论的数字经济研究。数据要素的性质对产权理论产生了冲击，使所有权不再是收入分配的唯一依据。数字经济的分配理论必须从数字技术的运用和数据要素这两个方面进行重新构建，重点是对数字技术在就业和分配中的作用机制和传导机制研究，模拟和预测其未来影响，以及深入探讨创业创新、城乡收入差距、中等收入群体培育、农民收入增加机制、基于数据的生产要素分配机制等问题。例如，姚和马（Yao & Ma，2022）研究表明数字金融发展对中国居民的收入分配存在库兹涅茨效应，也就是收入不平等的长期趋势呈现出先迅速扩大，而后短暂稳定，再逐渐缩小的态势，而中国大部分地区还没有越过钟形曲线的拐点，地区内部的收入差距将随着数字金融的发展而继续扩大。数字金融对收入差距的正向影响最初可能会随着地区经济水平的提高而增加。但是，当区域经济发展到一个较高的阶段时，该效应将趋于回落，数字金融发展对居民收入分配的负面影响将明显减少。

五是关于数字经济在产业组织中的理论应用。数字经济对产业的假设条件、产业组织形式、产业聚集形式等方面都产生了冲击，将博弈论和大数据应用于实证分析已成为一种趋势。目前，学术界迫切需要在理论基础上进行实证分析与推理演绎的创新，加强平台经济发展模式与规律研究，优化数字平台生态体系的建设与治理研究，以及跟踪探究数字平台产业组织模式、产业生态演进、产业结构升级等方面的典型案例，并从中总结出一些新的理论。例如，巴纳利瓦和哈纳里希（Banalieva & Dhanaraj，2019）研究了数字服务跨国企业的国际化问题，重点关注数字化如何改变内部化理论对企业特定资产性质的假设以及该理论对跨境交易中治理选择的预测。该研究表明，随着数字化程度的提高，网络兼具治理模式和战略资源的双重角色。结合网络经济学的观点，特别是规模收益的增长，网络优势作为一种独特的战略资源应运而生，值得与传统的基于资产和交易的优势区分开来进行研究。

六是关于数字经济的政府规制理论。数字技术和数据要素应用导致生产函数和消费函数发生变化，数字经济的市场垄断与竞争出现新情况，这对传统反垄断规制的理论基础提出了挑战，亟待着重研究超级平台的垄断及不正当竞争问题，政府反垄断的制度、机制和效率问题，数字经济运行的风险防控理论与方法等。数字平台是在线经济活动的核心，是连接着各种商品和服务的生产者和消费者的多边市场。数字平台的市场力量，加上其优越的生态系统地位，极易引起垄断或从事反竞争行为，从而减少创新和消费者福利。帕克等（Parker et al. ，2020）研究了市场竞争和监管在解决垄断行为方面的作用。传统的（事后）反垄断干预在由网络效应驱动的市场上可能不太有效，除非它与适当的（事前）监管框架相结合。反垄断工具应该注重事前监管，事先关注价值的创造和分配。

综上所述，数字经济需要围绕数字技术和数据要素对经济发展的影响，采用大数据分析、机器学习、统计推断、数字孪生模型和数理模型推导等定量分析方法，在中国情境下搭建起涵盖微观主体、产业和宏观整体三个层次的数字经济理论框架。这不仅有助于我们理解和把握数字经济的发展规律，还为解决实践问题提供理论支撑，推动政府治理创新，更能为主流经济学的创新发展贡献中国智慧。

第三节 总 结

我国数字经济发展面临一些问题和挑战。一方面，关键领域创新能力不足，数字鸿沟有进一步扩大趋势，数据资源的价值潜力还没有充分释放，数字经济治理体系需进一步完善。另一方面，我国数字经济大而不强、快而不优，互联网平台还出现了一些不健康、不规范的苗头和趋势。政府、平台、科研机构、专家学者、社会组织等需形成合力，完善中国特色经济学理论体系，提出有针对性、有可操作性、有建设性的解决问题的对策建议，为我国数字经济全面发展提供保障措施，为全球数字经济发展贡献中国智慧与经验。

一是加强数字经济理论研究。对数字经济理论进行探讨，不仅要从实际出发，还要在实际应用上进行深入的探索，才有可能在经济学上建立起中国特色社会主义理论学派。经济学研究应该坚持问题导向，注重问题意识，对长久以来在经济中占据主导地位的实证主义方法论进行反思，打破唯数据、唯工具、唯方法的研究模式，不能"为模型而模型、为公式而公式"，从现实问题和实际需要出发，加强调查研究、创新研究方法、强化理论创新。理论研究应具有强烈的责任感、紧迫感和担当精神，立足中国实际，从典型的事例出发，提炼出一些具有科学性的假说，并运用大数据等新研究方法进行验证，在大量经验研究的基础上，形成数字经济理论体系。

二是建设"政企学研用媒"深度融合的产学研协同机制。做强做优做大我国数字经济，不仅要注重数字技术领域的基础研究，还必须加大数字经济在经济学、管理学、法学、社会学等领域的基础理论研究。建议参照支持科技创新税收政策，用税收优惠机制激励大型平台企业跨机构开展数字经济基础理论研究，鼓励平台企业支持科研机构开展基础理论研究。完善对策建议线上上报通道，拓展对策建议报送反馈手段，畅通传送渠道，把"政产学研用媒"反映的新问题、新情况、新措施及时准确地反馈给各级领导，为决策提供参考依据。

三是加大数字经济基础理论研究的平台建设。以政府为主导，探索建设开放式虚拟化研究机构等新模式，打造有影响力、"政企学研用媒"协同合作的国际化数字经济研究智库。建议国家社科基金和自科基金加大力度资助数字经济基础理论研究，有关部门选取重点领域突破，成立一批跨院校、跨机构、跨专业共建共享的数字经济实验室、研究机构，重点建设一批具有国际知名度的数字经济国家高端智库。

四是加大数字经济的学科建设和人才培养，财税政策给予人才支持。加强对大学实施数字化经济学科的扶持，推动其与计算机科学、法学、管理学等学科交叉融合发展。加大对数字经济基础理论人才和团队的引进和培养力度。加大数字经济学教材编写力度，开发数字经济课程体系和数字课程资源。聚焦学校内部各学科的交叉融合，鼓励联合培养和交叉培养基础研究人才，培养既懂数字技术又懂经济管理的复合型人才，加大人才引进力度。基于财政支出，对数字化技能的培训等予以资金支持。

参 考 文 献

［1］习近平著作选读：第二卷［M］．北京：人民出版社，2023．

［2］安蓓，谢希瑶．《国家基本公共服务标准（2021年版）》发布［EB/OL］．（2021 - 04 - 20）．https：//baijiahao. baidu. com/s？id = 16975622238 59716000&wfr = spider&for = pc.

［3］高珊珊．"十四五"公共服务规划全文公布［EB/OL］．（2022 - 01 - 10）．https：//baijiahao. baidu. com/s？id = 1721546268627096077&wfr = spider&for = pc.

［4］蔡阳艳．服务数字经济　江苏这样培养数字技能人才！［EB/OL］．（2022 - 02 - 19）．https：//m. thepaper. cn/baijiahao_16752228.

［5］常州市人民政府．武进区：江苏（武进）技能人才服务产业园入围省级高技能人才专项公共实训基地拟建设单位　系常州市唯一入选［EB/OL］．（2021 - 12 - 06）．https：//www. changzhou. gov. cn/ns_news/420163875220963.

［6］陈秀巧．永康农商银行推出"浙里贷·公积金贷"［N］．永康日报，2020 - 03 - 27.

［7］陈钰洁．数字经济岗位成"香饽饽"年薪最高达40万元［EB/OL］．（2022 - 09 - 18）．https：//www. wxrb. com/doc/2022/09/19/201881. shtml.

［8］程啸．论大数据时代的个人数据权利［J］．中国社会科学，2018（3）：117 - 118.

［9］大任智库．全国首创！江苏省数字技能高级技师岗位技能提升培训班在苏州开班［EB/OL］．（2022 - 07 - 20）．https：//baijiahao. baidu. com/s？id = 1738852148101930131&wfr = spider&for = pc.

［10］《国际税收》编辑部．联合国税收协定范本（2021年版）新增内

容解读及对我国"走出去"企业的建议——专访国家税务总局国际税务司副司长熊艳 [J]. 国际税收, 2022 (6)：37 – 39.

[11] 樊勇, 邵琪. 数字经济、税收管辖与增值税改革 [J]. 国际税收, 2021 (3)：11 – 17.

[12] 方向. 什么是"数字素养"? [EB/OL]. (2022 – 03 – 24). http：//www. news. cn/info/20220324/c68a51d0cdf6449298befaa335b5e9b1/c. html.

[13] 朱欣, 陈晓燕.「前沿观察」为新就业形态劳动者筑起坚实的职业伤害保障 [EB/OL]. (2022 – 09 – 19). https：//www. workercn. cn/papers/grrb/2024/03/07/2/news – 3. html.

[14] 工业和信息化部中小企业局. 【助力中小企业发展】浙江"企业码"：打造数字化驱动服务中小企业新模式 [EB/OL]. (2022 – 02 – 26). https：//mp. weixin. qq. com/s?＿＿biz = MjM5OTUwMTc2OA = = &mid = 265085 7689&idx = 2&sn = 08975be03ae931572006eeb1926343a7&chksm = bcceca7e8bb9 43686feac0fa1feae4b3a3db3f0be01891dbab82686397cdb47bada64661d10d&scene = 27.

[15] 顾春. 浙江上线全国首个"服务 监管"互联网医院平台 [EB/OL]. (2019 – 01 – 23). https：//baijiahao. baidu. com/s? id = 1623351609572903 745&wfr = spider&for = pc.

[16] 广东省工业和信息化厅. 广东省工业和信息化厅关于印发《2022 年广东省数字经济工作要点》的通知 [EB/OL]. (2022 – 04 – 13). http：//gdii. gd. gov. cn/jcgk2139/content/post_3911822. html? eqid = fdec2faa0002a9570 00000066475d497.

[17] 柴潇蕾. 推进"一圈两场三改"打造幸福新标杆 [EB/OL]. (2022 – 01 – 26). https：//epaper. gywb. cn/epaper/gyrb/res/2023 – 10/31/A03/gyr b5485872. pdf.

[18] 郭冀川. 工信部：持续推进新型信息基础设施建设 大力部署5G和千兆光网建设应用 [EB/OL]. (2022 – 08 – 19). https：//baijiahao. baidu. com/s? id = 1741588001256487073&wfr = spider&for = pc.

[19] 郭王玥蕊. 企业数字资产的形成与构建逻辑研究——马克思主义政治经济学的视角 [J]. 经济学家, 2021 (8)：5 – 12.

［20］中国网信杂志．《中国网信》杂志发表《习近平总书记引领我国网络扶贫和数字乡村建设纪实》［EB/OL］．（2022－10－14）．https：//news. cnr. cn/native/gd/sz/20230410/t20230410_526213152. shtml.

［21］杭州日报．我市出台128项基本公共服务标准［EB/OL］．（2022－07－29）．https：//www. hangzhou. gov. cn/art/2022/7/29/art _ 812262 _ 5906 2324. html.

［22］和讯网．政府工作报告首提数字经济治理，"效""治"结合让新技术有为善为［EB/OL］．（2022－03－10）．https：//baijiahao. baidu. com/s? id = 1726904754075595506&wfr = spider&for = pc.

［23］黄红芳．江苏上半年新增就业超三成来自数字经济领域［EB/OL］．（2022－10－14）．https：//baijiahao. baidu. com/s? id = 17466279374005912 80&wfr = spider&for = pc.

［24］黄红芳．引培并举　江苏全力打造数字经济人才高地［EB/OL］．（2022－08－02）．https：//baijiahao. baidu. com/s? id = 174000591560582327 4&wfr = spider&for = pc.

［25］季星如，陈一献．生产力经济学概要［M］．济南：山东大学出版社，1986.

［26］江苏省人力资源和社会保障厅．江苏省卓越博士后计划新闻发布会［EB/OL］．（2022－04－21）．http：//jshrss. jiangsu. gov. cn/col/col85255/index. html.

［27］姜桂兴，程如烟．我国与主要创新型国家基础研究投入比较研究［J］．世界科技研究与发展，2018，40（6）：537－548.

［28］荆文君，孙宝文．数字经济促进经济高质量发展：一个理论分析框架［J］．经济学家，2019（2）：66－73.

［29］昆明市投资促进局．建设面向南亚东南亚国际通信枢纽［EB/OL］．（2022－02－16）．https：//invest. km. gov. cn/c/2022－02－16/4277793. shtml.

［30］李晓，范欣．中国特色社会主义政治经济学理论体系的构建与包容性发展［J］．求是学刊，2019，46（6）：1－14＋189.

［31］李海舰，赵丽．数据成为生产要素：特征、机制与价值形态演进

[J]. 上海经济研究, 2021 (8): 48-59.

[32] 李剑平. 浙江"互联网＋义务教育"促千校结对帮扶 [EB/OL]. (2019-11-28). https: //baijiahao. baidu. com/s? id = 1651391584070129187&wfr = spider&for = pc.

[33] 李剑平. 浙江上线全国首个大救助信息系统"浙里救" [EB/OL]. (2022-04-18). https: //baijiahao. baidu. com/s? id = 1730411662632514877&wfr = spider&for = pc.

[34] 李金红. 南方电网: 用数字"电"亮未来 推动广东数字经济发展 [EB/OL]. (2022-09-28). https: //baijiahao. baidu. com/s? id = 1745191109960039466&wfr = spider&for = pc.

[35] 李欣. 清华发布"丘成桐数学科学领军人才培养计划"无需高考也可直接上清华 [EB/OL]. (2021-01-10). https: //baijiahao. baidu. com/s? id = 1688501549867763656&wfr = spider&for = pc.

[36] 丽水市莲都区民政局. 丽水市莲都区民政局全力打造社会救助"保障网" [EB/OL]. (2021-10-09). https: //mzt. zj. gov. cn/art/2021/10/9/art_1229569130_58926639. html.

[37] 励贺林, 骆亭宇, 姚丽. 联合国协定范本12B条款的突破与局限 [J]. 国际税收, 2021 (8): 39-45.

[38] 梁柱成. 海南省公共数据资源开发利用实现"五突破" [EB/OL]. (2022-04-04). http: //www. cbdio. com/BigData/2022-04/04/content_6168158. htm.

[39] 廖益新. 跨国电子商务的国际税收法律问题及中国的对策 [J]. 东南学术, 2000 (3): 88-92.

[40] 刘吉超. 我国数据要素市场培育的实践探索: 成效、问题与应对建议 [J]. 价格理论与实践, 2021 (12): 18-22.

[41] 万菁, 倪芳. 金华成泰农商银行发布"浙里贷"线上产品 [EB/OL]. (2018-12-27). https: //baijiahao. baidu. com/s? id = 1620994106417382569&wfr = spider&for = pc.

[42] 刘巍巍. 江苏创立数字经济卓越工程师职称制度 [EB/OL]. (2022-

01－18）. https：//baijiahao. baidu. com/s？id＝1722276813157062709&wfr＝spider&for＝pc.

［43］刘杨钺，王宝磊. 弹性主权：网络空间国家主权的实践之道［J］. 中国信息安全，2017（5）：37－39.

［44］陆茜. 科技部：发展众创空间 促进大众创业、万众创新［EB/OL］.（2015－02－06）. https：//www. gov. cn/xinwen/2015－02/06/content_2815876. htm.

［45］胡丰盛. 浙江打造农村电子商务特色小镇5年将扶持4万人创业［EB/OL］.（2015－03－09）. https：//www. chinanews. com. cn/df/2015/03－09/7114117. shtml.

［46］马潮江，单志广. 《“十四五”数字经济发展规划》解读｜鼓励公平竞争 健全完善数字经济治理体系［EB/OL］.（2022－01－21）. https：//www. ndrc. gov. cn/xxgk/jd/jd/202201/t20220121_1312589. html.

［47］马克思. 资本论：第1卷［M］. 北京：人民出版社，2004.

［48］马克思. 资本论：第3卷［M］. 北京：人民出版社，2004.

［49］马克思恩格斯全集：第46卷上［M］. 北京：人民出版社，1972.

［50］马克思恩格斯全集：第47卷［M］. 北京：人民出版社，1972.

［51］宁波日报. 数字经济人才培养与评价（宁波）基地揭牌成立［EB/OL］.（2022－09－04）. http：//www. ningbo. gov. cn/art/2022/9/4/art_1229196405_59432252. html？isMobile＝true.

［52］欧阳日辉. 数字经济：六大理论问题、十大实践问题及四条对策建议［EB/OL］.（2022－06－25）. https：//mp. weixin. qq. com/s？__biz＝MzA4MDYzMzcwMg＝＝&mid＝2650341035&idx＝1&sn＝e0e10a52f6f191f642e7afd6719b121a&chksm＝87ad14a2b0da9db498a37361f6301d819068e985e0a366147b7ecff50e5b26754f9a883394aa&scene＝27.

［53］盘和林. 数字化“扩容”公共文化服务［EB/OL］.（2022－05－26）. http：//theory. people. com. cn/n1/2022/0526/c40531－32430673. html.

［54］戚聿东，刘欢欢. 数字经济下数据的生产要素属性及其市场化配置机制研究［J］. 经济纵横，2020（11）：63－76.

［55］乔榛．中国共产党对经济工作的领导：历史、经验和启示［J］．上海商学院学报，2021，22（3）：3－12．

［56］副业也有大能量（多棱镜）［EB/OL］．（2021－01－08）．https：//baijiahao. baidu. com/s？id＝1688268978913380380&wfr＝spider&for＝pc.

［57］提高全民全社会数字素养和技能播报文章［EB/OL］．（2022－02－22）．https：//baijiahao. baidu. com/s？id＝1725413271149693994&wfr＝spider&for＝pc.

［58］网络扶贫—攻坚克难—脱贫攻坚展［EB/OL］．（2021－06－26）．http：//fpzg. cpad. gov. cn/429463/430986/430997/index. html.

［59］抓好资源整合切实推进共建共享共商共用［EB/OL］．（2021－11－04）．https：//www. 163. com/dy/article/GNVCUSSU0514DRGA. html.

［60］赛博研究院：数字服务税的全球兴起与趋势挑战［EB/OL］．（2020－04－10）．https：//mp. weixin. qq. com/s/3BL8NHjnfzBUA9aXqO4s0A.

［61］吴云，朱玮．数字货币和金融监管意义上的虚拟货币：法律、金融与技术的跨学科考察［J］．上海政法学院学报（法治论丛），2021，36（6）：66－89．

［62］三明市国资委．市信息公司多款产品亮相第五届数字中国建设峰会［EB/OL］．（2022－07－25）．http：//smsgzw. sm. gov. cn/xxgk/gzdt/ssqy/202207/t20220725_1809503. htm.

［63］邵春堡．数字经济如何创造实际价值［J］．中国产经，2021（15）：66－71．

［64］邵祺．嘉兴海盐为农业产业插上"信息化"翅膀［EB/OL］．（2022－02－08）．http：//www. xinhuanet. com/webSkipping. htm.

［65］社会救助处．浙江省创新智慧救助模式　实现困难群众享受政策"最多跑一次"［EB/OL］．（2021－11－05）．https：//mzj. jiaxing. gov. cn/art/2021/11/5/art_1229574837_58886700. html.

［66］沈超，陈敏．"浙里贷"与永康市民见面"互联网＋金融"助力乡村振兴［EB/OL］．（2018－12－27）．https：//zjrb. zjol. com. cn/html/2018－12/27/node_12. htm.

[67] 创新孵化链条　筑梦"创客乐园"——走进众创空间感受创业活力 [EB/OL]. (2021 - 04 - 12). https：//www. thepaper. cn/newsDetail_forward_12156534.

[68] 盘点支撑农村电商东西协作扶贫的 10 大要素 [EB/OL]. (2018 - 08 - 25). http：//www. scqlzc. com/news/Industry/201808/15351866551857. html.

[69] 阙天舒，王子玥. 数字经济时代的全球数据安全治理与中国策略 [J]. 国际安全研究，2022，40（1）：130 - 154 + 158.

[70] 宋冬林，孙尚斌，范欣. 数据成为现代生产要素的政治经济学分析 [J]. 经济学家，2021（7）：35 - 44.

[71] 苏成慧. 论可交易数据的限定 [J]. 现代法学，2020，42（5）：136 - 149.

[72] 苏子阳. "紫金山实验室"正式揭牌，"宁"聚我东核心力量！[EB/OL]. （2018 - 08 - 30）. https：//www. toutiao. com/article/6595543307386880516/.

[73] 孙凝晖. "东数西算"工程系列解读之一|"东数西算"工程　助力我国全面推进算力基础设施化 [EB/OL]. (2022 - 03 - 08). https：//www. ndrc. gov. cn/xwdt/ztzl/dsxs/zjjd1/202203/t20220301_1317935. html.

[74] 孙迎田. 超级码助力"浙农码"打造数字三农新名片 [EB/OL]. (2020 - 11 - 27). https：//www. cet. com. cn/itpd/itxw/2716332. shtml.

[75] 唐斯斯，赵文景. 《"十四五"数字经济发展规划》解读|着力推动公共服务数字化　促进数字经济发展红利全民共享 [EB/OL]. (2022 - 01 - 21). https：//www. ndrc. gov. cn/xxgk/jd/jd/202201/t20220121_1312588. html.

[76] 田程晨. 成都高质量建设国际性区域通信枢纽 [EB/OL]. (2019 - 09 - 25). https：//www. chenghua. gov. cn/chqrmzfw/c143764/2019 - 09/25/content_d4f099ab37d74056b5d839d0989fe487. shtml.

[77] 田杰棠，刘露瑶. 交易模式、权利界定与数据要素市场培育 [J]. 改革，2020（7）：17 - 20.

[78] 王伟玲，吴志刚，徐靖. 加快数据要素市场培育的关键点与路径 [J]. 经济纵横，2021（3）：39 - 47.

［79］王梦倩．为您服务｜"智游田园"应用上线浙里办 APP 田园综合体有了"数字导游"［EB/OL］.（2021－12－28）. http：//paper. cztvcloud. com/jrpt/pc/content/202112/22/content_186153. html.

［80］王卫军，朱长胜．应对数字经济的挑战：从生产增值税到消费生产税［J］.税务研究，2020（12）：61－67.

［81］王锡斐，王姝姝，黄恬恬．盐城亭湖：火了！"60 行动"帮助企业"云上相亲"10 万人次［EB/OL］.（2022－06－06）. https：//js. cnr. cn/qxlb/20220606/t20220606_525853683. shtml.

［82］王瑶．江苏人社出台 20 条措施　助力打造数字经济创新发展新高地［EB/OL］.（2022－05－25）. https：//jshrss. jiangsu. gov. cn/art/2022/5/25/art_77261_10460781. html.

［83］温雅．推行公共服务便捷化，切实转变政府职能［EB/OL］.（2016－01－14）. https：//www. gov. cn/zhengce/2016－01/14/content_5032926. htm.

［84］吴恩慧．浙江首创"贷款码"全省超 10 万小微企业"码"上完成融资［EB/OL］.（2021－08－24）. https：//baijiahao. baidu. com/s？ id＝1708960174477620597.

［85］晓亮，陈胜昌．生产力经济学［M］.成都：四川人民出版社，1986.

［86］谢兴财，徐潇潇．全心全意服务"三农"发展——访中国太保产险绍兴中心支公司党委书记、总经理崔文波［N］.绍兴晚报，2022－09－01.

［87］黄红芳．江苏实施数字技能提升行动每年新增 10 万人才，培育"数字工匠"赋能数字经济［EB/OL］.（2022－03－11）. https：//www. js. gov. cn/art/2022/3/11/art_60095_10375661. html.

［88］邢伟．以标准化促公共服务均等化［EB/OL］.（2019－02－20）. http：//paper. ce. cn/jjrb/html/2019－02/20/content_384304. htm.

［89］熊巍．我国农村公共产品供给分析与模式选择［J］.中国农村经济，2022（7）：36－44.

［90］徐向梅．深入推进教育数字化转型［EB/OL］.（2022－09－09）. http：//paper. ce. cn/pc/content/202209/09/content_260682. html.

[91] 薛伟. 数字经济下的增值税：征税机制、避税问题及征收例解 [J]. 财会月刊, 2021 (9)：156 - 160.

[92] 苑菁菁. 5G 为北京冬奥增添魅力 [EB/OL]. (2022 - 02 - 20). https：//www. chinanews. com. cn/cj/2022/02 - 19/9680920. shtml.

[93] 杨东, 高一乘. 加快建立中国特色社会主义数字经济理论 [EB/OL]. (2022 - 03 - 03). https：//www. cssn. cn/skyl/skyl_skyl/202207/t2022 0728_5428496. shtml.

[94] 姚怡梦. 福建举办首届数字工匠技能大赛 [EB/OL]. (2022 - 01 - 17). https：//www. workercn. cn/c/2022 - 01 - 17/6943293. shtml.

[95] 叶秀敏, 姜奇平. 生产要素供给新方式：数据资产有偿共享机理研究 [J]. 财经问题研究, 2021 (12)：29 - 38.

[96] 尹西明, 林镇阳, 陈劲, 等. 数据要素价值化生态系统建构与市场化配置机制研究 [J]. 科技进步与对策, 2022, 39 (22)：1 - 8.

[97] 有之炘. 上海地铁"进博会 5G + 智慧地铁平台"正式上线 [EB/OL]. (2019 - 10 - 31). http：//www. xinhuanet. com/world/2019 - 10/31/c_1125177608. htm.

[98] 云南省人民政府办公厅. 云南省人民政府办公厅印发关于大力推动数字经济加快发展若干政策措施的通知 [EB/OL]. (2022 - 04 - 28). https：//www. yn. gov. cn/zwgk/zfxxgkpt/fdzdgknr/zcwj/zfxxgkptyzbf/202204/t20 220428_241533. html.

[99] 中国人民银行数字人民币研发工作组. 中国数字人民币的研发进展白皮书 [R]. 2021 - 07 - 16.

[100] 张伯超, 沈开艳"一带一路"沿线国家数字经济发展就绪度定量评估与特征分析 [J]. 上海经济研究, 2021 (1)：94 - 103.

[101] 张汉林. 论出口退税 [J]. 国际贸易问题, 1995 (12)：20 - 26.

[102] 张红文. 权威解读：以集约高效的平台支撑　为数字政府建设提供有力保障 [EB/OL]. (2022 - 06 - 30). http：//finance. people. com. cn/n1/2022/0630/c1004 - 32461881. html.

[103] 张铭茁, 张永忠, 张宝山. 构建数据要素市场背景下数据确权与

制度回应［J］.上海政法学院学报（法治论丛），2022（4）：106 – 125.

［104］张盼盼，杨倩.打造"数字丝绸之路"，推动"一带一路"高质量发展［EB/OL］.（2022 – 01 – 09）.https：//www.nbd.com.cn/articles/2022 – 01 – 09/2080248.html.

［105］张馨予.数字经济对增值税税收遵从的挑战与应对——欧盟增值税改革的最新进展及启示［J］.西部论坛，2020（6）：113 – 121.

［106］张璇，李平.浙江电商扶贫赋能贫困地区脱贫致富［EB/OL］.（2020 – 07 – 21）.http：//www.jjckb.cn/2020 – 07/21/c_139228237.htm.

［107］张煜欢，胡懿娜.浙江：气象水文一体化数智系统助防灾减灾［EB/OL］.（2022 – 03 – 23）.https：//www.zj.chinanews.com.cn/jzkzj/2022 – 03 – 23/detail – ihawuwck1213862.shtml.

［108］赵璐洁，郑晨，赖小兰.未来乡村服务端入驻"浙里办"［EB/OL］.（2021 – 08 – 25）.https：//qz.zjol.com.cn/qzxw/202108/t20210826_23002296.shtml.

［109］赵涛，张智，梁上坤.数字经济，创业活跃度与高质量发展——来自中国城市的经验证据［J］.管理世界，2020，36（10）：65 – 76.

［110］赵章靖，张珊.数字化背景下的教育政策与实践［EB/OL］.（2022 – 08 – 11）.https：//epaper.gmw.cn/gmrb/html/2022 – 08/11/nw.D110000gmrb_20220811_2 – 14.htm.

［111］"区块链 + 数字政务"｜且看网新软件如何赋能数字政府建设［EB/OL］.（2022 – 06 – 14）.https：//www.insigma.com.cn/index.php/news/detail/5520.html.

［112］通报表扬！浙大妇院入选国家卫生健康委"数字健康典型案例（第二批）"［EB/OL］.（2022 – 06 – 02）.http：//zdygb.zju.edu.cn/2022/0602/c34027a2586845/page.htm.

［113］浙江省财政厅.创新举措　实现惠民惠农财政补贴资金—卡畅达［EB/OL］.（2022 – 02 – 14）.https：//jdjc.mof.gov.cn/jyjl/202202/t20220214_3787291.htm.

［114］浙江省卫生健康委员会.持续迭代"健康大脑 + 智慧医疗"省卫

生健康委集成办好看病就医"一件事"［EB/OL］. (2022 – 04 – 08). https：//wsjkw. zj. gov. cn/art/2022/4/8/art_1650497_59016741. html.

［115］浙江日报. 科技赋能 守护百姓健康 浙江推动"互联网＋医疗健康"服务快速发展［EB/OL］. (2020 – 11 – 22). https：//www. zjwx. gov. cn/art/2020/11/22/art_1673581_58868010. html.

［116］郑培庚，周楷华. 绍兴涉农惠民项目全部纳入乡镇公共财政服务平台［EB/OL］. (2020 – 08 – 26). https：//zjnews. zjol. com. cn/zjnews/hznews/202008/t20200826_12248595. shtml.

［117］郑亚丽. 95 项基本公共服务标准出台浙江人"稳稳的幸福"来了［EB/OL］. (2022 – 05 – 27). http：//m. 91zjbd. com/h – nd – 2023. html.

［118］郑振华. 全国第九个国际通信业务出入口局年底将在横琴建成，助力珠海打造国际信息枢纽城市［EB/OL］. (2020 – 11 – 16). http：//zhu-haidaily. hizh. cn/html/2020 – 11/16/content_1218_3601577. htm.

［119］中国日报网. 每日一词｜算力基础设施建设 building of computing infrastructure［EB/OL］. (2022 – 07 – 19). https：//language. chinadaily. com. cn/a/202207/19/WS62d6729da310fd2b29e6d380. html.

［120］环球网. 浙农码：布局数字农业新基建，点燃数字发展新引擎［EB/OL］. (2022 – 02 – 11). https：//yrd. huanqiu. com/article/46lo9LSaw0V.

［121］周迪系，施新伟. 数字政府建设：数据共享与数字共治［EB/OL］. (2022 – 06 – 23). http：//theory. people. com. cn/n1/2022/0623/c148980 – 32454196. html.

［122］周甫琦. 华为打"头炮"！广州市高技能人才公共实训鉴定基地正式揭牌［EB/OL］. (2021 – 07 – 30). https：//static. nfapp. southcn. com/content/202107/30/c5583531. html.

［123］周梦琪. 手机变成了新农具［EB/OL］. (2022 – 09 – 13). https：//www. sx. gov. cn/art/2022/9/13/art_1462938_59382002. html.

［124］周人杰. 实施"东数西算"工程打造算力一张网（评论员观察）［EB/OL］. (2022 – 03 – 01). http：//finance. people. com. cn/n1/2022/0301/c1004 – 32361994. html.

［125］祝婷兰．浙江率先开展"企业码"应用试点［EB/OL］．（2020 – 04 – 23）．https：//jxt. zj. gov. cn/art/2020/4/23/art_1659736_42658209. html.

［126］宗兆洋，刘智一．济南历城区：打造数字经济人才集聚新高地［EB/OL］．（2022 – 06 – 30）．https：//new. qq. com/rain/a/20220630A03TVT00.

［127］曾铮，王磊．数据要素市场基础性制度：突出问题与构建思路［J］．宏观经济研究，2021（3）：85 – 101.

［128］Abraham, R. , Schneider, J. , Vom Brocke, J. . Data Governance：A Conceptual Framework, Structured Review, and Research Agenda［J］. International Journal of Information Management, 2019（49）：424 – 438.

［129］Bakkeli, V. , Breit, E. . From "What Works" to "Making It Work"：A Practice Perspective on Evidence-based Standardization in Frontline Service Organizations［J］. Social Policy & Administration, 2022, 56（1）：87 – 102.

［130］Banalieva, E. R. , Dhanaraj, C. . Internalization Theory for the Digital Economy［J］. Journal of International Business Studies, 2019, 50（8）：1372 – 1387.

［131］Barfoed, E. M. , Jacobsson, K. . Moving from 'Gut Feeling' to 'Pure Facts'：Launching the ASI Interview as Part of In-service Training for Social Workers［J］. Nordic Social Work Research, 2012, 2（1）：5 – 20.

［132］Brodkin, E. Z. , Marston, G. . Work and the Welfare State. Street-level Organizations and Workfare Politics［D］. Washington, DC：Georgetown University Press, 2013.

［133］Brynjolfsson, E. , Collis, A. . How Should We Measure the Digital Economy［J］. Harvard Business Review, 2019, 97（6）：140 – 148.

［134］Brynjolfsson, E. , Collis, A. , Diewert, W. E. , Eggers, F. , Fox, K. J. . GDP – B：Accounting for the Value of New and Free Goods in the Digital Economy（No. w25695）［J］. National Bureau of Economic Research, 2019.

［135］Brynjolfsson, E. , Rock, D. , Syverson, C. . The productivity J – curve：How Intangibles Complement General Purpose Technologies［J］. American Economic Journal：Macroeconomics, 2021, 13（1）：333 – 372.

［136］CeciL. Worldwide Advertising Revenues of You Tube as of 2nd Quarter 2022 ［EB/OL］. (2022 – 08 – 01). https：//www. statista. com/statistics/289657/ youtube – global – quarterly – advertising – revenues/.

［137］Curran, D.. Risk, Innovation, and Democracy in the Digital Economy ［J］. European Journal of Social Theory, 2018, 21 (2)：207 – 226.

［138］Das, Udaibir, Papaioannou, Michael, Trebesch, Christoph.. Sovereign Debt Restructurings 1950 – 2010：Literature Survey, Data, and Stylized Facts ［R］. IMF Working Papers. No. 2012/203, 2012.

［139］De Beaufort Wijnholds, J. Onno. "The Argentine Drama：A View from the IMF Board". The Crisis that Was Not Prevented：Lessons for Argentina ［R］. The IMF, and Globalisation. Fondad.

［140］Digital Literacy – Welcome to ALA's Literacy Clearinghouse. (n. d.) ［EB/OL］. (2022 – 11 – 28). https：//literacy. ala. org/digital – literacy/#：% EF% BD% 9E：text = ALA's% 20Digital% 20Literacy% 20Task% 20Force, both% 20cognitive% 20and% 20technical% 20skills% E2% 80% 9D.

［141］Digital Skills Critical for Jobs and Social Inclusion | UNESCO. (n. d.) ［EB/OL］. (2022 – 11 – 28). https：//www. unesco. org/en/articles/digital – skills – critical – jobs – and – social – inclusion.

［142］Eichengreen, B. , El – Ganainy, A. , Esteves, R. , Mitchener, K. J.. Public Debt through the Ages (No. w25494) ［J］. National Bureau of Economic Research, 2019.

［143］ElMassah, S. , Mohieldin, M.. Digital Transformation and Localizing the Sustainable Development Goals (SDGs) ［J］. Ecological Economics, 2020 (169)：106490.

［144］Escribano, B.. Governance in the Digital Economy：The Challenge of Governing Algorithms ［EB/OL］. (2022 – 06 – 01). https：//www. ey. com/en_ es/law/governance – in – the – digital – economy – the – challenge – of – governing – algorithms.

［145］Farboodi, Maryam and Laura Veldkamp.. "A Model of the Data

Economy. " [C]. NBER Working Paper Series, 2021.

[146] Galiani, Sebastián; Gerchunoff, Pablo. . The Labor Market [M]. The New Economic History of Argentina, 2003.

[147] Geyser, Werner. How Much do YouTubers Make? – A YouTuber's Pocket Guide[EB/OL]. (2022 – 06 – 02). https: //influencermarketinghub. com/ how – much – do – youtubers – make/.

[148] Goldfarb, A. , Tucker, C. . Digital Economics [J]. Journal of Economic Literature, 2019, 57 (1): 3 –43.

[149] Gong, J. , Xu, G. . Spatial – Temporal Big Data Enables Social Governance. In B. Li, X. Shi, A. – X. Zhu, C. Wang, & H. Lin (Eds.), New Thinking in GIScience [J]. Cham, Switzerland: Springer, 2022.

[150] Gray, M. , Plath, D. , & Webb, S. A. . Evidence-based Social Work. A Critical Stance [M]. London, New York: Routledge, 2009.

[151] Guellec, D. , Paunov, C. . Digital Innovation and the Distribution of Income (No. w23987) [J]. National Bureau of Economic Research, 2017.

[152] Gupta, P. , Dedeoglu, V. , Kanhere, S. S. , Jurdak, R. . Trail-Chain: Traceability of Data Ownership across Blockchain-enabled Multiple Marketplaces [J]. Journal of Network and Computer Applications, 2022 (203): 103389.

[153] Harris, Peter. Income Tax in Common Law Jurisdictions: from the Origins to 1820 [M]. London: Cambridge University Press, 2006.

[154] Hasenfeld, Y. . Human Services as Complex Organisations. Thousand Oaks [M]. CA: SAGE Publications, 2010.

[155] Heeks, R. , Bukht, R. . Development Implications of Digital Economies [R]. Economic & Social Research Council, 2018.

[156] Helgason, Agnar Freyr. Unleashing the "Money Machine": the Domestic Political Foundations of VAT adoption [J] . Socio – Economic Review, 2017, 15 (4): 797 –813.

[157] Hong, S. , Lee, S. . Adaptive Governance and Decentralization: Evidence from Regulation of the Sharing Economy in Multi-level Governance [J].

Government Information Quarterly, 2018, 35 (2): 299 – 305.

[158] Hornbeck, J. F.. The Argentine Financial Crisis: A Chronology of Events [R]. Congressional Research Service, 2002.

[159] Independent Evaluation Office of IMF. The Role of the IMF in Argentina, 1991 – 2002 (pp: 152 – 281) [R]. International Monetary Fund, 2004.

[160] Ju, J. , Liu, L. , Feng, Y.. Citizen-centered Big Data Analysis-driven Governance Intelligence Framework for Smart Cities [J]. Telecommunications Policy, 2018, 42 (10): 881 – 896.

[161] Lanier, J.. Who owns the future? . Simon and Schuster. (n. d.) [EB/OL]. (2014 – 03 – 04). https: //toc. library. ethz. ch/objects/pdf03/e01_978 – 1 – 4516 – 5496 – 7_01. pdf.

[162] Lovelock, P.. Framing Policies for the Digital Economy: towards Policy Frameworks in the Asia – Pacific [R]. UNDP Global Centre for Public Service Excellence, Singapore, 2018.

[163] Lovelock, P.. Framing Policies for the Digital Economy: towards Policy Frameworks in the Asia – Pacific [R]. UNDP Global Centre for Public Service Excellence, Singapore, 2018.

[164] Matthews, J.. The Tax Law of Palmyra: Evidence for Economic History in a City of the Roman East [J]. Journal of Roman Studies, 1984 (74): 157 – 180.

[165] Mensah, I. K.. Impact of Government Capacity and E – Government Performance on the Adoption of E – Government Services [J]. International Journal of Public Administration, 2020, 43 (4): 303 – 311.

[166] Mergel, I. , Rethemeyer, R. K. , Isett, K.. Big Data in Public Affairs [J]. Public Administration Review, 2016, 76 (6): 928 – 937.

[167] Miao, Z.. Digital Economy Value Chain: Concept, Model Structure, and Mechanism [J]. Applied Economics, 2021, 53 (37): 4342 – 4357.

[168] Milstein, B. , Wetterhall, S. , CDC Evaluation Working Group.. A Framework Featuring Steps and Standards for Program Evaluation [J]. Health Pro-

motion Practice, 2000, 1 (3): 221 – 228.

[169] OECD, Progress Report on Amount A of Pillar One, Two – Pillar Solution to the Tax Challenges of the Digitalisation of the Economy, OECD/G20 Base Erosion and Profit Shifting Project, OECD, Paris [R]. https://www. oecd. org/tax/beps/progress – report – on – amount – a – of – pillar – one – july – 2022. pdf.

[170] OECD and SAT Hold Joint Workshop on the Experience of Country-by-country Reporting of Tax Information [EB/OL]. (2019 – 07 – 01). https://www. oecd. org/tax/beps/oecd – and – sat – hold – joint – workshop – on – the – experience – of – country – by – country – reporting – of – tax – information. htm.

[171] OECD, OECD Digital Economy Outlook 2020, OECD Publishing, Paris [R/OL]. (2020 – 11 – 27). https://doi. org/10. 1787/bb167041 – en.

[172] OECD (n. d.). Artificial Intelligence [R/OL]. (2019 – 02 – 17). https://www. oecd. org/digital/artificial – intelligence/.

[173] OECD (n. d.). Business Innovation and Productivity [R/OL]. (2019 – 03 – 11). https://www. oecd. org/digital/data – governance – indicators/business/.

[174] OECD (n. d.). Data Policies and Regulations [R/OL]. (2022 – 11 – 22). https://www. oecd. org/digital/data – governance – indicators/policies – and – regulations/.

[175] OECD (n. d.). Data-enabling and Data-enabled Technologies [R/OL]. (2022 – 11 – 22). https://www. oecd. org/digital/data – governance – indicators/technologies/.

[176] OECD (n. d.). Going Digital Project [R/OL]. (2021 – 01 – 04). https://www. oecd. org/digital/going – digital – project/.

[177] OECD (n. d.). Roadmap for Measuring the Value of Data and Data Flows [R/OL]. (2022 – 11 – 22). https://www. oecd. org/digital/data – governance – indicators/measuring – value/.

[178] OECD (n. d.). Trends in Data and Data Flows [R/OL]. (2023 – 10 – 29). https://www. oecd. org/digital/data – governance – indicators/data – flows/.

[179] OECD (n. d.). Trust and Risks of Data Misuse [R/OL]. (2022 – 11 –

22). https：//www. oecd. org/digital/data – governance – indicators/trust/.

［180］OECD（n. d. ）. Well-being and Society［R/OL］. （2023 – 12 – 05）. https：//www. oecd. org/digital/data – governance – indicators/well – being/.

［181］OECD. . Going Digital：Shaping Policies，Improving Lives. OECD［R/OL］. （2019 – 11 – 03）. https：//doi. org/10. 1787/9789264312012 – en.

［182］OECDa（n. d. ）. Good-practice-principles-for-data-ethics-in-the-public-sector. n. d［R/OL］. （2021 – 03 – 26）. https：//www. oecd. org/gov/digital – government/good – practice – principles – for – data – ethics – in – the – public – sector. pdf.

［183］OECDb（n. d. ）. The OECD Artificial Intelligence（AI）Principles – OECD. AI. （n. d. ）［R/OL］. （2019 – 05）. https：//oecd. ai/en/ai – principles.

［184］Panchenko，V. ，Reznikova，N. ，Bulatova，O. . Regulatory Competition in the Digital Economy：New forms of Protectionism［J］. International Economic Policy，2020：32 – 33，49 – 79.

［185］Parker，G. ，Petropoulos，G. ，Van Alstyne，M. W. . Digital Platforms and Antitrust［R］. Social Science Research Network，2020.

［186］Perry，J. L. ，Wise，L. R. . The Motivational Bases of Public Service［J］. Public Administration Review，1990，50（3）：367.

［187］Petersén，A. C. ，Olsson，J. I. . Calling Evidence-based Practice into Question：Acknowledging Phronetic Knowledge in Social Work［J］. The British Journal of Social Work，2014，45（5）：1581 – 1597.

［188］Reinhart，Carmen M. ，Kenneth S. Rogoff. . This Time is Different：A Panoramic View of Eight Centuries of Financial Crises［J］. Annals of Economics and Finance，Society for AEF，2014，15（2）：1065 – 1188，November.

［189］Reinhart，Carmen M. ，Kenneth S. Rogoff，Miguel A. Savastano. Debt Intolerance（No. w9908）［J］. National Bureau of Economic Research，2003.

［190］Reinhart，Carmen M. ，Kenneth S. Rogoff. . The Forgotten History of Domestic Debt［J］. The Economic Journal，2011，121（252）：319 – 350.

［191］Salsman，R. M. . A Brief History of Public Debt［J］. In The political

Economy of Public Debt. Edward Elgar Publishing, 2017: 12 – 29.

[192] Skillmark, M., Agevall Gross, L., Kjellgren, C., Denvall, V.. The Pursuit of Standardization in Domestic Violence Social Work: A Multiple Case Study of How the Idea of Using Risk Assessment Tools is Manifested and Processed in the Swedish Social Services [J]. Qualitative Social Work, 2019, 18 (3): 458 – 474.

[193] Spruk, R.. The Rise and Fall of Argentina [J]. Latin American Economic Review, 2019, 28 (1): 1 – 40.

[194] Stetsyunich, Y., Busheneva, Y., Zaytsev, A.. Framing Public Financial Policy: Transforming the Classic Concept in the Time of Digitalization [R]. Proceedings of the 2019 International SPBPU Scientific Conference on Innovations in Digital Economy, 1 – 6, 2019.

[195] Timmermans, S., Epstein, S.. A World of Standards but not a Standard World: Toward a Sociology of Standards and Standardization [J]. Annual Review of Sociology, 2010, 36 (1): 69 – 89.

[196] Tisne, M.. It's Time for a Bill of Data Rights [J/OL]. (2018 – 12 – 14). MIT Technology Review, https: //www. technologyreview. com/s/612588/its – time – for – a – bill – of – data – rights/.

[197] Trischler, J., Dietrich, T., Rundle – Thiele, S.. Co-design: From Expert-to User-driven Ideas in Public Service Design [J]. Public Management Review, 2019, 21 (11): 1595 – 1619.

[198] Ubaldi, B. C., Ooijen, C. V., Welby B.. "A Data-driven Public Sector: Enabling the Strategic Use of Data for Productive, Inclusive and Trustworthy Governance", OECD Working Papers on Public Governance, No. 33, OECD Publishing, Paris [R/OL]. (2019 – 05 – 17). OECD Working Papers on Public Governance. https: //doi. org/10. 1787/09ab162c – en.

[199] United Nations Conference on Trade and Development [R]. Digital Economy Report, 2019.

[200] Vaggalis, N.. Ethics Guidelines For Trustworthy AI [EB/OL]. (2019 –

04 – 08）. https：//www. i – programmer. info/programming/artificial – intelligence/ 12702 – ethics – guidelines – for – trustworthy – ai –. html.

［201］ Varian, Hal. . Artificial Intelligence, Economics, and Industrial Or-ganization ［M］. In The Economics of Artificial Intelligence：An Agenda, edited by Ajay Agrawal, Joshua Gans, and Avi Goldfarb. Chicago：University of Chicago Press, 2019.

［202］ Vestager, M. . EU Commissioner Responsible for Competition ［R］. Speech on Algorithms and Competition at the Bundeskartellamt（Germany's Federal Cartel Office）18th Conference on Competition, Berlin, 2017.

［203］ White, S. , Hall, C. , Peckover, S. . The Descriptive Tyranny of the Common Assessment Framework：Technologies of Categorization and Professional Practice in Child Welfare ［J］. The British Journal of Social Work, 2008, 39（7）：1197 – 1217.

［204］ World Economic Forum. How the Digital Services Act will Keep Chil-dren Safe Online ［R/OL］.（2022 – 01 – 20）. https：//www. weforum. org/agen-da/2022/06/eu – digital – service – act – how – it – will – safeguard – children – on-line/.

［205］ World Economic Forum（n. d. ）. Shaping the Future of Technology Governance：Artificial Intelligence and Machine Learning ［R/OL］.（2021 – 04 – 06）. https：//www. weforum. org/events/global – technology – governance – summit – 2021/sessions/shaping – the – future – of – artificial – intelligence/.

［206］ Yao, L. , Ma, X. . Has Digital Finance Widened the Income Gap？ ［J］. PLOS ONE, 2022, 17（2）, e0263915.

后　记

围绕"加快数字化发展，建设数字中国"这一目标不断推进的财税政策优化与制度构建，既强调财税政策优化应如何顺应数字化发展新趋势，进而把握数字化发展新机遇，也强调财税制度构建应如何拓展经济发展新空间，进而主动适应、把握、引领驱动数字中国新发展。

首先，在优化升级数字基础设施的基础上，应充分发挥数据要素作用，培育数据要素市场，尤其是发挥税收优惠等财政政策的优势，积极推动数字基础科学研究，并通过建立健全相关税收制度，对信息技术产业发展和数据要素交易机制构建加以完善。此外，还应灵活运用非税收入等财政政策工具来激活公共数据市场的制度建设和行政管理，并择机发行数据交易机构建设专项债券。

其次，在大力推进产业数字化转型与加快推动数字产业化的过程中，应持续提升公共服务数字化水平。一方面，政府要统筹产业数字化、数字产业化，着力推动数字技术与实体经济深度融合，既发挥财政专项资金的导向作用来助推数字化转型，也发挥税收优惠政策的激励作用，以及发挥稳定和扩大民间投资的乘数作用来助推数字产业化。另一方面，公共服务数字化的重点建设领域主要为政务服务、社会服务、数字城乡和数字生活。应广泛通过财政补贴、税收激励等政策支持手段，聚焦"持续"服务与数字化的关系，协同设计"从专家到用户"的公共服务设计理念，并借鉴国际经验打造具有中国特色的治理方案。

再次，在健全完善数字经济治理体系的背景下，应进一步强化数字经济安全体系、有效拓展数字经济国际合作。国际经验显示，加大数字信息基础设施建设和宽带接入是发展的必然选择，非财政支持是促进家庭和个人使用数字技术的最广泛的工具。对于我国来说，在数字经济生态的发展过程中，切实有效防范各类风险事关国民经济平稳、有序发展。强化数字经济安全风险综合研判，防范各类风险叠加可能引发的经济风险、技术风险和社会稳定问题显得尤为重要。如何在数字经济背景下，建立健全数据安全治理体系，依法依规加强数据安全保护，做好数据开放和社会化利用的安全管理，是未来急需面对和解决的共同课题。

最后，全面提供公共保障措施的重点建设方向包括加强数字经济理论研究，建设"政企学研用媒"深度融合的产学研协同机制，加大数字经济基础理论研究的平台建设力度，加强数字经济的学科建设和人才培养。相应的财税政策优化与制度构建的具体实施内容包括：协调统一的数字经济治理框架和规则体系基本建立，跨部门、跨地区的协同监管机制基本健全；政府数字化监管能力显著增强，行业和市场监管水平大幅提升；政府主导、多元参与、法治保障的数字经济治理格局基本形成，治理水平明显提升；与数字经济发展相适应的法律法规制度体系更加完善，数字经济安全体系持续增强。